俄罗斯财经研究报告

RUSSIAN FINANCIAL RESEARCH REPORT

2020 — 2021年

俄罗斯完善国家治理的财政经济支撑

FINANCIAL AND ECONOMIC SUPPORT FOR RUSSIA TO
IMPROVE NATIONAL GOVERNANCE

中央财经大学俄罗斯东欧中亚研究中心　组织编写

童 伟 著

人民出版社

序　言

　　俄罗斯东欧中亚政治经济研究一直是中央财经大学优势学科方向。自 20 世纪 60 年代起，在姜维壮教授、魏振雄教授等一批知名留苏学者的带领下，中央财经大学在苏联政治经济领域开展了大量的教学与科学研究工作，为新中国培育了大批专门人才，向有关部门提交了大量关于苏联政治经济研究方面的研究报告，为中国外交战略的确定、本国政治经济方针的制定做出了卓越贡献，获得了政府有关部门及学术界的高度好评。

　　为延续和发挥这一教学与科研优势，中央财经大学于 1988 年成立苏联东欧研究中心（后改名为俄罗斯东欧中亚研究中心）。该中心以服务国家战略和外交大局为目标，以俄罗斯东欧中亚国家政治经济理论研究和人才培养为核心，以扩大国际影响和对外交流为方向，凭借自身在政治、经济、财政、金融等领域拥有的雄厚科研实力和独特的学科优势，开展了大量工作，发布了一大批在国内具有领先水平的高质量研究成果，为国家培养了一批高素质人才，同时，也为我国的各级立法机构、各级政府部门、银行、企事业单位和各类投资者提供了大量政策咨询与技术保障服务，为我国政治经济社会发展和对外开放做出了应有的贡献。

　　2017 年，中央财经大学俄罗斯东欧中亚研究中心通过申报，成功入选为教育部国别与区域备案研究中心。

　　在多年积累和几代人努力的基础上，中央财经大学俄罗斯东欧中亚研究中心已成为一个以多学科为依托，吸收校内外、国内外高水准专家组成的开放、流动的研究基地。

　　2011 年，中央财经大学俄罗斯东欧中亚研究中心开始潜心编写与打造

《俄罗斯财经年度报告》。至今，《俄罗斯财经年度报告》已连续出版十年。在这十年中，俄罗斯东欧中亚研究中心对每一期《俄罗斯财经年度报告》的研究内容都进行了精心编排，已分别对俄罗斯的公共财政、政府预算、税制改革、银行与资本市场、对外贸易与投资、企业管理、社会保障、农地制度、住房改革等领域进行了系统深入的专题研究。

本次出版的《俄罗斯财经研究报告（2020—2021 年）》，着重针对俄罗斯国家治理背后的财政经济支撑进行研究。之所以选择这样一个分析视角，其出发点在于：不论是现代国家还是传统国家，财政都是国家治理的基础，都是社会进程中调节社会均衡发展至关重要的制度，关系着国家政权的巩固、经济的发展、社会的稳定及公平正义的实现，古今中外概莫能外。正因如此，英国古典政治经济学家亚当·斯密在《国家财富的性质和原因的研究》（1776）中指出："财政乃庶政之母，政离不开财，财乃政之资。"德国经济学家 J. 熊彼特进一步指出："一个民族的精神、它的文化水平、它的社会结构、它的政策行动，都被写进国家财政之中，谁能懂得倾听它的声音，就能更加明了地识别历史的雷鸣"。中共十八届三中全会也明确提出"财政是国家治理的基础与重要支柱"。由此，基于财政观察国家，考察国家的本质、国家的形态和国家的命运，已成为学者对一国政治进行研究的最佳视角。

正因为财政具有如此丰富的内涵、如此重要的作用，在关注俄罗斯国家治理体系演进的今天，着重对俄罗斯财政制度变革及其对国家治理的推动与支撑作用进行研究，深刻剖析俄罗斯财政发展与国家治理之间的关系，对于我们了解俄罗斯当前的国家治理体系并推演至未来的发展将有莫大裨益。此即本书研究的切入点与分析要点。

普京以总理和总统的身份主掌俄罗斯先后 20 多年（1999—2017 年）。这 20 多年是俄罗斯大力推进财政税收制度改革，构建新型公共财政体系的关键时期。通过这一时期的改革，俄罗斯逐步构建起以所得税和流转税为主体的现代税收制度；建立了以《预算法典》《税法典》为代表的财政经济法律体系；实施了以结果为导向的中期预算改革；建立健全了国家财政经济风险防范机制；建立了相对完善的社会福利和社会保障系统。财政税收制度的改革与完善为俄罗斯社会经济的发展和国家治理体系的完善奠定了坚实的物质基础和财力保障。

随着俄罗斯国家杜马选举和总统任期分别延长至五年和六年，俄罗斯国家治理也开始出现了"中期"概念，普京第四任期面临着2021年国家杜马选举问题和2024年接班人问题。与此同时，2020年新冠肺炎疫情的暴发和扩散也影响到俄罗斯的社会经济改革议程，使其开始进入"后疫情时代"。由此，在针对普京第四任期国家治理变革下财政经济支撑进行探讨时，本书以2021年作为分界点，将其划分为前期（2018—2020年）和后期（2021—2024年）两个阶段进行研究。

在第四任期前期，普京面临的挑战来自三个方面：一是如何把国家治理体系完善与国家治理现代化结合起来，既能增强治理活力，又能确保治理控制；二是如何调整经济结构和经济发展模式，避免经济持续衰退；三是如何应对自身与外部世界的变化，实现大国崛起的欧亚战略。为此，在总统就职典礼上普京明确提出2018—2024年俄罗斯国家战略发展目标：成为世界前五大经济体，经济增长超过全球平均水平，通货膨胀率不超过4%；形成以高新技术为依托的出口导向型经济，加速数字技术在社会经济领域的应用，加强高科技产业的发展，科研水平跻身于世界前五；居民实际收入增长，贫困人口下降一半。在此基础上，俄罗斯对国家财政经济政策进行重新筹划，明确提出俄罗斯联邦政府新的财政经济发展目标：（1）创造一个稳定且可预测的环境，国内经济对油价波动敏感性降低，通货膨胀预期较低，长期实际利率为正，税收发展条件稳定。（2）消除结构性失衡和发展障碍，消除扭曲的竞争格局和投资动机，提高国有资产管理质量和效率。（3）改变人口趋势，促进人力资本发展。在此政策目标引导之下，俄罗斯推出一系列财税经济改革，包括进一步推进与完善国家规划，引入国家项目，提高增值税税率，改变养老金保险缴款方式，变更统一农业税和能源税课征办法等。

通过一系列财政税收改革，俄罗斯财政经济形势不断好转，与2018年前赤字频发、财政收支紧张的状况相比已发生根本性变化。正如俄罗斯政府所指出的那样，俄罗斯国家财政已逐步摆脱西方制裁与国际石油价格暴跌带来的影响，再次开始拥有强有力的支付能力，外债依赖度极低，通货膨胀率持续下降，预算赤字保持在可控范围之内，对石油价格的依赖持续减轻，经济结构日趋优化，这些都为普京第四任期前期国家治理改革稳步推进奠定了良好基础，也使俄罗斯较好地抵御了新冠肺炎疫情的不利影响，使俄罗斯的经济收缩与其他国家相比程度更轻，复苏更为活跃。

在普京第四任期后期，即 2021—2024 年，确保最高权力顺利过渡、完成国家治理体系变革和官僚机构调整是其最为重要的政治发展目标。但新冠肺炎疫情的大暴发以及全面蔓延，不仅改变了俄罗斯政治经济发展议程，更加深了普京政权的不确定性。提高执政合法性、稳定人心，尤其是保证执政团队的工作效率成为普京第四任期后期推行国家治理体系改革的主要方向。与此同时，俄罗斯财政经济的发展也面临着国际及国内环境日趋复杂，不稳定性、不确定性明显增加，新冠肺炎疫情影响广泛深远带来的严峻挑战。为此，俄罗斯将2021—2024 年财政经济发展的政策目标确定为：抵御新冠肺炎疫情蔓延，促进经济复苏；促进经济结构转型，保障国家战略目标达成。

在普京第四任期后期，俄罗斯财政经济发展局势逐步趋稳，财政税收改革为收入结构优化奠定了良好基础，油气收入占比不断下降，财政稳定性不断增强；政府预算改革持续推进，国家规划、国家项目不断推出，公共财政对国家战略的支撑作用进一步提高；财政透明度的不断改进，公共财政资金使用效益的不断提升，这些都为普京第四任期施政目标的达成创造了良好条件。与此同时，国防支出占比过高，挤压民生服务；养老支出缺口庞大，政府负担日渐沉重；储备基金被迫关闭，财政稳定功能受到抑制；债务规模快速增长，偿债压力日益增大等问题的不断凸显，又对普京第四任期后期的执政提出了严峻挑战。

由此，能否更好地协调利用已有财政资源优势，充分化解存在的不足与问题，通过财政收支结构的进一步优化，促进经济快速复苏，公共服务水平显著提升，民众不满有效化解，平稳完成 2024 年权力过渡，就成为需要着重关注与研究的领域，此亦本书关注的重要内容。

中央财经大学党委副书记、副校长　马海涛

2021 年 3 月

目　录

导论　问题的提出

普京第四任期已经过半，在这一时期，俄罗斯推出不少新的国家治理体系与政治领域改革，在未来一段时期，俄罗斯国家治理体系与政治领域改革还将持续开展。但俄罗斯上述改革能否落地、能否取得成功，抑或能够取得何种程度的成功，都与国家财政制度的供给高度相关，据此开展相关研究十分必要。

一、研究基础

政治是政府及政党治理国家的行为，是以国家权力为核心开展的各种社会活动和社会关系的总和。针对普京治下俄罗斯国家的政治发展走向，中外学者开展了大量研究。这些研究既包括从国家治理、政治哲学、政治权力结构和制度变迁等方面开展的传统政治学研究，也包括从财政经济角度开展的交叉学科研究。

（一）关于国家治理与财政经济的关系

在国家建构和治理中，财政具有着纲举目张的地位，J. 熊彼特（Joseph Alois Schumpeter，1931）提倡从财政观察国家、国家的性质、国家的形式以及国家的命运。卡尔·波拉尼（Carl Polanyi，2011）指出，国家是社会成员互动的平台，财政是社会成员互动的纽带，财政与国家治理天然发生紧密联系。财政制度是政治制度的一个重要组成部分，在很多领域，财政起着重要的制度供给功能。海伍德（2013）则提出，"政治是社会的博弈规则"，社会通过博弈形成制度的过程就是政治运行的过程。财政作为处理公共事务的非常重要的平台，最能展现社会的博弈过程和博弈结果。预算制度表面上是对政府未来一定时期内收支计划的预测和安排，但它体现着人们在多大程度上能够影响和监督政府决策，本质上体现了人们对政府权力的限制作用；政府税收结构和税制要素的设计，不但体现着政府参与国民收入分配的过程，也反映了政府对社会各阶层利益调整的程度，或是对社会干预的程度。童伟（2014）认为，面对市场经济对公共秩序的冲击，作为国家，一方面要有能力推动经济发展，另一方面要有能力维护公共秩序不遭到破坏，财政就是这一国家能力建设的支撑。

王绍光、马骏（2008）对此深表认同，认为一个国家的治理能力在很大程度上取决于它的预算能力。法国、英国、美国等国家对财政预算开展的种种改革，逐渐把"看不见的政府"转变为"看得见的政府"，大大提高了政府民主负责的治理能力，使从"税收国家"到"预算国家"的财政转型成为国家治理转型的关键。冯杨（2018）认为，财政制度及其改革不仅在过去形成和塑造着国家，也对国家的现代化转型起着关键的基础和支柱作用，既直接关系治理所要求的制约国家专制性权力和培育建制性权力，也体现和影响着国家的自主性、合法性、政治稳定、长治久安等重大问题。正是这些远远超越于效率和技术层面的多重面向，使财政在现代国家建构的过程中关键性地决定着国家治理体系和治理能力的现代化。

付敏杰（2020）认为，应以现代财政制度来支撑和构建国家制度治理模式，推进财政收入侧的法治化和支出侧的民主化。国家是政治学的核心范畴，经济学只研究市场和市场视角下的政府，不研究国家。国家治理视角下的财政研究从以市场为中心转向以国家为中心，意味着财政学要逐步从经济学主导转变为政治学主导，从市场中的补充性职能转向国家治理中的基础性职能，从而改变以往经济学视域的财政学"只研究政府、不研究国家"的状况。

（二）关于俄罗斯国家治理与政治演变

朱可辛（2007）认为，进入 21 世纪以来，俄罗斯国家治理模式初步形成，它以主权民主理念为统领，认为国家应该建立具有独立性和负责任、遵照国家发展的总体思路有效利用资源的体系；具有独立、高效的立法权力机关；政党必须意识到自己对俄罗斯未来、民族团结、俄罗斯稳定发展所肩负的重大责任。但张慧君（2009）对此并不赞同，认为俄罗斯在 20 世纪 90 年代激进式、突变式制度变革引发的国家整体制度结构协调失灵，及其所产生的系统性危机，属于典型的"治理危机"，在此之后的俄罗斯国家治理模式仍处于进一步演化之中，尚未形成稳定而有效的国家治理模式。O. 诺德（O. Nogde，2007）对此的看法则是，通过集权的形式来实现强国富民的目标，这种治理模是俄罗斯立足于强国家—弱社会的历史传统与现实条件所做出的调整，具有威权主义倾向。

安德烈·里亚博夫（Andrei Riabov，2014）认为，苏联解体和新制度在俄罗斯"植入"的结果不是某种混合体制，而是一种所谓的"后苏联资本主义体制"，其根本性特点是，权力和资本相互贯通且高度集中在少数政治精英手里，形成单一的"权力—资产"制度安排。"权力与资本"的结合对经济社会发展的扭曲是显而易见的，其后果是经济结构调整无法完成，经济现代化进程迟缓，腐败规模巨大，严重影响经济的竞争力和投资吸引力，更重要的是造成国家与社会之间相互信任的缺失。H. E. 吉洪诺娃（2014）和达丽亚·戈尔莫年科（2019）进一步指出，在俄罗斯国家被看作根本性的经济人，要求强化国家的作用、扩大国有资产。国家主义连同其所特有的权力与资产的一体化，使独立于权力之外的资本和社会力量缺乏"合法"的活动空间。薛福岐（2020）表示肯定，认为2000年以来普京带领俄罗斯走出了叶利钦时期的混乱与失序，实现了国家稳定，却又使俄罗斯陷入了新的国家治理困境之中，即国家的稳定建立在外生因素之上，国家陷入了长期的发展缺失。现有的治理模式与长远的国家利益之间，保持全球性大国地位的宏大目标与民众改善福祉的诉求之间存在深刻的冲突和矛盾。

针对俄罗斯国家治理成效，B. я. 戈里曼（2018）、亚历山大·巴乌诺夫（2020）认为，在俄罗斯的个别领域（如农业）、个别地区和个别部门（如俄罗斯中央银行）在国家治理领域取得了一些成功案例，但这些成功案例往往是在人为创造的十分特殊的环境条件下取得的，其实践一般无法被制度化、无法推而广之并产生乘数效应。总体来看，俄罗斯国家治理质量不高，俄罗斯国家治理困境现实存在。

（三）关于普京治下俄罗斯国家治理发展与演变

普京上台之初（1999 年）就明确指出，俄罗斯应该拥有一个稳定并且强有力的国家政权，这样才能够改变国家层面上的政治动荡和行政停滞状态。"只有强有力的国家才能保护俄罗斯人民的自由和民主，国家的软弱只会阻碍民主进程。国家的软弱无力对自由和民主的威胁，与独裁政权对自由和民主的威胁同样严重。没有国家的有效工作既不会有人和公民的权利，也不会有人和公民的自由。"为扭转叶利钦时代的遗留问题，普京通过采取一系列旨在强化国家权力体系的政治、经济与社会改革措施，重新加强了国家能力，实现了俄罗斯的社会整合，也使得俄罗斯重新崛起的势头日益强劲，成为牵动国际关系格局和大国关系变迁的关键性因素（杨成，2008）。基于此，普京上台伊始即决意强化国家权威，恢复对地方的控制，整顿经济秩序，引导舆论声音，出击寡头势力。普京对政治秩序的整顿成为俄罗斯政治发展的新时代（柳丰华，2018）。普京为此先后出台了一系列果断而强硬的政治举措：出兵打击分裂势力，维护国家统一；整顿联邦秩序，恢复和加强中央权威；出台相关法律，强化政党管理；打击寡头势力，规范和控制传媒；提倡爱国主义，凝聚国民意志。这些治理整顿的措施，符合俄罗斯多数民众的愿望，适应了俄罗斯社会摆脱危机的现实要求，得到了上层政治势力特别是军队及强力部门的大力支持，逐渐形成了独具特色的治国理念和执政风格（张树华，2013）。

由于强调国家的作用是普京政治中最重要的表现，林含雪（2013）认为，普京在叶利钦时期确立的"超级总统制"的权力框架下不断加强国家对社会秩序的控制权，逐渐消除了俄罗斯各联邦地区的实际权力，使其受到中央政府的制约，加强了总统对地方的控制，成功治理了俄罗斯的媒体机构，从寡头手中夺回了对媒体的控制，整合了俄罗斯的各股政治力量。费海汀（2020）则认为，俄罗斯政治体制将会延续总统与总理之间"政治—行政"区分的二元格局，并使"政治—行政"的区分更加清晰，而非改换为总统、总理或议会独大的一元结构。在政治体制的变动中，最大的不确定因素在于总统、总理与议会多数党三者之间关系的变化。

庞大鹏（2016）将普京执政划分为前 8 年与后 8 年，认为普京执政前 8 年完成了三件大事：第一，调整国家发展战略，建设强大的俄罗斯；第二，重建国家的权威和垂直权力体系，实现国家政治和法律的统一；第三，把经济命脉重新掌握在国家手中，从自由资本主义转向国家资本主义。通过这三项有的放矢的国家治理措施，俄罗斯建立了统一的国家政权，经济快速恢复，人民生活水平明显提高，以强国姿态重返世界舞台。后 8 年普京执政具有新的特点，其本质在于加强政治竞争性，同时保持政治稳定。政治稳定除了要适应新阶段新特点及加大政治体制改革力度外，还先后面临经济增长放缓及乌克兰危机后与外部世界关系调整的挑战。

但斯蒂芬·汉森（Stephen Hanson，2007）和伊凡·罗京（2020）通过研究普京的强人政治，认为普京的政策削弱了俄罗斯刚起步的民主制度。虽然苏联解体 20 多年了，但俄罗斯国内依然对国家政权合法性的原则缺乏共识。谢尔盖·抑勃尼科和乔·克罗蒂（Sergei Ljubownikow，Jo Crotty）等（2013，2019）认为，普京在 2000 年掌握国家政权后，国家增强了对国内社会活动和公民生活的影响。国家权力的巩固和集中化导致了对公民社会限制的增加。利娅·吉尔伯特（Leah Gilbert，2016）同样关注普京执政时期俄罗斯公民社会生存空间问题。他通过对俄罗斯国内的人权组织、妇女组织及青年组织成员的访谈发现，《非政府组织法》实施后对俄罗斯不同类型的公民组织产生了显著影响。

（四）关于普京第四任期俄罗斯国家治理体系变革

对于俄罗斯未来国家治理方式调整，阿列克谢·库德林（2018）、安德烈·文罗库洛夫和安戈琳娜·嘉兰娜（2020）指出，俄罗斯国家治理体系还缺乏竞争机制，2018 年总统选举结束后国家议程的优先任务，就是使俄罗斯国家治理体系更加开放，更有代表性。"扩大自由空间和民主化，应当成为总统实质性的优先方向，也应当成为反对派工作的主要目标。若不扩大政治竞争空间，国家发展就不可能实现。"由此，阿列克谢·理恰耶夫（2019）、安车·恰普林（2020）着眼于未来俄罗斯发展，认为普京应进行适度治理改革，包括：完善多党制，使之更有竞争性和代表性；提升政党在国家政治生活中的作用，提高民众对政党的信任度和对政治的参与度；实施行政改革，提高行政机关工作效率等。

庞大鹏（2018）认为，第一次参选时，普京誓言整顿国内政治秩序，集中精力于国内建设。第二次参选时，普京认为，俄罗斯已成功避免苏联解体后最危险的经济和政治发展危机，需转入快速发展的现代化新时期。2012 年第三次竞选时，普京对俄罗斯政治经济外交民族等各个领域的问题进行分析并展望前景。2018 年第四次参选时，普京竞选纲领的主要观点为：对外俄罗斯要引领世界，对内俄罗斯不仅要巩固国家，而且要有突破性发展，包括培育政治新人，发展新经济，加快地区发展，建设更好的医疗、教育和基础设施等。这些都构成了普京第四任期内的核心国家治理体系完善与发展战略。

从长远角度看，薛福岐（2020）认为，俄罗斯在国家治理问题上未来面临的两大挑战：第一，发展的主体从何处来。第二，如何找到合适的政治实践，不是将改革的内容确定为如何在财政开支、私有化和维持正常的经济和社会生活之间保持平衡，而是建立起发展的内生机制。总之，国家治理的现代化依然是当下和未来一个时期俄罗斯面临的迫切任务。

（五）关于俄罗斯财政制度改革及其影响

针对俄罗斯中央与地方政府间财政关系改革，А. М. 拉夫罗夫等人（2005）认为，俄罗斯政府间财政关系的不良状况已经严重阻碍俄经济改革进程，既不能促使地区和地方政府负责任地管理本级财政，也不利于贯彻实行能够激发经济活力、发展竞争和支持新建私营企业的经济政策，必须开展相应的改革。Г. Б. 波里亚克（2011）认为，俄罗斯政府间财政关系改革的最大特点是由"划分财政资金"转变为"划分财权"，这是俄罗斯政府间财政关系改革的一个重要标志，即在依法划分支出义务和收入来源的基础上完成联邦和联邦主体预算，地区预算平衡状况好转，联邦地区预算支持基金的透明度和客观性得到提高，联邦主体的自有权限以及由联邦政府委托授权的有财政资金保障的权限都在不断扩大。

针对政府预算改革，Г. Б. 波里亚克（2012）、玛尔金娜·叶莲娜·连盆诺夫娜（2017）认为，俄罗斯对预算过程开展改革，其核心是实施结果导向中期预算。中期预算的实施有效提升了俄罗斯政府预算管理水平，使其超越众多转轨经济国家，步入世界预算管理水平较为先进国家行列。税制改革则是俄罗斯独立后进展最为顺利、成效最为显著的改革之一：税率降低、税制简化、税收中性增强、税收负担大幅度减轻。税负减轻使俄罗斯逐步摆脱影子经济的干扰，经济开始复苏、发展。但俄罗斯 2019 年开展的大规模税制改革则对俄罗斯社会经济发展带来了一定的负面影响（童伟，2015，2019）。

针对俄罗斯能源及原材料特征显著的经济结构，瓦苏丽娜·玛尔嘉利塔·里昂李多夫娜（2017）、波里至科娃·奥里佳·亚西山德罗夫娜（2018）、刘彦君、米军（2016）提出，俄罗斯的税收增长点与此密切相关，因能源类产品严重受制于外部环境，成为俄罗斯财政安全的重要隐患。培养新的税收来源尤其是挖掘非能源及相关产品税收收入，促进财政收入可持续发展，成为俄罗斯税制改革面临的新难题。丁超（2020）、索良尼科娃和 H. O. 波达连科（2019）指出，随着俄罗斯经济日益适应低油价状态和西方制裁的负面影响，政府各部门也开始研究未来经济突破的方向。贸易条件恶化和油气收入减少对俄罗斯财政政策提出新的要求——预算参数的设置应适应新的现实，即在较低的收入水平上保持预算平衡，确保预算支出义务的履行和国家福利基金的充盈，推动经济向非资源型增长模式过渡。

针对俄罗斯近年来国防支出不断扩大，童伟（2015）认为，俄罗斯国防支出的快速提高，并非如普京所宣称的那样，对国家的社会经济不产生任何影响。俄罗斯国防支出的扩张已实实在在地对俄罗斯的社会民生、国民经济、政府建设以及财政支出产生了较为显著的影响。俄罗斯这样一种与社会生产目的和需求相偏离的财政支出战略，将进一步加剧其对社会经济稳定与均衡发展的负面影响。阿列克谢·米哈伊洛夫（2017）、安纳托利·科姆拉洛夫（2019）预计到 2020 年，国防支出占俄罗斯预算支出的比重将超过 30%，比 2011 年高出将近 8 个百分点。受国防政策扩张挤压最为明显的是退休金以及住房公用事业支出，下降了约 7.8%，人力资本支出中的科教文卫事业支出同样被迫为此让路，支出比重明显下降。

二、研究的意义

从前所述研究可见，针对普京执政以来俄罗斯国家治理体系变革以及财政制度革新，中外学者都开展了广泛的研究，并就改革取得的成效、面临的问题及解决路径进行了深入思考，为本书研究的开展奠定了坚实的基础。但总体来看，上述研究在基于财政经济视角探讨俄罗斯国家治理及政治走向方面还存在一定的不足。财政是测度一国政治经济发展战略演变、政策优先方向转化及未来国家战略发展趋势最重要、也是最根本的工具。通过对一国财政经济政策演变、财政收支结构变化、财政政策执行结果的跟踪研究，可以清晰发现该国过去、当下国家政治经济发展的重心及其迁移轨迹，并可据此预判该国未来政治经济发展重心的转移方向。由此，通过对俄罗斯国家财政资金决策模式、财政资金配置结构、财政资金使用结果的全方位、系统研究，即可清晰辨别，哪些政治经济领域是该国发展战略真正关注的核心领域，也切实得到了国家财政的大力扶持，取得了或将取得长足发展；哪些领域尚未得到有效重视，具有或并不具有发展潜力；哪些方面正在逐渐成长为国家的战略核心；哪些领域已逐步淡出国家关注的中心；以及该国政治经济发展是否具有长期稳定的支撑，政治经济状况会进一步恶化还是将不断改善……

通过对上述体系的全面系统研究，就可抛开表象暴露实质，对俄罗斯政治经济发展走向具有全面清晰的了解。正是基于财政在国家战略、政治经济、外交决策方面如此重要的功能和作用，本书以俄罗斯国家财政制度研究为切入点，对普京第四任期内俄罗斯国家治理体系变革进行研究，其研究成果不仅可拓宽俄罗斯政治经济研究的理论框架，还可通过不同的研究视野获取与传统研究不同的结论，为我国相关部门政策制定提供一个全新的视角与思考的方法。

第一章　2000—2017 年俄罗斯财政经济改革及其影响分析

在开启第四任期之前，普京以总理和总统的身份主掌俄罗斯将近 20 年。这 20 年是俄罗斯大力推进财政税收制度改革，构建新型公共财政体系的关键时期。通过这一时期的改革，俄罗斯逐步构建起以所得税和流转税为主体的现代税收制度，实施了以结果为导向的中期预算改革。财政税收制度的改革与完善为俄罗斯社会经济的稳定发展和国家治理能力的不断提升奠定了物质基础和财力保障。

第一节　2000—2017 年俄罗斯财政经济发展基本情况

独立之后，俄罗斯社会经济发展经历了较长时期的动荡与衰退，1991—1996 年，国内生产总值年均衰退达 8.1%，经济损失巨大。1997 年，俄罗斯经济开始恢复性增长，国内生产总值增长 1.4%。但好景不长，1998 年亚洲金融危机的爆发使俄罗斯经济再次出现下降，国内生产总值降低 5.3%。1999 年，俄罗斯开始实施以加强财政税收改革为核心的"经济协议政策"，有效阻止了经济危机的蔓延与发展，与此同时，国际石油价格的上涨也使俄罗斯经济形势进一步好转，当年 GDP 增长 6.4%。此后，俄罗斯经济进入稳定发展时期。2000—2008 年，俄罗斯国内生产总值年均增长 6.8%，由 73056 亿卢布提高到 712768 亿卢布，增长了近 10 倍。

经过多年持续性快速增长后，俄罗斯经济从 2012 年开始进入下行空间，国内生产总值增速逐步减缓。2015 年开始的西方制裁和国际石油价格的暴跌，进一步加重了俄罗斯经济发展的困难，使俄罗斯经济出现负增长。2016年以后，俄罗斯经济重新缓步回升（见表1-1和图1-1）。

表1-1　1991—2017年俄罗斯国内生产总值（GDP）发展情况　　单位:%

年度	1991年	1992年	1993年	1994年	1995年	1996年	1997年	1998年	1999年
GDP增长速度	−5.0	−14.5	−8.7	−12.7	−4.1	−3.6	1.4	−5.3	6.4
年度	2000年	2001年	2002年	2003年	2004年	2005年	2006年	2007年	2008年
GDP增长速度	10.0	5.1	4.7	7.2	7.3	6.4	6.7	8.1	5.6
年度	2009年	2010年	2011年	2012年	2013年	2014年	2015年	2016年	2017年
GDP增长速度	−7.8	4.0	4.4	3.4	1.3	0.7	−3.7	−0.2	2.1

资料来源：俄罗斯国家统计局，http://www.roskazna.ru/reports/cb.html。

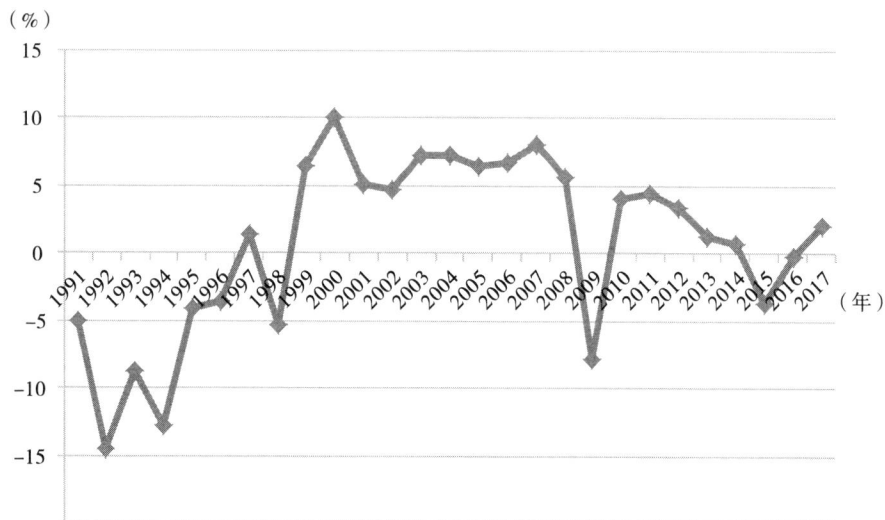

图1-1　1991—2017年俄罗斯国内生产总值发展情况

资料来源：俄罗斯国家统计局，http://www.roskazna.ru/reports/cb.html。

一、俄罗斯联邦政府财政收入

2000—2017年，俄罗斯联邦财政收入由11321亿卢布提高到150889亿卢布，提高了 12.3 倍，但其占 GDP 的比重却呈明显的波动发展态势，最高时达 GDP 的 23.7%，最低时为 GDP 的 15.2%，相差达 64.1%（见表 1-2 和图 1-2）。

表 1-2　2000—2017 年俄罗斯联邦财政收入情况

	收入（亿卢布）	收入占 GDP 比重（%）
2000 年	11321	16.0
2001 年	15940	17.8
2002 年	22047	20.3
2003 年	25862	19.5
2004 年	34289	20.1
2005 年	51272	23.7
2006 年	62789	23.4
2007 年	77811	23.6
2008 年	92759	22.5
2009 年	73378	18.9
2010 年	83054	15.2
2011 年	113660	20.9
2012 年	128555	20.6
2013 年	130199	19.5
2014 年	144969	18.3
2015 年	136592	16.4
2016 年	134600	15.7
2017 年	150889	16.3

资料来源：2011—2018 年《俄罗斯经济年鉴》，https：//istmat. info/node。

根据俄罗斯联邦《税制基本法》（1991 年）和俄罗斯联邦《税法典》（1998 年）规定，俄罗斯联邦政府财政收入由联邦税收、非税收入以及无偿转移支付收入组成。属于联邦财政的主要税收收入有：企业利润税、增值税、消费税、矿物开采税、资源利用税、水税等。其中，征收范围广泛、税收收入丰富、对国民经济影响较大的一些税种包括企业利润税、消费税、矿物开采税为联邦与地方的共享税。

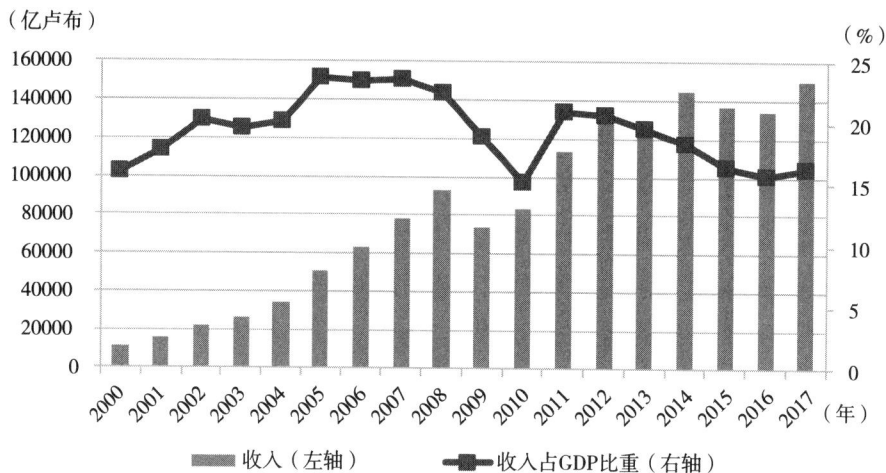

图 1-2 2000—2017 年俄罗斯联邦财政收入情况

资料来源：2011—2018 年《俄罗斯经济年鉴》，https：//istmat.info/node。

　　属于联邦财政的非税收入有：（1）国家财产经营所得，由预算拨款的俄罗斯联邦国家政府机关提供的有偿服务所得；（2）关税外其他对外经济活动所得税；（3）俄罗斯联邦国有企业税后上缴的部分利润；（4）俄罗斯银行上缴的利润；（5）其他海关收费所得；（6）颁发酒精、烟草销售、流通许可证收费所得；（7）对环境产生消极影响收费所得；（8）水资源利用收费所得。

　　此外，属于俄罗斯联邦政府财政收入的还有联邦预算专项基金收入，该基金收入按俄罗斯联邦税收法律确定的税率纳入联邦预算，按联邦预算财政年度法确定的比例在联邦预算专项基金和地方预算专项基金间进行分配，主要包括联邦道路基金、联邦生态基金、海关制度发展基金等。

　　除了上述税收和非税收入，为了弥补财政赤字，俄罗斯联邦政府还可以发行外债和内债。俄罗斯为吸引资金而在国内金融市场上发行的内债有国家短期公债、国家储蓄公债和不上市国家公债。

　　鉴于俄罗斯对财政收入分类进行了多次调整，统计口径发生明显变化，本书选用 2010—2017 年俄罗斯联邦政府财政收入数据进行分析。在俄罗斯联邦政府财政收入中规模最大的为增值税，2017 年俄罗斯增值税收入 51371 亿卢布，约为财政收入总额的 34.1%；其次为自然资源利用调节税费，2017 年收入 40903 亿卢布，约为联邦政府财政收入的 27.2%；居于第三位的是对外经济活动所得，2017 年该项收入 26027 亿卢布，占联邦政府财政收入总额的 17.3%。

在俄罗斯 2012—2017 年联邦政府财政收入中，增长规模最大的为自然资源利用调节税费收入，扩大了 26820 亿卢布，增长 190.4%，降幅最大的为对外经济活动所得，由最高年份 2014 年的 54634 亿卢布降低到 2017 年的 26027 亿卢布，减少了 28607 亿卢布，减少 52.4%（见表 1-3）。

表 1-3　俄罗斯联邦政府收入来源结构　　　单位：亿卢布

	2010 年	2011 年	2012 年	2013 年	2014 年	2015 年	2016 年	2017 年
收入合计	83054	113660	128555	130199	144969	136592	134600	150889
企业利润税	2550	3426	3758	3522	4113	4914	4910	7624
增值税	24983	32969	35458	35390	39316	42335	45710	51371
消费税	1440	2784	3953	5244	5924	5819	6942	9878
自然资源利用调节税费	14083	19885	24428	25548	28846	31812	28830	40903
对外经济活动所得	32277	46647	49627	50110	54634	32953	26060	26027
国有资产所得	4278	3801	5433	3480	4456	6900	12833	4854
自然资源使用费	533	830	1013	2451	2287	1662	2366	3410
其他	2990	3318	4885	4454	5393	10197	6949	6822

资料来源：俄罗斯国家统计局，http://www.roskazna.ru/reports/cb.html。

二、俄罗斯联邦政府财政支出

2000—2017 年，俄罗斯联邦财政支出由 10292 亿卢布提高到 164203 亿卢布，提高了近 15 倍，其占 GDP 的比重与财政收入一样，也呈明显的波动发展态势，最高时达 GDP 的 24.7%，最低时为 GDP 的 14.6%，相差 59.1%（见表 1-4 和图 1-3）。

表 1-4 2000—2017 年俄罗斯联邦预算支出情况

	支出（亿卢布）	支出占 GDP 比重（%）
2000 年	10292	14.6
2001 年	13219	14.8
2002 年	20542	18.9
2003 年	23586	17.8
2004 年	26989	15.8
2005 年	35143	16.2
2006 年	42848	16.9
2007 年	59866	19.1
2008 年	75709	18.2
2009 年	96601	24.7
2010 年	101175	18.5
2011 年	109352	20.0
2012 年	128950	20.6
2013 年	133429	20.0
2014 年	148316	18.7
2015 年	156203	18.7
2016 年	164164	19.1
2017 年	164203	17.8

资料来源：2011—2018 年《俄罗斯经济年鉴》，https：//istmat.info/node。

根据俄罗斯联邦《预算法典》，俄罗斯政府预算支出分类由 14 个大类组成，即：（1）全国性问题；（2）国防；（3）国家安全和法律维护；（4）国民经济；（5）住房和公用事业；（6）教育；（7）环境保护；（8）文化和电影；（9）医疗；（10）社会政策；（11）体育文化和体育运动；（12）大众传媒工具；（13）国家债务还本付息；（14）政府间转移支付。

同样，鉴于俄罗斯对财政收入分类进行了多次调整，统计口径发生明显变化，本书选用 2010—2017 年俄罗斯联邦政府财政支出数据进行分析。在俄罗斯联邦政府支出结构中，规模最大的项目为社会政策，2017 年，俄罗斯联邦政府社会政策支出 49920 亿卢布，占全部联邦政府财政支出的 30.4%；其次为

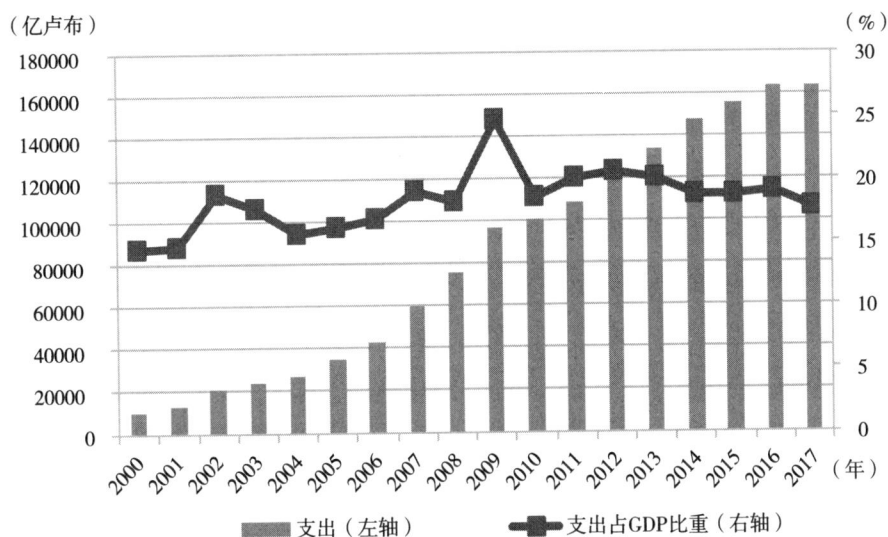

图 1-3 2000—2017 年俄罗斯联邦预算支出情况

资料来源：2011—2018 年《俄罗斯经济年鉴》，https：//istmat.info/node。

国防支出，占联邦政府支出的 17.4%；居于第三位的是国民经济支出，占到联邦政府支出的 15.0%；国家安全支出为第四位，占到联邦政府财政支出的 11.7%。余下为全国性问题支出、转移支付支出、债务偿还、教育支出、医疗卫生支出等。其中，10 年间增长规模最大的为国防支出，扩大了 15759 亿卢布，增长 101.2%（见表 1-5）。

表 1-5 2010—2017 年俄罗斯联邦政府财政支出结构 单位：亿卢布

	2010 年	2011 年	2012 年	2013 年	2014 年	2015 年	2016 年	2017 年
总计	101175	109352	128950	133429	148316	156203	164164	164203
全国性问题	8879	7874	8099	8507	9357	11176	10955	11624
国防	12764	15160	18124	21036	24790	31814	37753	28523
国家安全和执法	10853	12598	18430	20616	20862	19656	18986	19180
国民经济	12227	17902	19685	18493	30629	23242	23020	24600
住房和公共设施	2349	2798	2288	1775	1196	1441	722	1195
教育	4428	5534	6038	6723	6383	6106	5978	6150
文化影视	730	837	899	948	978	899	873	897

续表

	2010 年	2011 年	2012 年	2013 年	2014 年	2015 年	2016 年	2017 年
医疗	3473*	4995	6138	5020	5355	5160	5063	4399
大众传媒	520	611	775	773	748	730	596	961
体育	—	442	457	680	712	821	766	832
社会政策	3449	31285	38597	38331	34524	42653	45885	49920
债务偿还	—	2627	3200	3603	4156	5187	6213	7092
转移支付	41359	6513	5994	6681	8161	6821	6720	7907
其他	144	176	226	243	465	497	634	923

注：* 含体育支出。

资料来源：俄罗斯国家统计局，http：//www.roskazna.ru/reports/cb.html。

俄罗斯联邦政府财政支出的主要方向为：

1. 全国性问题支出，即政府管理支出

在俄罗斯政府预算支出科目中列为第一项的是全国性问题支出，即政府管理支出。俄罗斯政府管理支出主要包括俄罗斯联邦总统职能的履行，俄罗斯联邦主体政府和地方自治政府最高首脑职能的履行、国家立法机构和地方代表机构职能的履行，俄罗斯联邦政府、俄罗斯联邦主体政府和地方自治政府职能的履行，保障联邦法院系统运行，保障财政、税收、海关部门及财政预算监督部门的正常运行，保障选举和全民公决，保障国际事务和国际合作的开展，保障国家物资储备，促进基础科学研究，设立后备基金，全国性问题的应用研究，其他全国性问题。

（1）俄罗斯联邦总统职能履行支出，主要用于保障俄罗斯联邦总统、总统办公室、总统在联邦区和相应机构的全权代表和副代表、在欧洲人权法庭的代表、总统办公厅、代替总统出访的最高代表，以及根据欧洲人权法庭作出的有关决定向原告支付的货币补偿等。

（2）俄罗斯联邦主体政府和地方自治政府最高首脑职能履行支出，是指联邦主体和地方政府最高领导人职能履行的有关支出。

（3）国家立法机构和地方代表机构职能的履行支出，是指保障俄罗斯联邦议会、联邦主体和地方立法机构运行的支出。

（4）俄罗斯联邦政府、俄罗斯联邦主体政府和地方自治政府职能履行支出，是指保障俄罗斯联邦政府、联邦主体和地方执行部门运行的支出。

（5）保障联邦法院系统运行支出，是指保障俄罗斯联邦法院、宪法法院、俄罗斯联邦最高法院及其在地区的司法局活动的支出。

（6）保障财政、税收、海关部门及财政预算监督部门正常运行支出，是指领导与管理上述部门的部、局、厅正常运行的支出。

（7）保障选举和全民公决支出，是指用于筹备和组织选举和公决，培训、发展选举组织者和选民的资金，以及用于维持中央选举委员会、联邦主体选举委员会、地方选举委员会的支出。

（8）保障国际事务和国际合作的开展支出，是指用于保障俄罗斯联邦外交使团，领事机构，在国际组织的代表处，以及在国外的贸易和经济问题代表处的支出。

（9）保障国家物资储备支出，是指用于保障联邦国家储备署、联邦主体和地方储备局，以及物质储备活动的支出。

（10）促进基础科学研究支出，是指不追求任何实际应用价值、新的基本知识和发现领域的科学研究支出。

（11）后备基金支出，是指用于俄罗斯联邦总统、俄罗斯联邦政府、俄罗斯联邦主体政府和地方政府后备基金建设的预算拨款。

2. 国防支出

俄罗斯曾经是世界上最大的军事帝国之一，军事支出在国家财政中占据非常重要的地位。自 1991 年独立以后，俄罗斯的国防支出在财政支出中的重要性有所下降，所占比重也逐渐减少，但在 2000 年后又开始逐步提升，成为增长最快的联邦政府财政支出领域。

俄罗斯国防支出的主要方向为：维持俄罗斯联邦武装部队运行、动员和培训后备役人员、为备战提供经济支撑、培训和参与集体安全和维持和平活动、发展核武器、履行军事技术合作的国际义务。

（1）维持俄罗斯联邦武装部队运行支出，主要用于保障国家在陆海空部队及空间和导弹防御系统的国防支出。这是俄罗斯国防支出中最重要的支出项目，约占全部国防支出的 75%。

（2）动员和培训后备役人员支出，主要指用于俄罗斯联邦后备武装力量的培训和动员支出。

（3）备战经济转型支出，主要指用于战时国家经济转型的组织和准备支出。

（4）培训和参与集体安全和维持和平活动支出，主要是指为恢复世界和平和安全、保障独联体国家集体安全而提供人员、物质、金钱、武器装备等方面军事援助的支出。

（5）发展核武器支出，主要是指用于俄罗斯安全方面的核武器综合体发展支出。

（6）履行军事技术合作的国际义务支出，主要是指用于和独联体国家以及其他国家军事技术合作的支出。

3. 国家安全和法律维护支出

在俄罗斯，国家安全和法律维护也是一项政府重要的预算支出内容，具体包括起诉和监察机构、内务部门、内务部队、司法机构、惩戒机构、安全机构、边境管理部门、麻醉药品和精神药物管理与监督部门、保护居民及国家免受自然及人为灾害事件影响、消防安全、移民政策、内务部队及为保护公民、维护法律秩序等方面的支出，2013 年新添"内务部队及为保护公民、维护法律秩序及完成其他机构任务的联邦政府救援部队的现代化"支出。

（1）监察机构支出，主要是指用于保障俄罗斯联邦检察总局、俄罗斯联邦主体监察局、地方自治政府监察局，以及其他地区或专业监察机构运行的支出。

（2）内务部门支出，主要是指用于保障俄罗斯联邦内务部，内务部联邦区内务管理总局，联邦主体内务管理总局，地方政府内务管理局，铁路、水路和航空交通运输内务管理局，封闭行政管理区内务管理局，军事地区后勤和物资管理局，以及俄罗斯内务部驻国外代表处的运行支出。

（3）内务部队支出，主要是指用于保障内务部队正常军事活动的支出。

（4）司法机构支出，主要是指用于保障俄罗斯联邦司法部、俄罗斯联邦主体司法局和地方司法局的正常运行支出。

（5）惩戒机构支出，主要是指用于联邦监狱、联邦主体监狱、地方政府监狱以及惩教机构的支出。

（6）安全机构支出，主要是指用于联邦和联邦主体安全机构的支出。

（7）边境管理部门支出，主要是指用于保障边境管理机构、边防部队、其他边防军，以及边防检察机构的活动支出。

（8）麻醉药品和精神药物管理与监督部门支出，主要是指用于保障俄罗斯联邦药物管制局，特别授权解决麻醉品、精神药物相关领域问题机构，以及打击非法贩运麻醉品、精神药物机构的运行。

（9）保护居民及国家免受自然及人为灾害事件影响支出，主要是指用于保障民防、紧急情况和消除自然灾害后果部管理总局、联邦主体管理局和地方管理局的运行支出。

（10）消防安全支出，主要是指用于国家消防局、地方消防机构、消防部门、志愿消防部门，以及消防保护协会等的运行支出。

（11）移民政策支出，主要是指保障提供移民服务的联邦移民局和地方移民局正常运行的支出。

4. 国民经济建设支出

国民经济建设始终是俄罗斯政府预算支出的重点领域之一，主要支出方向为：解决一般性经济问题、促进燃料和能源综合体发展、探索和利用宇宙空间、矿产资源的再生产、发展农业和渔业、保护水资源、发展林业、发展交通、发展道路（道路基金）、发展通信与信息等领域，其中道路、交通、农业和渔业是俄罗斯最重要的国民经济发展领域，所占支出比重位居前列。

（1）解决一般性经济问题支出，主要用于保障国民经济各个部门的正常运行，监督商品市场和金融服务市场的合法竞争，设定技术和计量标准，调节自然垄断，调节自然资源利用，保护环境，保证生态安全。

（2）促进燃料和能源综合体发展支出，主要用于保障煤炭及能源部门职能的正常运行，实现国家对能源行业的支持，对煤炭行业进行重组，为进入该领域的燃料和能源综合体发放贷款利率补贴。

（3）探索和利用宇宙空间支出，用于和平目的的宇宙空间科学技术研究和经济利益开发、利用（国防和国家安全类宇宙开发利用除外），以及国家支持的宇宙开发活动的相关支出，包括联邦专项规划。

（4）矿产资源的再生产支出，主要用于保障国家相关部门职能的履行，以及地质勘察、矿产资源勘探等联邦重要事务支出。

（5）发展农业和渔业支出，主要用于保障相关部门职能履行，保护和复垦耕地，提供相关补助，促进农业生产，包括实行粮食采购、畜牧良种繁育、种子生产、兽医服务、病虫害防治，以及其他农业服务。

（6）保护水资源支出，主要用于保障相关部门职能履行以及水资源的管理和保护。

（7）发展林业支出，主要用于保障相关部门职能履行，以及对森林进行管理，利用、节约、保护和再生森林，防范森林火灾。

（8）发展交通支出，主要用于保障相关部门职能履行，以及发展交通基础设施，对航空、铁路、海运、河运和其他运输方式提供政府支持，包括客运以及道路基础设施的资金。

（9）发展道路（道路基金）支出，主要用于保障相关部门职能履行，以及发展道路基础设施。

（10）发展通信与信息支出，主要用于保障相关部门职能履行，以及建设联邦和地区信息库，发展通信产业。

5. 住房和公用事业支出

俄罗斯住房与公用事业支出主要包括住房建设、公用事业发展、环境美化、住房及公用事业的应用研究、其他政府和公用事业问题等方面的支出。

（1）住房建设支出，主要是指用于住房服务管理、住房建设和改造、住房修缮维护部门补贴等方面的支出。

（2）公用事业发展支出，主要是指促进公共事业发展和提供公共事业服务方面的支出，包括向为居民提供公共事业服务和其他专业服务（如殡葬业）的部门发放补贴，墓地的维护和管理支出，生活和工业废弃物的回收、处理和再加工。

（3）环境美化支出，主要是指居民区环境美化支出，包括街道的亮化、绿化、美化、修缮和维护。

6. 教育支出

俄罗斯是一个传统意义上的教育大国，教育支出在政府预算支出中所占比重一直维持在较高水平。俄罗斯教育支出的主要方向为：学前教育、普通中小学教育、初等职业教育、中等职业教育、高等教育、青少年政策和儿童健康等领域。在俄罗斯，普通中小学实行十一年制义务教育，学生九年级毕业后获得不完全中学教育证书，可进入普通中学的十年级继续接受中学教育，或进入中等专业学校或职业技术学校继续学习。普通教育支出为俄罗斯教育支出中最重要的组成部分，约占全部教育支出的一半。位居教育支出第二位的是学龄前儿童教育，虽然近年来俄罗斯人口出生率逐年下降，学龄前儿童人数日渐减少，但俄罗斯学龄前儿童教育支出却不断提高，其所占份额已超过高等教育支出，达到 18.4%。

（1）学龄前教育支出，主要用于学龄前儿童教育及学龄前儿童教育机构运行。

（2）普通中小学教育支出，主要用于小学、初中、完全高中学生教育，小学、初中、完全高中教学机构的运行，以及校外儿童工作机构和特殊（惩戒）教育机构的运行。

（3）初等职业教育支出，主要用于初级职业技术学校、特殊专业技术学校、校际培训中心、培训讲习班、初等职业培训学校等的教育与学校运行。

（4）中等职业教育支出，主要用于中等职业技术教育与学校运行。

（5）职业培训支出，主要用于在职人员在干部培训班、培训学校和技能提高学校的教育。

（6）高等教育支出，主要用于高端人才培养和高等学校运行。

（7）青少年政策和儿童健康支出，主要用于儿童健康运动和青少年政策的组织。

7. 医疗支出

俄罗斯《宪法》赋予公民保护健康的权利，由此，国家有义务为每一个公民提供高质量的医疗服务。俄罗斯医疗服务支出包括以下各方面的内容：住院医疗，门诊医疗，各类日间医院的医疗服务，紧急医疗服务，疗养和康复保健，血液和血液制品的采收、加工、存储和安全保障，流行病的预防，其中主要医疗支出集中于住院和门诊医疗服务支出。

（1）住院医疗支出，主要用于保障提供住院医疗服务机构的正常运行，其中包括高科技医疗救护服务的提供，药品和医疗器械的采购，国家优先发展方向"医疗"项目的实施，为部分社会组织和非营利组织提供补助。

（2）门诊医疗支出，主要用于保障提供门诊医疗服务机构的正常运行，提供部分类型的药品，以及国家优先发展方向"医疗"项目的实施。

（3）各类日间医院的医疗服务支出，主要用于各类提供日间医疗服务机构的运行。

（4）紧急医疗服务支出，主要用于保障提供紧急医疗服务机构的正常运行，以及根据紧急命令提供医疗服务和国家优先发展方向"医疗"项目的实施。

（5）疗养和康复保健支出，主要用于保障提供疗养和康复医疗服务机构的正常运行，其中包括儿童和青少年疗养院、肺结核疗养院，以及其他疗养所和度假村。

（6）血液和血液制品的采收、加工、存储和安全保障支出，主要用于保障血液和血液制品的采收、加工、存储和安全保障机构的正常运行，以及国家优先发展方向"医疗"项目中相关措施的实施。

（7）流行病预防支出，主要用于保障流行病预防、消毒防疫机构的正常运行，以及流行病学的监测与控制。

8. 社会政策支出

在俄罗斯，社会政策支出主要用于为居民提供各类社会保障，例如养老保障、社会保障、儿童福利保障等，主要有下列形式的支出：

（1）养老保障支出，主要用于若干方面养老金的发放。例如，给即将满退休年龄但因年老提前退休者在达到正式退休年龄前这段时期的养老金；给即将或已满退休年龄但继续工作的老年人发放养老补贴；给军人、国家和地方工作人员、法官发放相当于每月养老金50%的养老补贴；向无劳动能力家庭成员发放补贴；根据俄罗斯联邦总统令向受核武器综合领域老战士发放额外的物质补助；以及俄罗斯养老法规定的其他补助。

（2）给居民的社会服务支出，主要用于保障为居民提供社会服务的组织和部门的正常运营（如社会服务中心和部门、残疾安老院、康复机构及其他社会保障机构），以及提供专业医疗咨询，向残疾人提供康复设备，包括假肢和矫形器材的生产和维修等。

（3）给居民的社会保障支出，即为居民提供的与社会保障有关的一切预算支出，包括由俄罗斯联邦社会保险基金支付的各种类型的保险金，如生育保险金、失业保险金等，以及其他一些补贴，如残疾人汽车保险补贴、住房和公共事业服务优惠、疫苗接种并发症补贴、受政治迫害者补贴、购房补贴等。

（4）家庭和儿童保护支出，主要用于为流离失所、无家可归者提供保护和监护，以及将离家出走的未成年人送到孤儿院、寄宿学校、特殊教育机构的相关费用。

三、俄罗斯联邦政府财政平衡

2000—2008年，经济的稳定发展使俄罗斯联邦政府财政预算平衡状况良好，财政收入大于支出，财政处于盈余状态。2009年后，受国际经济危机影响，以及随着经济步入下行空间，俄罗斯联邦政府财政预算平衡状况开始恶化，除2010年外，几乎各年都收不抵支，财政赤字不断扩大，财政赤字占GDP的比重不断提高，最高时达到GDP的3.4%（见表1-6和图1-4）。

表1-6　2000—2017年俄罗斯联邦预算平衡情况

	收入 （亿卢布）	支出 （亿卢布）	盈余或赤字 （亿卢布）	盈余或赤字占 GDP比重（%）
2000年	11321	10292	1029	1.4
2001年	15940	13219	2721	3.0
2002年	22047	20542	1505	1.4
2003年	25862	23586	2276	1.7

续表

	收入 （亿卢布）	支出 （亿卢布）	盈余或赤字 （亿卢布）	盈余或赤字占 GDP 比重（%）
2004 年	34289	26989	7300	4.3
2005 年	51272	35143	16129	7.5
2006 年	62789	42848	19941	7.4
2007 年	77811	59866	17945	4.5
2008 年	92759	75709	17050	4.3
2009 年	73378	96601	−23223	−5.8
2010 年	83054	101175	−18121	−3.3
2011 年	113677	109256	4421	0.9
2012 年	128555	128950	−395	0
2013 年	130199	133429	−3230	−0.5
2014 年	144969	148316	−3347	−0.4
2015 年	136592	156203	−19611	−2.3
2016 年	134600	164164	−29564	−3.4
2017 年	150889	164203	−13314	−1.5

资料来源：2011—2018 年《俄罗斯经济年鉴》，https：//istmat. info/node。

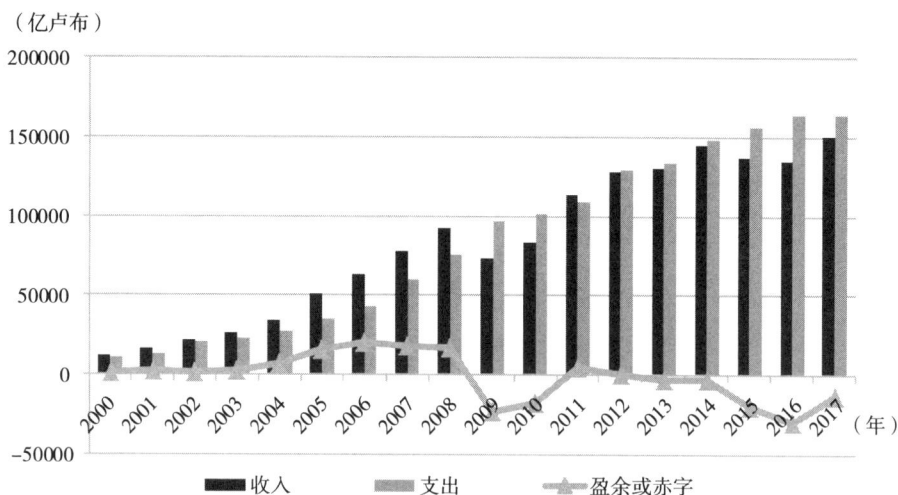

图 1-4　2000—2017 年俄罗斯联邦预算平衡情况

资料来源：2011—2018 年《俄罗斯经济年鉴》，https：//istmat. info/node。

四、俄罗斯联邦政府债务

在独立后相当长一段时期，俄罗斯经济处于持续动荡与衰退之中，国家财政状况欠佳，每年都有大量财政赤字。为弥补财政赤字，保障政府职能正常履行，俄罗斯政府不得不大量举借债务，俄罗斯债务总额占 GDP 的比重一度超过 90%。在内有巨额债务需要还本付息、大量政府欠账需要偿还，外临国际金融局势动荡不安的情况下，1998 年东南亚金融危机的爆发，使财力空虚、财政储备乏力的俄罗斯政府陷入全面的财政危机之中。

沉痛的经验教训使俄罗斯政府清醒地认识到，必须采取更为稳健的财政政策，设计更为合理的财政保障机制。为此，2000 年后，俄罗斯开始实行紧缩性财政政策，严控政府债务规模，提前偿还外债，使政府债务占 GDP 的比重大大下降。2008 年年底，俄罗斯政府债务余额仅为 GDP 的 6.5%，远低于世界上绝大多数国家的平均债务水平。其后，随着经济发展步入下行空间，俄罗斯国家债务发展规模逐渐扩大，占 GDP 的比重逐步回升，但一直未超过 GDP 的 15%（见图 1-5）。

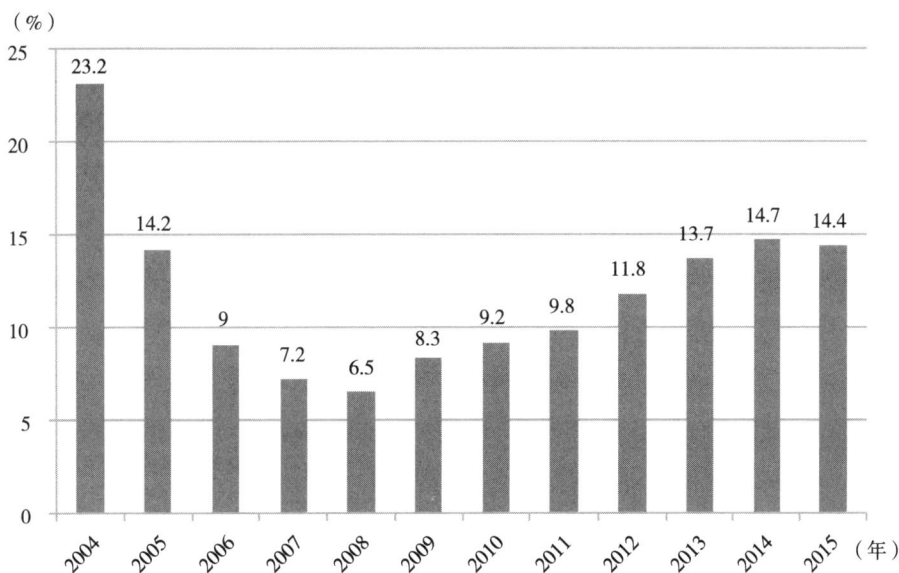

（%）

图 1-5 2004—2015 年俄罗斯国家债务占 GDP 比重

资料来源：2005—2016 年《俄罗斯经济年鉴》，https：//istmat. info/node。

第二节　2000—2017 年俄罗斯税收制度改革

苏联时期，作为苏联最大的加盟共和国，俄罗斯如其他加盟共和国一样，实行的都是计划经济，政府主导并直接配置资源，作为政府收支活动的集中体现，财政也是一种"大而宽"的生产建设型财政：财政收入税利并存、以利为主，财政支出秉持"先生产后生活"的原则，财政资金主要用于保障生产建设。

独立以后，俄罗斯首先必须直面的一个经济问题就是如何协调国家财政收支，保障各级政府职能的正常履行。在这一时期，计划经济时代遗留下来的福利制度，如就业、养老、医疗、住房等，以及经济体制改革和社会制度变革带来的改革成本，犹如巨大的财政包袱使国家财政支出呈现出极强的刚性，不断膨胀上升。但刚刚从国有企业利润转化为对各类企业课征的税收，却不能很快为国家财政提供充足的收入，由此形成的财政收支矛盾使俄罗斯财政赤字日渐庞大，严重影响了俄罗斯国家治理能力的发挥，并为政治腐败、改革利益分配不均乃至社会动荡埋下隐患。

要适应经济体制转变的需要，就必须改革计划经济体制下的生产建设型财政，构建适应市场经济发展要求的公共财政制度，同时建立现代税收制度，政府需以社会公共事务管理者的身份筹集财政收入，对市场主体及其经济行为进行全方位的调节机制。由此，俄罗斯以降低税负、简化税制为核心，开启了一系列税制改革。

经过 20 余年的税收制度改革与实践，俄罗斯已逐步建立起相对完善、并得到世界广泛认可的现代税收制度。

一、俄罗斯增值税改革

1992 年，俄罗斯颁布《增值税法》，增值税正式在俄罗斯开征。俄罗斯最初的增值税税率为 28%，这是一个相当高的税率水平，引起了劳动密集型产业危机，其后，俄罗斯增值税税率降低到 20%，2004 年进一步降到 18%。

增值税从开征伊始就成为俄罗斯政府预算收入中最为重要的税收来源，除社会强制保险缴费外的第一大税种。

（一）俄罗斯增值税改革的基本特点

俄罗斯是在借鉴欧洲经验的基础上设立增值税的，俄罗斯增值税从基本概念设定、税收法律确定、税率结构安排、征缴对象设计等方面，都与欧洲国家的增值税保持高度一致，使俄罗斯的增值税改革具有如下特点：（1）以欧洲标准确定增值税货物及劳务销售地，引入零税率及其他技术标准，添加私营企业为增值税纳税人；（2）引入增值税免税机制；（3）以单一比例税率（不包括零税率）课征增值税；（4）向权责发生制转换，增值税的课征由税收负担产生之时，转向扣除权限获得之时；（5）依照国际惯例缩小标准免税清单范围；（6）统一按目的地国税率课征增值税，而不论对方是否为贸易伙伴国（改革前对独联体国家按照原产国税率征收）；（7）享有基本建设投资税收扣除权的时限由固定资产登记之时转为投资支付之时（20世纪90年代曾规定要向基本建设供应商和承包商"摊销"一定金额的增值税，其中包括税收扣除）；（8）制定增值税零税率税收返还申请机制和统一申报表；（9）对税收立法中涉及的其他细节性问题予以明确规定，包括增值税返还程序。

（二）俄罗斯增值税改革方向的选择

关于增值税的改革与发展，在俄罗斯一直有不同的意见，在不同时期，争议的焦点不同，最早是降低增值税税率，其后是提高增值税税率。

1. 降低增值税税率

2008年4月，俄罗斯经济发展部发函给财政部，征集有关完善税收政策的建议①，在这封信中经济发展部提出，应从2009年开始将增值税的基础税率降到12%—13%，同时取消增值税低税率，提高消费税税率。

俄罗斯经济发展部提出降低增值税税率的理由在于：降低增值税税率符合国际发展趋势，不少欧洲国家都在降低增值税税率，而且，降低增值税税率有利于解决俄罗斯增值税征集率偏低的问题。

---

① 2008年4月7日，俄罗斯经济发展部副部长 C.C. 瓦斯克列仙斯基给财政部副部长 C. Д. 沙塔洛夫去函《关于税收政策首要措施》（第4242—CB/Д01号）。

俄罗斯经济发展部的此项提议并未获得财政部的认同，在对世界各国增值税制度进行详细考察后，俄罗斯财政部认为，俄罗斯在增值税领域的首要问题并非税率，因为俄罗斯增值税的税率已远远低于大多数欧盟国家，而且近十年来 OECD 国家的增值税税率改革已出现不降反升的态势（见表 1-7）。

表 1-7 经济合作和发展组织（OECD）国家增值税基础税率变化情况

单位：%

国家	1975 年	1980 年	1985 年	1990 年	1995 年	2000 年	2005 年	2007 年
澳大利亚	—	—	—	—	—	10	10	10
奥地利	16	18	20	20	20	20	20	20
比利时	18	16	19	19	20.5	21	21	21
加拿大	—	—	—	—	7	7	7	7
捷克	—	—	—	—	22	22	19	19
丹麦	15	22	22	22	25	25	25	25
芬兰	—	—	—	—	22	22	22	22
法国	20	17.6	18.6	18.6	20.6	20.6	19.6	19.6
德国	11	13	14	14	15	16	16	19
希腊	—	—	—	18	18	18	19	19
匈牙利	—	—	—	25	25	25	20	20
冰岛	—	—	—	22	24.5	24.5	24.5	24.5
爱尔兰	19.5	25	23	23	21	21	21	21
意大利	12	15	18	19	19	20	20	20
日本	—	—	—	3	3	5	5	5
韩国		10	10	10	10	10	10	10
卢森堡	10	10	12	12	15	15	15	15
墨西哥		10	15	15	15	15	15	15
荷兰	16	18	19	18.5	17.5	17.5	19	19
新西兰	—	—	—	—	22	22	22	22
挪威		20	20	20	20	23	25	25
波兰	—	—	—	—	22	22	22	22
葡萄牙	—	—	—	17	17	17	21	21

续表

国家	1975 年	1980 年	1985 年	1990 年	1995 年	2000 年	2005 年	2007 年
斯洛伐克	—	—	—	—	23	23	19	19
西班牙	—	—	—	12	16	16	16	16
瑞典	17.65	20.63	23.46	23.46	25	25	25	25
瑞士	—	—	—	—	6.5	7.5	7.6	7.6
土耳其	—	—	—	10	15	17	18	18
英国	8	15	15	15	17.5	17.5	17.5	17.5
美国	—	—	—	—	—	—	—	—

资料来源：OECD 收入统计，转引自 Шелкунов А. Д. Реализация принципа нейтральности НДС в России в свете новых разъяснений ОЭСР . Закон. 2012. № 7。

　　表 1-7 数据显示，1975—2007 年，在 OECD 的 30 个国家中，总计提高增值税税率（不算最初开征增值税）的频率为 41 次，而降低税率的频次只有 11 次。而且在两个国家（荷兰和法国）还出现了这样的情景，即在降低增值税税率后，因预算收入不足，不得不又重新提高税率。

　　此外，针对俄罗斯经济发展部提出"俄罗斯增值税实际征收率过低"这一降低增值税税率的理由，俄罗斯财政部指出，所谓税收征集率是衡量税收管理效率的国际通行指标，即增值税实际收入与增值税基本税率和应纳税额相乘得出的增值税总收入之间的比率，征集率反映了有效税率与名义税率之间的相互关系。征集率低表明税收管理质量低下，或因税收减免和优惠税率使大量税基流失，通过提高税收管理水平、减少税收优惠幅度即可有效提高税收征集率，解决俄罗斯增值税实际征收率过低这一问题，与增值税税率高低与否并无直接关联，降低增值税税率并非提高俄罗斯实际征收率的有效手段。发达国家的税收征集率一般也在 42%—65%之间，俄罗斯增值税的实际征收率与此大体相当（见表 1-8），并不存在明显差异[1]。因此，主降派提出的"如此低下的征集率在发达国家是不可接受"的这一结论是不成立的，据此提出降低增值税税率的要求也是不够科学合理的。

----

　　[1]　"OECD Consumption Tax Trends 2006 and OECD Calculations"，2005.

表 1-8 2003—2007 年俄罗斯增值税征集率　　　　　单位：%

指标	2003 年	2004 年	2005 年	2006 年	2007 年
增值税收入合计占 GDP 比重	6.66	6.27	6.81	5.62	6.86
扣除"尤科斯公司"一次性收入后的增值税收入占 GDP 比重	6.66	6.27	6.18	5.62	6.13
最终消费占 GDP 比重	68.15	66.88	66.42	66.00	65.76
增值税基本税率	20	18	18	18	18
税收征集率	48.9	52.1	51.7	47.3	51.8

资料来源：俄罗斯财政部。

　　关于俄罗斯实业家和企业家联合会以及"实务俄罗斯"提出降低增值税税率的另一个理由，即增值税抑制了高附加值经济领域的发展。俄罗斯财政部也予以反驳，认为这一理由同样不成立。

　　俄罗斯实业家和企业家联合会以及"实务俄罗斯"认为，作为间接税，增值税最终或由商品（工程、劳务）的直接消费者承担，或由购买这些财富的人承担。因此，在市场参与者没有发生变化的情况下，从降低税率中唯一获益的只有消费者，他们实际上从国家得到了相当于增值税应税商品、加工和劳务零售价格 5%—6% 的折扣。

　　但俄罗斯财政部通过研究指出，这一假想被夸大，真实情况是，降低增值税税率将会导致一系列相互作用的因素发生变化：如税前价格组成因素、供需总量、资金在资本和劳动力之间的分配，以及预算收入和支出等。因此，降低增值税的直接好处将在家庭经济和商品（工程、劳务）生产者间依其相互依存关系划分，而增值税的税收负担也因同样的缘由在两者间进行分配，即取决于商品（工程、劳务）的需求和供给弹性，而不取决于新增产值的规模。降低增值税率可能将只会有益于诸如酒类等"创新"领域的生产者。因为对酒类产品的需求是没有弹性的，降低增值税税率的所有优惠都将由生产者获得。

　　由此，俄罗斯财政部认为，以降低增值税税率的方式实现刺激投资其实质意义并不大，特别是从长期来看，降低增值税税率实际上还会引发负面效应，与政府为弥补降低增值税税率带来的预算收入损失而试图采取的其他税收改革

（如提高消费税税率或以销售税取代增值税）相比，维持现有增值税税率可能带来的收入波动和比例失调的风险会更小一些。

2. 提高增值税税率

2008 年金融危机之后，降低增值税税率的改革逐步淡出各国税制改革的舞台，取而代之的是提高增值税税率。2009 年，拉脱维亚将增值税标准税率从 18% 提高到 21%，2011 年进一步提高到 22%；以色列将增值税税率由 15.5% 提高到 16%；德国将增值税税率由 19% 提高到 23%；葡萄牙将增值税税率由 21% 提高到 23%；法国将增值税税率由 19.6% 提高到 21.2%。

在这样一种增值税改革的潮流影响下，俄罗斯财政部提出提高增值税税率的改革构想。但此时俄罗斯提高增值税税率的主要原因已不在于弥补预算收入，而是因其课税理念发生了根本性改变。20 世纪 90 年代，俄罗斯认为，应该像西方国家一样，提高直接税（特别是所得税）比重，降低间接税比重。但近年来俄罗斯官方已不断释放一种信号，即税制改革应将税收负担逐步转移至间接税，提高间接税，降低所得税，在减轻居民及企业负担的同时促进消费发展。

在俄罗斯，最早提出提高增值税税率建议的是盖达尔研究所。盖达尔研究所认为，应该将增值税税率提高 2 个百分点，由 18% 提高到 20%。通过详细测算，盖达尔研究所指出，将增值税税率提高到 20%，可以促进国内生产总值增长 1%，但超过这一幅度的税率增长则将会恶化俄罗斯企业的竞争力，使其在全球竞争中处于不利地位。

2017 年 3 月，俄罗斯财政部部长西卢阿诺夫（Антон Силуанов）在参加俄罗斯工业和企业家联盟经济评论周税务论坛时指出，俄罗斯增值税率预计将由 18% 提高到 22%，同时继续保留给予农业、教育、医疗行业的优惠。

西卢阿诺夫指出，在提高增值税税率的同时，俄罗斯将降低社会保险缴费费率，将社会保险缴费费率由 30% 降低到 22%，以保障企业税收负担不增加，预算收入不受影响。尽管如此，增值税税率的提高还是会使通货膨胀率一次性提高 2 个百分点。对于降低社会保险缴费费率的原因，西卢阿诺夫的理由也是：在总体税负水平保险稳定的情况下，将社会保险缴费负担转移到间接税上，有利于减轻企业的工资基金负担，降低灰色收入规模。当前，俄罗斯的社会保险缴费费率不仅在发展中国家中处于较高水平，就是对于发达国家来说也处于高位（俄罗斯社会保险缴费费率为 30%，其中，22%上缴养老保险基金，5.1%上缴强制养老保险基金，2.9%上缴社会保险基金）。由此，需要降低社会保险缴费水平，社会保险缴费费率降低带来的预算收入损失将由增值税税率提高予以弥补。

对于税收改革要达成的目的，西卢阿诺夫认为应解决三个问题：（1）利用对税收改革增收收入的重新分配，完成 2012 年 5 月总统令提出的提高部分领域人员工资的任务，可进行重新分配的财政资金大约有 1500 亿卢布。（2）促进出口企业发展。（3）将自谋职业公民的"灰色"工资和收入洗白，使洗白后的劳动者与规范性领域劳动者拥有同样的竞争力。俄罗斯当前每年的"灰色"工资和收入大约有 5 万亿—10 万亿卢布。

针对财政部的这一动议，俄罗斯国内不少专家表示需要谨慎对待，因为从预算收入平衡的角度来说，社会保险缴费费率降低，增值税税率提高，其结果是中性的，不会带来预算失衡的风险，但需要慎重考虑的是，增值税税率的提高将引发物价全面上涨。由于增值税的税收负担会完全落在最终消费者，即普通公民、领取薪金和养老金的人身上，增值税税率的提升将会对不同群体带来不同的影响。对于领取薪金的人来说，在长期预期的情况下，社会缴费减少会带来薪酬的调整甚至增加，增值税税率提升的负面效应会被工资福利的提升所抵消，但对于养老金领取者和低收入者来说，情况就会发生变化。增值税税率的提高将直接导致养老金领取者和低收入者生活水平的显著恶化。在危机持续，居民收入大幅度下降，贫困问题突出的情况下，提升增值税税率，特别是大幅度提升增值税税率显然会引发一定的社会问题。

劳动部也不同意财政部的提议，因为减少保险缴费不仅将使养老基金损失 2 万亿卢布，而且，由于增值税全额上缴联邦预算，会不利于参与社会保险缴费分享的联邦主体。基于各方意见分歧较大，2018 年前俄罗斯未能开始实施增值税改革。

二、俄罗斯个人所得税改革

21 世纪以来，俄罗斯以单一税制为核心的个人所得税改革引起了全世界的高度关注。虽有部分专家认为单一税制不利于收入再分配及社会公平的实现，会削弱所得税的"自动稳定器"功能，对财政收入产生不利影响，但俄罗斯个人所得税改革实践证明，在税收秩序混乱、灰色经济活跃、税收遵从度低等问题普遍存在的情况下，以降低税率、拓宽税基、简化税制为原则的单一税制更符合改革的实际需求。

（一）俄罗斯个人所得税改革的主要内容

2000 年前，俄罗斯个人所得税收入在税赋总额中所占份额极低，仅为 6.5%，远低于同期发达国家和转轨国家 25%—35% 这一比重。虽然导致俄罗斯个人所得税收入低迷的原因有许多，如居民收入水平偏低、税法复杂、税收优惠过多、税收征管薄弱，但其最根本的引致因素还在于：名义税负过高，偷漏税、特别是高收入阶层偷漏税现象严重，灰色经济大量泛滥。根据有关方面评估，2000 年俄罗斯隐性工资超过工资基金总额的 50%，而在居民的收入结构中，工资收入仅占全部所得的 2/3，其余 1/3 为难以监控的其他各类来源收入。由此，改革前俄罗斯的灰色收入几乎占到应税收入的 50%。普遍存在的偷漏税现象使俄罗斯财政每年遭受的损失超过 GDP 的 3%。[①]

鉴于全社会普遍无法接受过高的名义税率，偷漏税规模庞大，税收遵从度极低，俄罗斯当局认识到，降低所得税率将是优化所得税制、促使居民收入合法化、提高纳税遵从度、扩大税基，最终全面提高国家及地方财政收入的唯一途径。为此，俄罗斯于 2000 年宣布实行以单一税率为核心的个人所得税改革，并将个人所得税改革的基本目标锁定为：降低税率、促进收入合法化、提高个人所得税在经济中的实际作用。从 2001 年 1 月 1 日起，俄罗斯取消了原有的个人所得税三级超额累进税制，将普遍适用税率确定为 13%。

俄罗斯个人所得税单一税率改革带来的积极效应是极为显著的。在个人所

---

① Синельников-Мурылев С.，" Оценка результатов реформы подоходного налога в Российской Федерации"，*Научные труды ИЭПП*，No. 52，2003.

得税改革启动之前，俄罗斯财政部对改革可能带来的各种影响进行了全面评估。评估结果不甚乐观：调整税率、提高税收标准扣除将使个人所得税减收422亿卢布，收入合法化、取消养老基金提成和税收优惠，以及居民名义和实际收入的增长，将使税收收入增长583亿卢布。正负效应相抵，2001年俄个税收入预计增长161亿卢布。但正如表1-9数据所显示的那样，2001年俄个人所得税的实际收入情况远好于财政部预期。2001年俄个税收入255.5亿卢布，超出预计规模34.3%，是2000年的1.5倍；扣除18.6%的通货膨胀率，实际增长28.1%，是居民实际收入增幅的2.8倍。

随着收入规模扩大，个人所得税对宏观经济的影响力也逐步增强，个税收入占GDP的比重由2000年的2.4%上升到2001年的2.9%，提高了近20.8%（见表1-9）。

表1-9　俄罗斯2000—2001年个人所得税收入情况

指标	2000年	2001年
个人所得税收入（10亿卢布）	174.2	255.5（实际收入）
		190.3（预计收入）
个人所得税收入占GDP比重（%）	2.4	2.9（实际收入）
		2.5（预计收入）
个人所得税收入与上年相比实际增长幅度（%）	9.0	28.1
居民实际收入与上年相比增长幅度（%）	13.4	10.0
所得税收入净增长幅度（%）	-4.4	18.1

资料来源：根据俄罗斯税务总局、财政部、国家统计局的数据计算。

（二）俄罗斯个人所得税效益分析

个人所得税制改革为俄罗斯社会经济带来了极强的正效应：不仅扩大了应税税基、降低了税收征纳成本、促进了政府财政收入的提高，还弱化了高收入阶层偷逃税动机、提高了税收遵从度、加速了灰色收入合法化，并有效提高了纳税人的工作积极性。具体表现为：

1. 预算收入组织能力不断增强

税制改革前，过高的累进税率使俄罗斯纳税人千方百计隐瞒收入、偷税漏税，偷逃税数额巨大。据统计，2000 年仅偷漏税一项就给俄罗斯财政带来 800 多亿卢布的损失，约为当年个人所得税收入的一半。税制改革后，单一税率使俄罗斯纳税人隐瞒收入的现象大为减少，个人所得税收入逐年快速提升。2001—2017 年，俄罗斯个人所得税收入连年快速增长，占国内生产总值的比重由 2000 年的 2.41%，上升到 2017 年的 3.53%，提高了 46.5%，成为俄罗斯重要的核心税种（见表 1-10）。

表 1-10　2000—2017 年俄罗斯个人所得税收入占 GDP 比重　　单位:%

	2000 年	2001 年	2002 年	2003 年	2004 年	2005 年	2006 年	2007 年	2008 年
个人所得税	2.41	2.86	3.31	3.44	3.37	3.27	3.47	3.84	4.01
	2009 年	2010 年	2011 年	2012 年	2013 年	2014 年	2015 年	2016 年	2017 年
个人所得税	4.29	3.87	3.57	3.38	3.52	3.47	3.37	3.51	3.53

资料来源：根据俄罗斯税务总局、财政部、统计局的数据计算。

2. 税收遵从度不断提高

2001 年，俄罗斯个人所得税收入的增速约为居民收入增速的 2 倍。所得税此种增长模式表明，俄个税收入的增长并非完全依赖居民收入的提高，对个税收入实际影响最大的还是税制结构的调整与优化。税率调整为俄个人所得税带来了近 60% 的税源，而这首先应归功于高收入阶层的收入合法化。

改革前，俄罗斯 90% 以上的个人所得税来自中低收入居民，这部分人偷漏税比重最低。富人适用的税率表面上很高，但通过大量的税收扣除和钻税法漏洞，其实际税负要远远低于名义税率。单一税率的实施使俄罗斯针对高收入纳税群体的税率出现了大幅度下降，再加上雇主应缴纳的统一社会税率由 38.5% 下调到 26%，使高收入人群的减税效应成倍扩大。在税负大幅度下降、偷漏税处罚力度加大的情况下，逃税成本提高、纳税成本降低，促使绝大部分高收入人群选择了依法纳税。

3. 增进低收入群体社会福利

在评价俄罗斯个人所得税改革时，有许多学者指出：单一税率加重了俄罗斯 90% 低收入居民的税收负担，因为边际税率由 12% 上调至 13%。边际税率的提高严重损害了低收入群体的利益，有悖于税收公平原则的实现。但这是对俄罗斯个人所得税改革的一种误读。事实上，俄罗斯个人所得税改革并未对低收入阶层的实际利益产生任何影响。改革前俄罗斯普通居民承担的实际税负就是13%—12%的个人所得税以及1%的社会保障（养老准备金）缴款。本着简化税制的原则，本次改革将针对普通居民所得课征的两项税费——个人所得税和上缴预算外养老基金的养老准备金缴款合二为一，统一计征，此即为俄罗斯将个人所得税率统一设定为13%的缘由。由此，对于90%的俄罗斯低收入纳税人来说，单一税率改革并未加重其税收负担。

不仅如此，低收入群体的税收负担还因各项针对性极强的税收扣除，例如子女抚养扣除、教育支出扣除和医疗支出扣除的实施得以有效减轻。除此之外，简化税制更是为低收入纳税群体提供了实际的优惠和便利，使其不再因请不起会计师或缺乏其他的避税手段而忍受经济损失，产生了更为公平的分配结果。

4. 提高工作积极性

长期以来，受自然资源、地理位置、气候条件以及计划经济等因素影响，有相当一部分俄罗斯人缺乏工作的主动性和积极性。加之俄罗斯人口稀少，劳动力短缺已成为困扰俄罗斯经济发展的一大瓶颈。由此，取消个人所得税累进税率，增加居民可支配收入，提高居民工作积极性，也是俄罗斯实施个人所得税改革的重要目标之一。

5. 简化税收征纳程序，降低税收课征成本

单一税率使纳税人无须再花费大量的时间与金钱探寻降低适用税率级次的方法，大大降低了避税的社会成本。税务机关的管理支出也明显下降：单一税率简化了税收计算，使计税成本明显降低；改革后只有在需要社会扣除和财产扣除时，纳税人才有必要提交纳税申请以及支出证明文件，税收征管成本也因纳税申报人数的减少而明显降低。单一税率的实施使俄罗斯个人所得税征纳双方的社会成本和经济成本均得到有效控制。

综上所述，在此次个人所得税改革中，俄罗斯低收入阶层的福利不仅没有受到损害，实际上还有所增进，而在打击影子经济、促进灰色收入合法化、提

高税收遵从度、组织财政收入、促进工作积极性等方面，单一税率的实际效用已远远超过累进税率。① 从这些方面来看，俄罗斯单一税率改革应是完全符合政府设定的改革目标，并已取得良好的社会经济效益。

（三）俄罗斯个人所得税改革争议

单一税制虽然在公平与效率上有所作为，却无法掩盖自身的一些严重缺陷，诸如削弱了个人所得税调节收入分配的作用，不利于解决俄罗斯目前广泛存在的收入差距过大的现实问题。这些不利因素的存在，使俄罗斯究竟选择何种方式课征个人所得税的争论持续不断。俄罗斯财政部科研所所长高尔基曾极其尖锐地指出，所得税"已经变成了向富有阶层提供巨大优惠的机制"。俄联邦委员会主席米罗诺夫、俄联邦统计总署署长斯捷帕申、俄联邦税务总局前局长马克烈佐夫等人也强调，在国际经济危机的大背景下，俄境内的"赤贫"人数在不断增加，超过俄总人口的 14%。而与此同时，根据福克斯的富豪排行榜，身家超过 10 亿美元的俄罗斯人的数量也在不断膨胀，社会贫富差距悬殊，亟待税收的二次分配缩小贫富差距。单一税率不仅有悖税收的征收与纳税人的实际负担能力相符的原则，而且也违背了税收的公平公正原则。

与此同时，也有不少专家认为，累进税率并不利于社会公平的实现。累进税制设计的本意是纠正贫富差距，即通过对不同收入水平和不同种类收入采取不同的税负政策，使个人可支配收入发生总量和结构变动，以实现调节个人收入、公平分配结果的目的。然而，累进税率在理论上具有的公平与效率的优点，在俄罗斯的税收实践中不仅没有得以充分体现，反而引发了财政效率降低、社会公平缺失等一系列严重的经济社会问题。从表面来看，累进税率提高了面向高收入阶层的税率，但由于税制设计、税收征管方面存在的诸多问题，使富裕人群可以通过各种途径逃避纳税义务，而请不起律师和会计师的穷人，则因避税手段的缺乏，实际承担的税负等同甚或高于富裕人群，使累进税率的公平与效率等诸多优势消失殆尽。

单一税制正好与之相反。在单一税制下，免征额的存在以及多项税收扣除

---

① Синельников-Мурылев С., "Налоговая реформа в России: проблемы и решения", *Научные труды ИЭПП*, No. 67, 2003, C. 277-290.

的实施，使有效税率随收入的增加逐步上升，单一税率因此具有了一定意义的累进性，既体现了对贫困家庭的照顾，又增强了收入分配的公平。此外，简化后的税制降低了税务咨询成本，对低收入者显得更为有利。从这一角度来说，对于现阶段的俄罗斯来说，单一税率在公平与效率方面发挥的作用实际已远远超过累进税率。

此外，累进税率主要针对的对象是富裕阶层，收入越高适用的税率越高。但事实证明，越是有钱人，其偷漏税的可能性也越大。俄罗斯税务总局统计数据显示，在俄罗斯年工资收入超过 60 万卢布的高收入居民仅占就业总人数的 0.9%，这类纳税人的工资收入占工资基金总额的比重不到 13%。如果按累进税率课征个人所得税，实际上只有 13%—20% 的税基适用于提高后的税率，也就是说，即使在没有偷漏税的情况下，累进税率带来的财政收益也将非常有限。累进税率还将导致税务部门监管成本的上升以及纳税人避税成本的上升，如果再由此引发偷漏税行为，可能还会出现负面效果。

累进税率无助于刺激工作积极性。理论研究表明，所得税累进税率会降低工作者的劳动积极性。在累进税率下，劳动者每额外工作一小时获得的收入会越来越少，劳动积极性将随收入的减少逐步下降。而在所得税税率下降的情况下，边际储蓄倾向会上升，税后利率的提高等于减少必要消费支出的奖励，较低的比例税率由此具有了比累进税率更为客观的优越性，有利于促进劳动者增加劳动时间、推迟退休、更加积极地工作，减少长期失业率。

基于上述各项因素的综合考虑，2018 年前，俄罗斯个人所得税保持单一税率。

三、俄罗斯企业利润税改革

刺激企业投资、促进创新发展是企业利润税课征需要面对的主要问题，也是导致企业利润税不断改革与完善的动因，俄罗斯企业利润税也因此成为改革及变动最为频繁的税种。尽管仍然存在诸多不足，但俄罗斯企业利润税改革在破除税收立法矛盾，解决争议性问题，促进企业经营发展等方面不断做出有利于纳税人的改变。

（一）企业利润税改革的主要内容

多年来，俄罗斯企业利润税改革的主要方向一直是降低税率，减并税收优惠，规范税收扣除程序。这一点在 2008 年反危机措施中表现得最为明显。2008 年经济危机期间，俄罗斯探讨最多的财税问题就是：税收改革的力度多大才能实现对经济增长的有效促进？是否有必要通过税收激励政策（即对整体经济或部分经济减税）促进经济增长？抑或预算补贴更为有效？最为重要的是：税收是预算支出的资金来源，是否应该优先保障税收的稳定？不同的国家对这些问题有着不同的回应，但俄罗斯对此的选择非常明确，2009 年年底，俄罗斯颁布"反危机一揽子税收计划"，该计划体现在企业利润税方面的主要变化有：企业利润税税率由 24% 下调至 20%；扩大企业利润税的"折旧摊销"；符合俄罗斯联邦中央银行再融资利率规定，可计入企业利润税支出的债务利息限额提高 1.5 倍；提高企业为员工提供培训、医疗和养老保障的支出扣除限额；由企业为员工投保的可列入支出的医疗人身自愿保险费用限额，由不超过工资总额的 3% 提高到 6% 等。

2010 年后，俄罗斯将企业利润税改革的主要方向确定为促进创新经济发展：提高企业经济竞争力，促进企业创新能力提高，加快俄罗斯与世界经济一体化进程。为此，俄罗斯将企业利润税的改革方向设定为：

1. 鼓励企业研发投入

为扩大对产品创新及高新技术支持，提高企业研发支出扣除系数，加快企业研发支出扣除速度，俄罗斯以联邦政府的名义发布研发项目清单，要求税务机关在提供研发扣除时予以遵照执行。同时，还将科研试验支出的扣除期限缩短 1 年；取消对不成功科研实验支出的限制；专项基金用于科研实验支出的定额标准提高 1.5%；提高科研实验支出系数，在成本中列支的科研实验（列入清单的 120 余项科研实验）经费可为实际支出的 1.5 倍；实行"折旧补贴"，一次性折旧的比例提高为固定资产原值的 10%（3—7 类折旧为 30%）；可以采取非线性折旧（加速折旧），在固定资产有效使用年限的 25% 时间段内实现 50% 的折旧；建立向非营利组织提供资金的专项基金可获得税收优惠；为经济特区的居民提供税收优惠；为税收投资信贷创造可能；将工人的就业培训和再培训的支出费用纳入企业成本；免征代理、发明、工业产品设计、计算机软件等权属转让方面的增值税；免征俄罗斯还没有的高新技术产品进口的增值税和关税等。

2. 加快企业利润税的联合申报制度

所有以直接或间接参股形式加入集团的公司都应与母公司一起申报利润税。这种纳税方式显然比控股集团内一部分企业缴纳利润税，一部分企业将亏损结转至未来要有利，纳税人可因控股集团内部各个公司利润和亏损的合并而在税收上得到更多的好处，但加入某一集团联合报税的企业不能再加入其他集团申报利润税。属于同一类型公司的纳税人也可以联合申报缴纳利润税，例如，信贷企业可与其他信贷企业合并报税，保险组织可和其他保险组织合并报税，属于此类纳税人的还有非国有养老基金和有价证券市场上的专业公司。

（二）俄罗斯企业利润税改革方向

2016—2017 年，俄罗斯通过对《税法典》的修订进一步明确了企业利润税的改革方向，但由于未对相关措施予以同期更新，使新出台的税收征管办法在实施过程中给纳税人带来了诸多不便，也形成了部分政策真空地带，使完善相关管理办法，填补税收政策空白成为俄罗斯企业利润税改革的新方向。除此之外，在俄罗斯企业利润税的课征中还存在若干传统问题，这些传统问题迄今为止《税法典》尚未能很好地解释与说明，或《税法典》的解释与说明与现实判定存在歧义，对于这些领域，也亟须从法律的层面予以进一步明确与规范。

1. 解决《税法典》修订与执行中存在的矛盾

（1）保持固定资产价值判断标准的一致性。

依照《税法典》规定，2016 年 1 月 1 日前俄罗斯 4 万卢布以下的资产为低值物品，相应地，其价值的税务和会计核算从其开始使用时一次性核销。2016 年 1 月 1 日后，根据俄罗斯联邦《税法典》第 257 条第 1 款，税务核算折旧摊销的固定资产最低价值提高到 10 万卢布，但会计核算折旧摊销的固定资产最低价值还是 4 万卢布，税收核算标准与会计核算标准的不一致，给纳税人带来了诸多不便。

（2）明确利润转拨预付款限额的规定。

2016 年 1 月 1 日之前，《税法典》规定，企业每季度可从企业利润税应税利润中列支预付款的上限是 1 千万卢布，2016 年 1 月 1 日后这一数额提高到 1.5 千万卢布。但对于那些重新注册公司的纳税人来说，能够获得的预付款利润扣除额只有每月 1 百万卢布，每季度 3 百万卢布。显然，新旧企业由此获得的利益差异是巨大的，该规定对公司经营带来的影响也是明显的。

2. 解决《税法典》阐释与实际判例间的矛盾

对于俄罗斯企业利润税来说，绝大部分税收纠纷都因收入与支出合理性引发。例如，围绕产品无偿转让，其价值是否应该计入收入，就存在现实判定与《税法典》认定不同的现象。虽然俄罗斯《税法典》第 249 条明确规定："……销售收益是依照与商品（工程、劳务）出售或财产权转让有关的所有收入确定的，而不论其为现金还是实物形态"，但在实践中此类问题依然频繁困扰企业与税务机构，且结果与《税法典》的规定大相径庭。在 2013 年 3 月 3 日伏尔加—维雅地区仲裁法院的判决中，就出现了一个与《税法典》规定完全不一样的判例，伏尔加—维雅地区仲裁法院认为，为吸引更多的社会需求，纳税人企业可以将部分产品价值列为购买优惠，由此，A43—14608/2013 号案件纳税人将无偿转让产品价值不计入税基的行为是合法的。

至于销售外收入，如何考虑退货产品相关税收，也存在较大争议。《税法典》第 25 章对此没有说明，财政部也没有详细解释，由此，在相关税收纠纷中，对此问题的最普遍做法是：将退货产品的税收核算与销售产品进行同样处理。由此，对于供应商而言，退货在计算企业利润税税基时为支出，而对于买方（退货人）来说则是收入。这一观点也得到仲裁法院承认，乌拉尔地区仲裁法院 2016 年 6 月 10 日裁决的第 09—4959/16 号案件就是这么认定的。

《税法典》尚未能很好地解释与说明的一个问题是坏账（包括应收账款和应付账款）的核销问题。《税法典》第 18 章第 250 条明确规定，在计算企业利润税税基时，应付账款须计入营业外支出，但纳税人和税务机关认定的应付账款核算的税收期限并不总能一致。

除此之外，俄罗斯《税法典》在对支出的认定上与西方国家也存在一定的差异，俄罗斯并不认同所有的费用都可从引税基数中扣除。《税法典》第247 条强调，所谓支出是记录在案的合理的支出。而这所谓的"合理的支出"就引发了企业对支出的各种解读，使《税法典》在此方面不具有"经济可行性"。

综上所述可以发现，对于俄罗斯企业利润税来说，还存在不少有争议的问题，这些争议不局限于个体，通常具有普遍性，由此需要从立法的角度来予以解决与诠释。对此，俄罗斯专家提出，鉴于企业利润税的首要目标是促进企业投资及生产扩大，而非发挥财政收入作用，关于企业利润税的税法规定就应该清晰、明确，应消除税收基数确定中的矛盾之处，简化税收课征程序，减少税收征管中的不确定性。

四、俄罗斯消费税改革

对于俄罗斯来说，其消费税收入的三大主要来源为烟草制品、酒类制品、成品油。2019 年，俄罗斯酒类应税消费品消费税额占消费税总收入的比重为25.9%，烟草类应税消费品消费税额占比为 35.6%，石油类应税消费品消费税额占比为 35.3%（见图 1-6）。鉴于以上三类应税消费品在消费税中的地位，俄罗斯关于消费税的改革也主要集中在这三个领域。

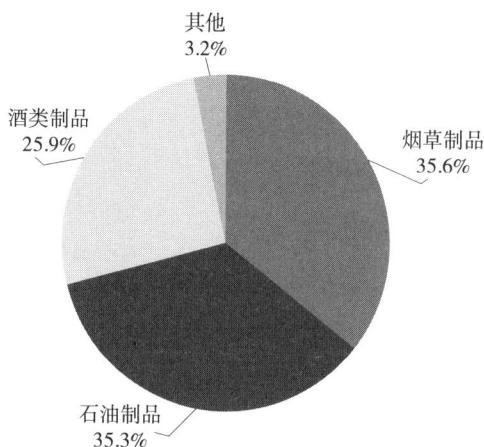

图 1-6　2019 年俄罗斯烟草制品、酒类制品、石油制品消费税额占消费税总收入比重
资料来源：根据俄罗斯税务总局数据计算。

（一）俄罗斯消费税改革的主要内容

由于烟、酒的独特性质，全世界各国都将其列为重要的课征范围。从课征消费税至今，俄罗斯对应税消费品的范围进行过多次调整，但烟、酒作为俄罗斯消费税重要的课征对象，在各个时期都是消费税收入的重要来源。这主要是因为烟、酒具有两个重要特性：一方面，并非所有人都将烟、酒作为必需品，但特定的人群却对此产生需求强烈；另一方面，从国库角度来看，烟、酒生产成本较低，可以附以高额消费税，是财政收入的重要来源。

考虑到烟、酒的过度消费会对人类健康、社会秩序、生态环境等造成危害，俄罗斯政府也通过调节烟、酒消费税等手段，对烟、酒的生产和进口进行引导。可以说，现代的消费税就是从对烟、酒两项商品课税开始的。

（二）俄罗斯消费税改革的主要方向

2018 年，俄罗斯消费税税率的调整将依据社会经济发展预测指标，对消费税率进行指数化调整。同时，调整的税率也适用于欧亚经济联盟成员内部。除此以外，俄罗斯还将继续完善出口商品免征消费税的程序，简化消费税缴纳手续等举措，具体如下：

1. 完善出口商品免征消费税程序

在反危机措施以及支持出口政策方面，逐步简化出口消费税的课征程序。除此之外，进一步提高银行保障服务，简化应税消费品在出口环节免征消费税的程序。同时，对于大型纳税人来说，计划实现在无银行担保的情况下，也可完成应税消费品出口环节免征消费税的相关程序，免征消费税的具体执行方式可依照《税法典》对增值税免征的相关做法。

2. 强化消费税缴纳监督力度

俄罗斯拟对《税法典》中的以下内容进行调整：

（1）设立中质馏物消费税条款（不包括直馏汽油、汽油、柴油、航空煤油、苯、对二甲苯、邻二甲苯以外的初次和二次加工的轻质成品油，天然气凝析气，伴生石油天然气，页岩油气）。

（2）完善现行酒类应税消费品消费税的预付款减免程序，对特殊品牌的酒类制品，在合理范围内完善消费税预付款相关程序，即实现在无银行担保的情况下，免除纳税人消费税课征义务。

（3）对使用生物燃料的发动机免征消费税。

（4）控制俄罗斯境内非法流通的应税消费品。

（5）简化关于出口商品消费税返还的程序，实行"单一窗口"。

总而言之，俄罗斯消费税将继续发挥调节特殊消费品的功能，根据宏观经济条件，引导俄罗斯的消费方向，增加联邦或地方财政收入等作用。未来，俄罗斯将进一步简化消费税课征程序，加强消费税的征管监督力度。

五、俄罗斯税收征管改革

1999 年，俄罗斯《税法典》第一部分颁布。《税法典》为俄罗斯的税制改革奠定了法律基础，其颁布与实施是俄罗斯税制改革进入实质性阶段的重要标志，也使得俄罗斯的税收管理体制更加规范化、系统化。

（一）税收管理制度改革深化（2002—2008 年）

在这一阶段的税收改革实践中，税收征管的主要任务是保障一切应征税收足额入库，以弥补财政赤字。但在这一时期，俄罗斯在税收监督方面的有效性及效率均不高（据专家估计仅为 40%—60%）。纳入预算体系的税额不足表明，俄罗斯税务机关的监督模式已经无法控制税源流失以及纳税人的离去。为此，俄罗斯采取了提高税收征管效率的相关措施。俄罗斯加强税收程序管理的方法为调整税务机关与纳税人之间关系，主要包括加强行政强制管理、实施调节管制、发展友好合作伙伴关系。

1. 加强行政强制管理

俄罗斯加强行政强制管理的措施包括罚款、冻结纳税人银行账户等。基于税收的强制性，以这种形式课征税收不仅过去存在、将来依然会存在。在此方面，纳税人和税务机关都负有重要责任。当然，不当的或过于苛刻的行政强制措施会损害纳税人的利益，特别是在竞争十分激烈的环境下。

2. 实施调节管制

《税法典》的颁布使俄罗斯税务机关和纳税人之间建立起一种新的平等关系——调节管制关系。《税法典》规定，纳税人有权在法律给定的解决方案中进行选择：依法经营、按程序进行税收审计、接受或拒绝税收裁定等。这种方法实际上是以预审的方式解决税收争端，严格说来这也可以归属于行政强制措施的一种。但世界上绝大多数国家都是以预审程序解决税收争端的。

3. 发展友好合作伙伴关系

在发达国家税收征管中，税务机关与纳税人之间的关系已经从强制型转变为友好合作伙伴关系。这一税收伙伴型的典型案例就是：税务机关与纳税人签订交易监督价格协议，为投资提供税收信贷。在俄罗斯，这种方法多半运用于一些无法开展税收监控的复杂经济交易形式，如创新金融产品等。

上述税收改革措施的实施逐步改变了俄罗斯税务机关的管理理念，使对俄罗斯税务机关工作的评价维度也相应地发生了变化，以前对税务机关的考核标准集中于税收任务的完成程度，而现在对其的考核标准转变为：（1）税费的征集度；（2）法院判定税务机关胜诉的税收纠纷案件占所有与纳税人有关的税收纠纷案件的比重；（3）法院认为处罚无效的决定占税务机关做出的所有税收处罚决定的比重；（4）对税务机关工作质量表示满意的纳税人的比重（提供电子信息服务，税务服务环境舒适、井然有序，提供的信息材料数量和质量较高，需要填写的文件简单明了）；（5）由上级税务部门提出的税务纠纷案件占由税务部门和法院提起的税收纠纷案件的比重。

要保证各种税收监督模式能够得到合理利用，就需要在上述税收监督理论的基础上改变税收审查模式。由此，俄罗斯将税收审查主体的基本工作转为对税务机关掌握的各类信息（其中包括来自外部的信息）进行分析，并判定其是否处于税收违法的"风险领域"。税收机关开展重点审查的对象则主要为这样一类纳税人，即税务机关已掌握其偷漏税信息或故意隐瞒应纳税规模的纳税人。由此，俄罗斯将税收审查的目的确定为围绕对违法行为开展的分析搜集证据，而不是发现新的案件。

（二）税收管理制度完善（2009—2017 年）

随着新型商业模式的出现，以及新型信息系统的发展，俄罗斯将其税收管理的重点转向：（1）调节电子手段支付的税费缴纳程序；（2）扩大相关部门间电子形式税收文件的传递，例如在税务机关、银行、政府部门、地方政府间，以及其他有义务向税务机关通报纳税人审计信息的组织之间以电子文档形式传递文件；（3）完善面向税费缴纳者及税务代理机构的信息及宣传工作；（4）扩大与提高俄罗斯税务机关与国外税务机关的相互合作，加强税收监督。

同时，为了实现提高税收管理效率，俄罗斯还着手加强以下几个方面的管理：（1）消除税收立法解释的歧义，减少纳税人和代表国家的税务机关的风险；要使纳税人主动遵循税收法律法规，就需要向纳税人详细解说相关法律规范及违反税法的后果，这将大大降低企业的税务违法风险，提高商业活动的稳定性。（2）确保税收征管过程中的各项法律条款和方式符合国家、组织和各类活动的经济和社会发展需求。（3）监测经济活动中出现的新现象，采取措施建立针对某些类型业务或活动的恰当的课税程序。

此外，俄罗斯还不断创新税收管理办法，例如实施"税收监督休假"制度，自 2016 年 1 月 1 日起，如果企业在三年内没有发生严重的违反税收法律法规的行为，则可享受为期三年的"税收监督休假"。税收公平与效率的缺失会导致经济决策及竞争的失效，市场寻租及滥用职权现象的泛滥，其负面效应极为显著。为此，需要从调节电子支付程序、扩大电子税收文件传递范围、完善税收征管信息等方面，规范税收征管，提高税收的公平与效率。

俄罗斯加强税收征管的另外一个重要领域是：完善相关税收法律解释与说明机制，完善税收争议预审程序，构建违反税收法规责任制度。为了限制税务检查官员自由裁量权的过度行使，要保证对有争议的税收问题由财政部予以统一解释，由税务部门予以统一执行。此外，还应严格区分税收违法以及行政违规之间的区别，避免税收处罚和行政处罚的重复。

第三节　2000—2017 年俄罗斯政府预算改革

一、俄罗斯政府预算改革背景

在相当长一段时期，俄罗斯实行的是传统的以条目为核心的投入预算。投入预算的编制方法是为加强对预算账户和支出的控制而产生的，目的是促进建立预算资源使用负责制的预算编制体系。在投入预算体系中，未来年度的支出根据支出用途或"条目"一一列出。通常，这些条目内容十分详尽，明确说明某特定机构或单位允许用于员工工资、附加福利、旅行、设备等方面的支出数额。投入预算体系的重点是明确规定预算分配过程中条目支出限额和确保各机构支出不会超过其划拨数额。投入预算的长处在于编制方法相对简单，便于与以前年度进行比较，有明确的投入用途，适于合规性监控与管理。然而，与这些优点相比，投入预算的弱点也相当突出。

（一）投入预算管理过于复杂

投入预算按照资源投入的条目对预算支出进行分类，强调合规性控制，有严格的事前控制和拨款规则，预算申请者不得随意改变预算资金的使用用途。为达到合规性控制要求，在投入预算中编列有大量具体的支出项目，使得投入预算成为一个十分复杂和难于管理的系统，决策者和管理者都不得不花大量的时间、精力和资源应付琐碎而大量的投入控制问题，以查看这些资金的使用是否符合有关规定。在俄罗斯，这种自上而下的规则、条例、命令有数千条之多，如果不以降低预算资金的使用效率、甚至是预算损失为代价的话，要想完全遵守是绝对不可能的事情。

（二）投入预算忽视结果，降低预算资金使用效益

按照投入预算模式的内在逻辑，预算申请者即便对公共资源的使用并未产生有意义的结果，照样可以进入"预算池子"抽取资源，而且抽取的数量不受资源使用结果的影响。哪怕预算申请者事后挥霍浪费了预算资源，在未来财政年度中仍可以一如既往地得到预算资金，甚至可能得到比以往年度更多的资金。这等于赋予公共组织一种永久性的特权：无论投入的资源是否带来产出，它们都有权从预算资源池中永不停歇地索取资源。[1]

（三）投入预算使资金滞留在低效益的地方

在传统的投入预算中，预算以"支出机构"为组织单位申报和使用预算资源。资源申请者只要能使自己拥有两样东西：一个是"身份"，即必须是公

---

[1]　王雍君：《政府施政与预算改革》，经济科学出版社 2006 年版。

共机构成员；另一个是申请资源的数量和用途说明，就可以免费得到预算资源。

这种以预算单位为组织本位的预算资源配置模式，导致预算过程中部门界限林立，每个预算单位都极力维护本单位的既得利益，极力争夺和扩张对自己有利的预算份额，而没有任何人去关注预算资金的使用效益和产出，也不会去关心如何努力节约资金、降低成本，使预算资金的营运效率低下，运营成本高昂。

预算方面的"公地悲剧"问题还会削弱预算资金的分配效率，阻碍预算资金从优先级别较低领域向优先级别较高领域的重新分配。预算资金申请者通过要求增加资金，而不是将资金转向更有效的用途来获得更多的资源。尽管这些预算资金的申请者也许会希望预算分配能反映政府的战略目标，但与此同时他们却拒绝放弃已经得到的东西以换得参与重新分配的竞争机会。这样，大量的公共资源被长期滞留在效益低下的部门，而难以流向效益高的地方，使公共服务的质量差而成本却非常高昂。

以支出机构为单位组织预算，还容易导致马太效应，使各支出机构的财政状况因其所处部门不同和所拥有的权力不同而产生分化。预算是各个利益相关者争夺资源的舞台，通常情况下，在争夺对自己有利的预算份额时，强势机构比弱势机构拥有更多的能量，它们不仅有足够的力量维护自己在过去获得的既得利益（基数），而且也有强大的力量谋求更多的预算份额。从这个意义上来说，权力越大的机构，维持和追加预算份额的可能性越高。

（四）"管理支出"模式导致预算责任模糊不清

为了加强对支出的控制，投入预算的管理者不得不制定大量的、难以计数的规则，表面看来从制度上杜绝了一切违规的可能。然而，执行中的软约束又使得实际上一切规则都不被尊重，都是可不必遵守或不必完全遵守的，这使预算资金获得者应该承担的责任具有极大的弹性，在人类先天趋利避害本性的驱使下，规避管制、攫取最大利益的冲动，往往使预算结果严重背离预算初衷，严重损害了预算目标的实现。

在这种情况下，由于预算的执行结果与被批准的预算大相径庭，预算当局不得不将更多的时间和精力用来在预算中添加一条又一条的新规定，以监督预算执行报告是否与计划相符，预算资金是否专款专用，而无暇去关注这些支出为什么要纳入预算？其根据和理由是什么？其金额大小以什么为依据？相反，所有的人都在抱怨钱不够花，人们已经习惯于去争取更多的资金来应对"常规任务"，却没有人去关心怎样节约资金，提高资金的使用效率，因为相比之下这样更为简单、有利。在这种情况下，人们不去关注预算资金的使用效益，而只注重对财政资金流向的监督就毫不奇怪了。

在 2000 年年初预算改革开始前，俄罗斯的公共支出管理就处于这样一种极不协调的状况中：

（1）形式上的高度集中——实质上的各自为政；

（2）权限的不确定——责任的不确定；

（3）计划详尽周全——执行和报告的不对称；

（4）监管预算执行是否与计划相符——不监管预算编制的目标和执行结果；

（5）软预算约束——预算赤字。

二、俄罗斯政府预算改革模式选择

从理论上来说，要克服俄罗斯政府预算制度中上述不足的方式有两种：一是加强对各个条例、规则、命令遵守情况的外部监督。其结果是，要么预算职能全面停顿，因为现行的这些条款的绝大部分根本无法执行或完全不合理；要么阳奉阴违的行为更甚，这些条款根本得不到执行。二是合理分散财政资金管理权限，以建立鼓励所有预算参与者追求取得可计量的成果的长效激励机制。在一个国家中，预算制度应该是统一的，但预算资金的管理权限应该是相对分散的，也就是说，各类预算资金的管理者既各自独立，在很大程度上又彼此竞争，以证明自己高效、合理、透明地使用了纳税人的资源，提供了最好的公共服务。

俄罗斯选取后一种方式作为政府预算改革的方向，其最终目标是改变公共支出管理模式，实施结果导向的中期预算，提高预算管理效率和公共支出效率，改善公共服务质量，消除政府的官僚作风和贪污腐败。

"结果导向的中期预算"改革的实质就是在对预算资金进行长期预测得出的总额控制内，根据未来社会经济发展的优先方向，在预算资金管理者间或直接在各预算规划间分配预算资金。这种预算模式以国家政策执行结果为目标，预算拨款以与取得该结果紧密相关的国家职能为主要对象，将控制的重心转向了预算过程的产出（绩效）方面。通过赋予较低层次支出管理者更多的权限，以及通过强调对产出、产出的成本进行计量和绩效审计与评价，将"管理结果"直接指向支出机构的营运效率。

与此同时，这一预算管理模式还强调应编制多年期预算计划，确定明确的拨款数额和结构变更的规则、提高预算资金的可预见性。这就要求根据优先程度对支出义务进行重新划分，确定支出完成规则，并依据被扩大了的执行机构的权限，以有利于支出优先方向、营运效率评估为目标重新设定预算编制和审批程序。

据此，俄罗斯将政府预算改革的方向确定为以下五个方面：

（1）完善中期预算，保障预算资金管理者对未来资金预测的可信度；

（2）将支出义务划分为现行义务和新批准义务，为国家政策优先方向提供充足的资金保障；

（3）完善和扩大专项规划，为绩效预算结果评价体系的建立奠定基础；

（4）改革俄罗斯联邦预算科目分类和预算核算体系，使俄罗斯联邦预算科目的分类方式与国际标准接轨；

（5）调整预算编制和审批程序，按照结果导向中期预算的要求和条件重新设定预算编制和审批程序。

俄罗斯政府预算支出管理改革内容见图 1-7。

2006 年是俄罗斯预算制度改革大规模启动的一年，也是俄罗斯预算制度改革最困难、最关键的一年。在这一年，俄罗斯开始实施以结果为导向的中期预算（2006—2008 年），俄罗斯联邦预算第一次成为为期三年的财政远景规划的一部分，使俄罗斯对公共财政的管理进入了一个新的历史阶段。在这一年，国家战略方针、政策目标和优先发展方向首次成为国家预算编制的基础，联邦

```
┌─────────────────────────┐              ┌─────────────────────────────────┐
│      管理支出            │              │         管理结果                │
│                         │              │                                 │
│   （1991—2000年）       │              │      （从2008年开始）           │
│                         │              │                                 │
│ ● 平衡预算              │              │  ● 进行中期规划                 │
│                         │  ┌────────┐  │                                 │
│ ● 货币功能              │  │2001—   │  │  ● 根据目标和结果编制预算       │
│                         │  │2008年  │▷ │                                 │
│ ● 根据计划安排资金的使用 │  └────────┘  │  ● 改造预算机构                 │
│                         │              │                                 │
│ ● 对财政援助进行分配    │              │  ● 按国际标准进行预算核算和报告 │
└─────────────────────────┘              └─────────────────────────────────┘
```

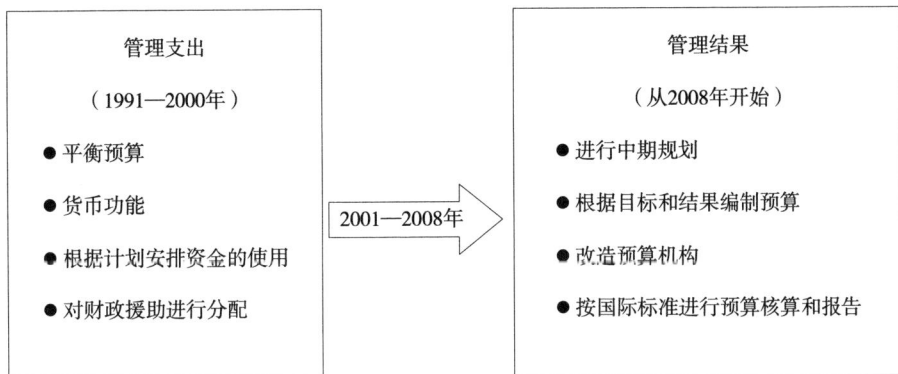

图 1-7　俄罗斯预算支出管理改革内容

预算支出首次同政府执行机构工作的具体结果联系在一起。联邦预算和地方预算也第一次在完全依据法律划分的支出义务和收入来源的基础上得到执行。

与此同时，不论是联邦和联邦主体国家机关，还是 2006 年重新构建的地方政府自治机关（区政府、城市和农村居民区政府），在履行其职能时，都应制定出国家、地区和地方明确的发展目标和成果目标，并应采取切实措施保障预算政策的连续性、可预见性以及高度透明性。

三、俄罗斯中期预算改革

中期预算是近十年来在大多数发达国家中普遍采用的一种预算编制方法，也是俄罗斯政府预算改革的主要方向之一。中期预算是一种涵盖 3—5 年的、以结果为导向的预算制度，其实质就是在长期预测的总额控制内，根据未来社会经济发展的优先方向，在预算资金管理者间或直接在各项预算规划间分配预算资金，完成公共支出管理从"管理支出"向"管理结果"模式的过渡。

（一）俄罗斯中期预算改革路径选择

中期预算的具体编制方法各个国家不同，大体有以下三种类型：

一是以报告年度为基年，以滚动的方法编制 3—5 年期的预算计划，年度预算计划纳入其中。这种方法是将经过议会批准并付诸实施的预算年度定为计划的第一年，预算须提交议会审议的预算年度为第二年，后续的 1—3 个预算年度为"纯计划年度"。对预算计划期间的每一年为执行政府职能安排了哪些支出，支出是如何筹措的，要做详细的全面的安排和审查。这是典型的中期预算形式。

二是以报告年度为中心，将年度预算予以前后扩展。按照这种方法，通常是对原年度预算在编列形式上做某些改进。如增加某些栏目和相关数据资料，对报告年度前若干年度和后续若干年度的收支数予以反映，以便反映预算收支发展变化的趋势。这种方法主要是通过对传统的年度预算方法的改进来体现中期预算的基本思想。

三是在预算中增加了某些中期预算因素，对某些重要项目做重点反映。某些国家虽未采用典型的中期预算编制方法，但在沿用年度预算的同时，也注意将中期预算的某些因素引入年度预算的编制中。这主要是在涉及某些需要多年投资才能完成的重大支出项目时采用，所编制的年度预算不是仅仅反映该项目一个年度所需的拨款，而是对多年投资做全面的反映。

俄罗斯的中期预算的编制方法应为第一种，即以报告年度为基年的滚动式方法编制三年期的预算计划。年度预算扩展到中期预算的意义远不仅仅在于预算时限由一年延伸到三年、五年或更长的时间，更为重要的是，中期预算可为政府制定预算政策提供更大的空间、提供更为雄厚的资金保证。

传统的年度预算仅按一个年度来安排国家的财政收支，这使得许多财政决策在短期内看来并无问题，但如果放在一个较长的时期内却很难和国家的长期发展战略和政策优先方向相一致，有时甚至与之发生矛盾。因此，要使政府能在制定财政政策时站得更高、看得更远，就应从一个较长的时期出发，全盘考虑收入和支出，并在中长期时间里将其统筹协调、统一安排。这就要求政府在对宏观经济与财政发展的长期趋势做出明确判断的基础上，以周期性财政收支平衡为原则，以国家长期战略重点和政策优先方向为核心，确定国家财政政策，并据此编制中长期预算计划。

由此，中期预算包含了极为丰富的内容，不仅有对未来数年间财政收支状况、国内外宏观政治经济形势的分析和预测，还包括针对国家政策优先方向协调财政政策措施的制定和实施，以及对年度预算编制的约束，如通过支出限额对支出、财政赤字和债务总额进行控制。

与其他国家中期预算由财政预算部门主持不同，俄罗斯中期预算的主要编制机构是俄罗斯联邦经济发展部，由其在俄罗斯联邦财政部的配合下完成中期预算计划的制订。

（二）俄罗斯中期预算的编制

根据《俄罗斯联邦预算程序改革构想》①要求，俄罗斯于 2004 年开始试行编制中期预算。俄罗斯中期预算的编制与年度预算编制同步进行。其过程为：第一，对宏观经济趋势进行分析预测；第二，在宏观经济预测基础上对预算收入进行预测；第三，确定中期预算支出限额；第四，确定中期范围内的国家支出战略与优先政策方向；第五，确定各支出部门中期内各年度的支出需求，继而确定各年度支出预算；第六，对中期预算其他相关领域进行预测，例如，中期预算赤字、中期国家债务、中期国家稳定基金、中期国家预算外基金等。

1. 俄罗斯宏观经济发展趋势预测

中期预算计划的形成通常是基于对社会经济发展主要经济指数的预测，以及对影响预算政策和预算收支状况的各种内部和外部因素的分析和预计。

俄罗斯经济发展部一般以"乌拉尔"牌石油价格为基准，在对未来若干年度石油价格做出预计的基础上，对经济发展做出三种方案的预测。第一种为消极方案，指的是在本国产品出口价格竞争力减弱、出口规模不变、进口替代提高情况下，经济增长速度减缓。第二种为温和方案，反映的是俄罗斯商业竞争力加强、经济结构改善情况下，国民经济将保持适度的增长速度。第三种为乐观方案，指的是随着财政体系和国家投资的不断健全和发展，俄罗斯商业竞争力将大幅度提高，国民经济将迎来快速发展。

在确定了宏观经济基本发展指数后，俄罗斯通常采用第二种方案编制中期预算，对中期预算的收入情况进行预测。

2. 俄罗斯中期预算收入规模预测

俄罗斯中期预算收入预测相对简单，主要是以宏观经济发展趋势及其与税

---

① Концепция реформирования бюджетного процесса в Российской Федерации в 2004 - 2006 годах, (одобрена постановлением Правительства РФ от 22 мая 2004 г. N. 249).

收收入的弹性为基础，再参考计划期各年度国家政策需求进行测算的。

3. 俄罗斯中期预算支出规模预测

预算支出应能保证国家职能的顺利实现，保障财政收入和支出的长期平衡，并按国家政策的优先方向和预期结果组织预算支出。因此，在法律规定的支出限额的基础上确定国家预算支出规模，就成为俄罗斯中期预算支出形成的前提与基础。

中期预算政策的制定和实施应以国家优先发展方向和战略发展目标为核心，因此，总统向议会提交的国家发展战略目标就成为俄罗斯制定和修正中期预算的基础。围绕"富民、改革、强兵"的国家发展战略，俄罗斯将其长期发展战略定位为：实现国内生产总值翻番，提高国家经济竞争能力；消除贫困，提高居民生活水平；保障国家安全和法律秩序，推进军事现代化，提升国家的国际地位。据此，俄罗斯将联邦预算支出方向确定为：

（1）提高居民生活水平和质量。国家将采取积极的措施，以提高居民的实际收入水平和就业率，保障公民储蓄和财产的增长，改善公共服务质量，发展住房市场，为居民提供高质量、舒适的住房。

（2）保障国防安全。国防安全是国家安全的可靠保障，也是解决国内各种社会经济问题的重要前提。在一个充斥着战争冲突、恐怖活动、犯罪和暴力事件的国家中，社会是不可能得到进步和发展的。国家有责任保护居民不受任何形式的外来军事、政治压力，不受潜在的外部侵略威胁，为此必须确保拥有强大的国防实力，必须实施军队改革及其现代化进程。全面提高武装力量的装备水平是保持国防实力的首要手段，要以最先进的武器装备战略核力量，用相应的战术、战役武器装备其他军种，同时提高军人的社会待遇，以稳定军心。因此，国防支出也是俄罗斯预算支出的主要优先方向之一。

俄罗斯联邦预算国防和国家安全支出主要用于提高军队装备现代化水平，使俄罗斯军队能快速应对全球和地区性的冲突，打击恐怖主义，反击核武器、生化武器等大规模杀伤性武器的威胁；开发高精度应用性武器；推进军人职业化进程，实现 2/3 以上军人职业化，将义务兵服役时间减少到 12 个月，准尉、上士和水面舰艇乘员合同化，建立包括防空、通信及无线电侦察部队的 600 支常备部队。

（3）保障经济稳定高速发展。经济稳定增长可创造新的就业机会、提高工资收入、加强国家财政能力，是解决一系列社会问题的基础。对于俄罗斯来说，保障国家经济的快速稳定增长的首先条件是保持国家财政稳定，即较低的通货膨胀率和本国货币的稳定；其次是降低税收负担、保护所有权、保障经济自由和平等竞争，以及保障交通、道路、能源、航天和其他战略经济领域的发展。

（4）为国家的未来发展创造条件。这是任何一个有社会责任感的国家最重要的使命，国家应当有能力使人民坚信，他们的后代将过上更好的生活。为此国家应在保护自然、提高教育竞争力、培养创新机制、发展先进科学技术、保障公民权利和自由、发展公民社会和民主、提高国家组织效率、与腐败作斗争等方面做出更多的贡献。

（三）俄罗斯中期预算的发展

在确定了中期预算收支规模后，如何将中期预算的核心思想——以结果为导向落到实处，就成为中期预算改革最为关键性的核心。俄罗斯落实中期预算结果导向改革的具体方法是实行规划预算。

1. 规划预算实施背景

长期以来，俄罗斯一直实行的是强调预算资金使用合规性的投入预算，其特点是只要预算资金的使用合乎既定的要求，即便未能产生任何对社会有意义的结果，哪怕是挥霍浪费了，也不会对预算资金的使用者产生任何不良影响。投入预算对预算资金使用结果的忽视，使各个预算单位在预算申请中基于本部门的利益而置公共利益于不顾，项目设置交叉、重复，“钱出多门”与“政出多门”并行不悖。既加大了预算资金的缺口，又降低了公共支出的使用效益。

因此，要改善预算资金配置、提高公共支出效益，使有限的预算资源从低效益的地方流向高效益的地方的一个极其重要的举措，就是改变预算资源的配置本位，由按“预算单位”为本位转向以“效益”为本位，俄罗斯向规划预算的过渡正是秉承这一理念进行的。

与预算条目分类基础上支出指数化的预算编制方式不同，规划预算的编制有明确的目标和结果要求，其制定目标应符合国家政策的优先发展方向和战略目标，应有明确、具体并可以计量的预期结果（包括直接结果——提供服务的质量和数量，以及最终结果——提供服务的效率），以及检查实施结果的详细的指标体系。这种预算方式既保障了预算资金的分配和实际使用结果与国家战略重点和优先发展方向的一致，又确保了预算计划制定和规划财务管理的监督质量。从这个意义上来说，规划预算将政府的管理直接化、微观化，为政府有效配置资源搭建了平台，成为评价和检验政府预算实施绩效的基本工具。

基于规划预算具有的上述明显优势，俄罗斯将中期预算改革的重点放在向规划预算全面过渡之上。2010 年 5 月 14 日，在俄罗斯财政部和经济发展部召开的联合会议上，时任政府总理普京提出："应对国家行政管理部门进行根本性改革，即向新的以规划为目标的预算制度转轨。政府的一切运营活动都应以国家规划为基础。这将极大地调动我们每一个政府部门的积极性，使其工作与规划文件所确定的优先性保持一致，使每一卢布的国家支出都能着眼于其能够取得的最终结果。"① 作为对政府总理要求的快速回应，2010 年 6 月 30 日，俄罗斯联邦政府颁布《关于批准 2012 年前提高俄罗斯联邦政府预算支出效率规划》，② 2010 年 8 月 2 日，进一步发布联邦政府令《关于批准俄罗斯联邦国家规划制定、实施和评估的程序》③，这些法律法规的颁布标志着俄罗斯向规划预算过渡的改革正式启动。自此，俄罗斯结果导向中期预算改革进入了一个全新的发展阶段。

2. 国家规划的实施

根据 2010 年颁布的上述法律和法规，2011 年俄罗斯提出建立以"国家规划"为基本单位的规划预算模式。国家规划是指以国家长期发展战略为核心，依据国家重点战略方向确定国家规划的中长期预算发展战略及主要支出规模，并据此确定 3 年期国家规划的预算管理体系以及管理流程，例如国家规划的任

---

① Правительство Российской Федерации，http：//premier. gov. ru/events/news/10586/.

② Об утверждении Программы Правительства РФ по повышению эффективности бюджетных расходов на период до 2012 г.

③ от 2 августа 2010 г. No 588《Об утверждении Порядка разработки，реализации и оценки эффективности государственных программ Российской Федерации》.

务目标、行动纲领、组织管理、实施程序、结果目标、考核指标等。俄罗斯希望通过国家规划的组织实施以及对国家规划实施结果的考核与评估，促进预算配置与国家战略重心的结合，提高预算资金的使用绩效，提升政府部门的服务质量。

俄罗斯国家规划的编制与实施流程见图1-8。

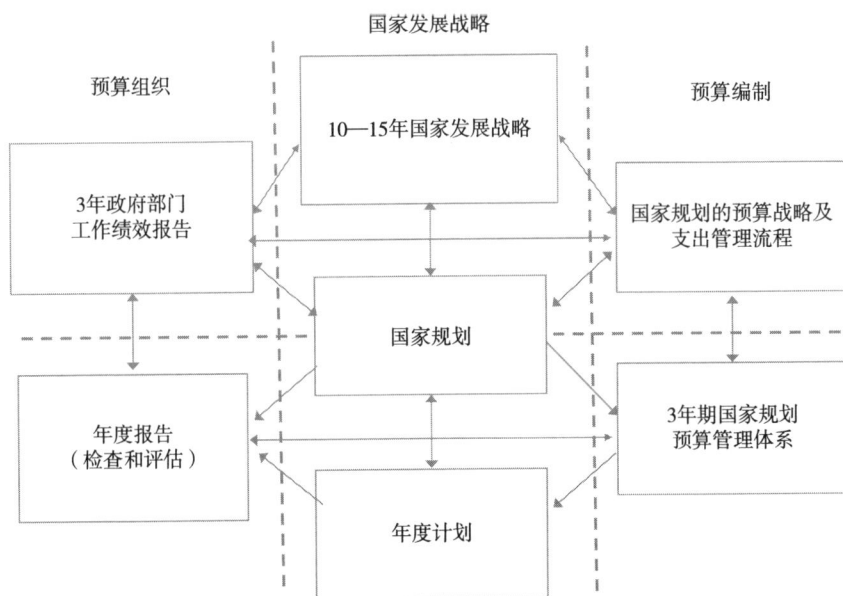

图1-8 俄罗斯国家规划的编制与实施流程

根据向规划预算过渡的原则，2011年，俄罗斯联邦政府的预算支出按五大领域设立了42项国家规划，总规模超过联邦预算支出的90%。这五大领域是：（1）提高生活质量；（2）经济创新与现代化；（3）保障国家安全；（4）平衡地区发展；（5）建设高效国家。2011年，俄罗斯国家项目预算资金总额超过联邦预算支出的90%。2012年，这一支出规模进一步扩大，占到联邦预算支出总额的96.4%，未被纳入国家项目的资金主要用于联邦法院、检察院、审计署、议会、总统办公厅等部门的运营保障。

在国家规划的五个领域中，规模最大的是"提高生活质量"，共包含14项国家规划，支出额约占全部规划支出的一半左右。主要包括：教育、医疗、社会保障、养老、环境美化、提高住房和公共事业服务质量、促进就业、维护社会秩序和打击犯罪、打击贩毒、消除极端事故影响、发展文化和旅游、环境保护、发展体育等方面的内容。

"建设高效国家"主要包括联邦财产管理，发展金融和保险市场、建设国际金融中心，维护正义，国家金融管理和对外政治活动等5项国家规划。

"保障国家安全"主要包括增强国家国防能力和保障国家安全2项国家规划。

"平衡地区发展"主要包括地区政策和联邦关系；北高加索联邦区发展；加里宁格勒社会经济发展；远东和贝加尔地区发展；为建设高效、负责任的地区和地方财政创造条件，提高联邦主体预算稳定性等5项国家规划。

"经济创新与现代化"包括科学技术发展；经济发展与创新经济；发展工业、提高工业竞争力；发展航空工业；发展船舶制造工业；发展电子和无线电工业；发展医药工业；俄罗斯空间活动；发展原子能工业综合体；信息社会；发展交通体系；发展农业，调节农产品、原材料和食品市场；发展渔业综合体；开展对外经济活动；自然资源再生利用；发展林业；能源效率和能源开发等17项国家规划。

由于国家项目的推出过于匆忙，前期准备不够充分，使俄罗斯国家项目在实践过程中表现出诸多不适应。为此，2015年俄罗斯开始对国家项目进行调整，首先，将规模庞大且运作性质特殊的养老体系发展财政补助支出，以及涉密的国防能力建设移出国家项目，减少国家项目数量；其次，大大压减国家项目资金规模，国家项目占联邦预算支出总额的比重降至56.5%，比最高时降低了近60%，并在后续年度中进一步下降（见表1-11）。

表1-11　2015—2017年俄罗斯国家规划预算　　单位：亿卢布

	2015年	2016年	2017年
国家规划预算（共40项）	56.4	55.3	53.8
1. 提高生活质量（12项）	23.0	22.2	20.6
2. 经济创新与现代化（17项）	14.7	14.0	14.1

续表

	2015 年	2016 年	2017 年
3. 保障国家安全（1 项）	6.3	6.7	6.6
4. 平衡地区发展（5 项）	5.0	4.9	4.9
5. 建设高效国家（5 项）	7.4	7.5	7.6
非国家规划预算	43.6	44.7	46.2
养老体系发展财政补助	16.0	19.4	19.9
增强国家国防能力秘密支出	19.8	20.8	21.5

资料来源：俄罗斯财政部。

四、俄罗斯政府预算程序改革

俄罗斯联邦《预算法典》极其详尽地罗列了联邦预算草案编制、审批和执行的程序。然而，俄罗斯国家杜马在审议联邦预算草案时，却常常因预算分类过于分散而不得不将大量的时间和精力放在了对预算资金分配的审议之中，而无暇顾及对其他同样重要的方面，诸如预算政策的优先方向等方面进行审议和评估。

除此之外，立法机关和执行机构在预算权限和责任划分方面的不明确和相互矛盾，又使得财政远景计划和联邦预算草案的每年的编制期限都常常发生改变。这些不足给俄罗斯预算的审议和批准造成了一定的困扰，降低了预算审批的效率和质量。为此，俄罗斯通过预算过程改革制定了新的联邦预算草案编制和审议基本框架和结构。

（一）俄罗斯联邦政府预算编制与审批程序

俄罗斯联邦预算草案由俄罗斯联邦政府根据《预算法典》规定的要求编制，编制开始时间不晚于下一财政年度开始之前 10 个月。编制下一财政年度及预算规划期内的联邦预算草案，要以俄罗斯联邦总统国情咨文所确定的联邦预算政策为依据。编制联邦预算草案的程序和期限，以及必须与联邦预算草案同时提交的文件和材料的编制办法，由俄罗斯联邦政府确定。

由俄罗斯执行权力机关的委托机构组织编制下一财政年度及预算规划期内

的俄罗斯联邦社会经济发展预测，并对作为中期财政计划基础的俄罗斯联邦社会经济发展中期预测的参数进一步准确化。

由俄罗斯联邦财政部组织编制联邦预算中期计划基本指标设计、下一财政年度及预算规划期内的联邦预算法草案。联邦预算中期计划基本指标设计与下一财政年度及预算规划期内的联邦预算草案同时编制，以俄罗斯联邦政府中期计划、联邦社会经济发展中期预测及相应区域综合财力平衡表预测为基础。

1. 联邦预算草案编制第一阶段

在联邦预算形成的第一阶段，由联邦执行权力机关编制，并由联邦政府选定下一财政年度及预算规划期内的联邦经济运行预测计划，这一预测计划包含评价经济状况的主要宏观经济指标。

根据联邦政府选定的下一财政年度及预算规划期内的俄罗斯联邦经济运行预测计划，联邦财政部研究确定下一财政年度及预算规划期内的联邦预算基本说明书，并按照预算支出分类和联邦预算中期收支设计分配下一财政年度及预算规划期内的联邦预算支出。

俄罗斯联邦政府还要审查有关最低贫困线与最低工资标准、最低养老金标准、最低助学金等社会性支出标准之间比例关系的建议，以及下一财政年度及中期有关预算供养人员工资、国家退休金、联邦国家公务员薪金、军人工资等实行指数化的建议。

联邦政府通过的下一财政年度及预算规划期内的联邦预算基本说明书，以及按照预算支出功能分类对下一财政年度及预算规划期内的联邦预算支出的分配方案，可根据联邦议会要求以资料形式提供给议会两院。

自政府通过下年度及预算规划期内的联邦预算基本说明书和联邦预算支出分配方案之日起两周内，俄罗斯联邦财政部应向联邦各执行权力机关下达预算计划以便对具体的预算资金获得者分配资金；向联邦主体执行权力机关下达关于下年度和中期计划联邦与联邦主体之间预算关系形成办法的法律通知。

2. 联邦预算草案编制第二阶段

在联邦预算形成的第二阶段，由联邦各执行权力机关依据预算支出分类对各预算资金获得者分配下年度及预算规划期内的预算拨款额度，并研究提出有关在各经济部门和社会领域实行机构改革的建议、有关取消那些在下年度支出无实际预算拨款来源保障的法规条例的建议，以及中止这些法规或分阶段实施这些法规的建议。

同时，由授权的执行权力机关制订应当由下年度联邦预算拨款的联邦专项发展计划清单，并使其下年度的拨款额度与中期计划保持一致。

下年度预算计划与中期计划不一致出现的问题，应当由以财政部部长为首的部门间政府委员会审查。联邦执行权力机关要研究制定并使下列文件协调一致：下年度联邦预算草案指标；与预算草案同时提交的文件和资料；有关最低工资、最低国家养老金的法案，下年度预算供养人员工资和国家养老金指数化法案；以下年度预算草案附件形式编制的、由于下年度预算没有安排资金而取消或中止的法规（条款）目录。上述工作不迟于下个财政年度之前一年的 7 月 15 日完成。

在下个财政年度之前一年的 7 月 15 日至 8 月 15 日，联邦政府要审查下年度及预算规划期内的联邦社会经济发展预测、准确化以后的中期社会经济发展预测参数、下年度及预算规划期内的联邦预算草案和国家预算外基金预算草案、中期财政计划草案，以及其他由联邦财政部、联邦经济部等执行权力机构提出的、说明下年度及中期财政预算政策的其他文件和材料，并批准联邦预算法草案以提交国家杜马。8 月 26 日前，俄联邦政府向国家杜马提交附有相应材料和说明的下一财政年度联邦预算草案。

因此，要提高联邦预算草案的准备质量需要做好大量的准备工作，这些工作包括准备用于确定下一财政年度联邦预算法的材料，如俄联邦政府关于预算政策的结果和目标的报告、预算计划主体活动结果和主要方向报告以及联邦和部门专项规划评估报告。此外，还须准备税收和预算政策报告、联邦联合预算执行情况预期报告、预算间相互关系的原则报告、由联邦预算提供给居民、军人、预算领域工作人员的转移支付指数化建议等材料。

（二）俄罗斯联邦政府预算议会审批程序

新的预算程序改革将对下一财政年度及预算规划期内的联邦预算法草案的审议程序确定为三读。

1. 国家杜马一读审查的内容

国家杜马一读审查下年度及预算规划期内联邦预算法草案时，要讨论其基本构想和下年度及预算规划期内联邦社会经济发展预测、下年度及预算规划期内预算政策和税收政策的基本方针、联邦预算与联邦主体预算相互关系的基本原则和基本计算、作为弥补联邦预算赤字外部来源的联邦国家对外借债计划草案，以及涉及下列具体内容的联邦预算基本说明书：按预算收入分类的各类、款和项划分的联邦预算收入；联邦税收收入在联邦预算和联邦主体预算之间的分配；联邦预算赤字绝对额、赤字占下年度和预算规划期内联邦预算支出百分比以及联邦预算赤字的弥补来源；下年度和预算规划期内联邦预算支出总额。

2. 国家杜马二读审查联邦预算法草案

国家杜马在二读审查下年度和预算规划期联邦预算法草案时，要在一读批准的联邦预算支出总额内，按预算支出分类的大类批准联邦预算支出；还要批准对联邦主体提供支持的联邦财政援助基金总额。

由各立法动议权力主体向国家杜马预算委员会提出联邦预算分类支出修正案，预算委员会根据这些修正案，研究制定国家杜马关于二读通过下年度和预算规划期联邦预算法草案及下年度及预算规划期内联邦预算资金支出分配方案的决议草案，并提交国家杜马审查。

3. 国家杜马三读审查联邦预算法草案

国家杜马三读审查下年度和预算规划期联邦预算法草案时，要批准联邦预算资金的各款支出，以及各总支配人按功能分类的类、款、项、目四级划分的预算支出，联邦财政援助基金对各联邦主体的分配方案，国防采购基本指标，联邦预算用于下年度及预算规划期内联邦专项发展计划和专项投资计划拨款的支出，在二读批准的联邦预算各大类支出额度内用于下年度和预算规划期国家武装力量计划的支出；要批准下年度和预算规划期提供联邦政府担保计划，按有偿原则提供预算资金的计划，下年度和预算规划期联邦国家对外借债计划，联邦国家对内借债计划，下年度和预算规划期俄罗斯联邦对外国提供国家信贷的计划，下一财政年度和预算规划期由于预算未安排资金而取消或失效的法规（条款）清单。

在每年的 12 月 5 日前，下一财政年度联邦预算法律草案由俄罗斯联邦会议联邦委员会批准、俄罗斯总统签字后正式生效。

第四节　2000—2017 年俄罗斯政府间财政关系改革

民族矛盾一直是困扰俄罗斯国家统一和稳定的大问题。苏联解体后，苏联在处理民族问题、中央和地方间关系时留下的众多隐患，使俄罗斯国内民族分裂主义倾向进一步加剧。地区分离主义、经济分立主义，以及民族分裂主义猖獗一时，各联邦主体纷纷发表"独立宣言"，自主晋升为共和国，制定自己的法律，选举自己的总统，联邦政府派驻各地的分支机构，如警察、法院、税务部门乃至军队，都不断被地方同化，普京上台伊始即需面对的就是联邦权力的全面失控。

一、俄罗斯政府间财政关系改革历程

政府间财政关系是俄罗斯独立后最早开展的财政经济改革，支出责任极大地向地方倾斜，财政资金高度集中于联邦，是俄罗斯独立初期政府间财政关系改革的主要特征，也是普京上台前俄罗斯政府间财政关系的真实写照。

（一）过度分权导致联邦政府权力失控

1991 年 10 月俄罗斯颁布了独立后的第一个预算法令——《预算制度和预算过程基本法》，将独立管辖地方经济和社会发展的权限正式赋予了联邦主体政府。根据该法令，俄罗斯联邦主体政府有权独立制订本地区的经济和社会发展规划；有权兴办新的企业和增设新的经济管理部门；有权独立开展对外经济活动；有权自行决定本级财政资金的支出方向。同时，联邦政府还将大量联邦以及联邦与联邦以下政府共同承担的支出责任转移给了联邦主体和地方政府，例如，将原由联邦政府承担的教育、医疗、住房、体育、文化等公共支出责任划归联邦主体和地方；授权联邦主体和地方保证工资增长；将大批联邦财产和联邦企业的管理和经营补贴责任下放给联邦主体和地方。

这些委托授权极大地加重了联邦主体和地方政府的支出责任，同时也导致

联邦主体和地方财政支出规模膨胀，但联邦主体和地方政府却没有因此得到联邦政府的财力支持，1991 年 12 月颁布的《俄罗斯联邦税收制度基本法》（以下简称《税收基本法》）还进一步削弱了联邦主体和地方政府的税收权限。《税收基本法》按税种将税收划分为联邦税、地区税和地方税，但地区税和地方税仅包含一些税基窄、税源小的税种，税收收入极其有限，使俄罗斯联邦主体和地方财政收入出现大幅度下降，远远无法保障其扩张后的财政支出。

支出责任的不断扩大和财政收入的大幅度减少，加剧了俄罗斯联邦主体和地方政府的财政收支矛盾，使联邦主体和地方政府扩大税收权限的要求日益增强。迫于联邦主体和地方政府的压力，1992 年俄罗斯联邦政府将部分主体税种由联邦税转化为共享税，与联邦主体和地方政府分享。但由于没有从根本上建立起有效的联邦主体和地方税收入体系，俄联邦主体和地方政府依然无法获得充足的财政资金，使联邦主体和地方政府越权截留中央税收的现象不断发生。

1993 年 4 月俄罗斯联邦法律《关于加入俄罗斯联邦的共和国、自治州、自治地区、边疆区、州、莫斯科市和圣彼得堡市政府，以及地方自治政府的代表和执行机构的预算基本权力及其预算外基金的组织和使用基本权力》（以下简称《预算基本权力法》）获得通过，该法律的发布进一步加剧了俄联邦政府和联邦主体政府之间的财政紧张状况。《预算基本权力法》在俄罗斯财政史上首次提出了组织地方预算的最重要原则——最低预算核算法，即各级地方预算应在上级预算的保障下，以最低社会标准和财力标准为基础，为本地居民提供大致均等的基本居住、社会文化和其他公用事业服务，满足本地区最低限度的社会必要支出。

《预算基本权力法》是俄罗斯财政联邦制发展过程中一项极其重要的法律，使保障各个地方享有大致均等的基本公共服务成为联邦政府的强制性义务和责任。但也正是因为此法，当联邦政府没有依据法律规定向联邦主体政府提供充足的财政援助，联邦主体政府因缺乏必要的财政资金无法满足本地最低社会必要支出时，联邦主体政府拒绝向联邦政府纳贡的理由就显得更为充分和理直气壮了。1993 年，在当时的 89 个联邦主体中，有 30 多个联邦主体截留联邦税款，个别联邦主体政府甚至将 90% 的税款留为己用。

联邦主体政府停止上缴税收，使联邦政府失去了极为重要的收入来源。没有财力支撑的联邦政府也同时失去了对联邦主体政府的掌控能力。为了改变这种状况，俄罗斯联邦政府着手整顿政府间财政关系，为此采取的措施主要有：以宪法的形式明确联邦政府与联邦主体政府在支出责任与收入权限方面的划分边界；统一联邦税在联邦政府与联邦主体政府之间的分成标准；建立联邦地区财政支持基金（即联邦按因素法对联邦主体实施转移支付）；废除联邦政府和一些势力较大的联邦主体之间不规范的双边协议。这些办法对消除联邦政府与联邦主体政府在财政资金分配上的主观随意性，规范政府间财政关系起到了一定的积极作用。

俄罗斯对政府间财政关系的整顿有利于联邦政府，却无助于解决联邦主体和地方财政的支出压力，为此，联邦政府提出了一项新的改革动议：扩大联邦主体和地方的税收权限，将确定地区和地方税种税率、开征新的地区和地方税、确定地区和地方税税收优惠政策的权限赋予了联邦主体和地方立法机构。

在联邦主体和地方财政支出规模急剧增长，自有收入来源明显不足的情况下，为快速摆脱财政困境，俄罗斯各级地方政府借新政策的红利大肆开征各种税费，使各级地方税费种类暴增，一度地区税费达到 70 余种、地方税费达到 140 余种，再加上联邦税费，三级税费总计 250 余种。

过多过滥的税费加剧了税收秩序的混乱，加重了企业和居民的负担，企业利润平均的 80%—90% 被征入预算，个别情况下甚至超过了 100%。过高的税收负担不仅加剧了偷漏税现象，过度征收的地区和地方税费还严重侵蚀了联邦税基，使联邦政府税收收入不断减少，联邦政府财政收入占国家财政收入的比重由 1992 年的 56.0% 降低至 1998 年的 47.4%，下降了 15.4%。①

（二）以立法确立联邦政府的财政权威

税收收入向联邦主体和地方政府的倾斜削弱了联邦政府的宏观调控能力，使地方分离主义重新抬头。为维护俄罗斯国家经济安全，保障国家领土完整，

---

① Г. Б. Поляк. ,*Межбюджетные отношения в России.* , взфзи，2006，стр. 38.

普京上台伊始紧急颁布了一系列法律、法令，以完善税收制度，限制联邦主体和地方政府税收权限。

在明确取消全国范围内 200 多种地区及地方税费之后，普京强调不再下放税收立法权，同时加紧制定新的税收法规，其后，阐述俄罗斯联邦税收制度基本原则的《税法典》第一部和第二部先后颁布。

《税法典》的颁布使俄罗斯联邦和各级地方政府间的财政关系发生了新的变化。首先，《税法典》赋予了联邦政府广泛的税收立法权，除联邦税的税收立法权归联邦议会外，地区税和地方税的设立也要依照联邦法律确定，只有地区税和地方税的税率可由联邦主体或地方立法机关调节。同时，《税法典》还强调指出，法典所列税种清单详尽无遗、不可增补，税收的立法权（包括征收的税种、税率、征税条件和税收分配等）统一归联邦议会所有，具体的税收条例、法令由财政部和税务总局确定。其次，《税法典》对联邦主体和地方政府的税收权限予以了严格限定：各级地方政府不得自行新增《税法典》之外的税种，各级地方政府必须服从联邦政府的税收政策和法令，只有划入联邦主体和地方预算的那部分税种的税率，可由联邦主体和地方政府在联邦政府规定的范围内调节。

2000 年俄罗斯《预算法典》正式发布。《预算法典》对俄罗斯各级政府间的财政预算关系予以了明确规范：俄罗斯预算体系中的各级预算①各自独立，互不包容，预算体系的统一是在统一的预算原则、统一的预算程序、统一的预算分类，以及统一的社会经济政策、统一的税收制度、统一的货币制度和统一的法律基础上实现的。

2002 年，俄罗斯开始实施《2005 年以前俄罗斯联邦财政联邦制发展纲要》。该纲要的主旨是保证联邦主体财政和地方财政有稳定的收入来源，明确划分各级财政的收入和支出权限，按新的分配办法实施联邦政府对各联邦主体和地方的财政转移支付，促进联邦主体和地方政府提高财政独立性和责任感。

---

① 俄罗斯联邦预算体系包括：（1）联邦预算；（2）85 个联邦主体预算（21 个俄罗斯联邦加盟共和国预算、55 个边疆区和州预算、4 个直辖市区预算、1 个自治州和 4 个自治区预算）；（3）23000 个地方预算（区、镇、居民点预算）。

俄罗斯政府间财政关系开始从"划分资金"转变为"划分财权",这是俄罗斯政府间财政关系改革中最为重要的阶段。自此,俄罗斯政府间财政关系开始步入良性发展轨道。

2003年,《俄罗斯联邦主体立法(代表)和执行权力机关基本原则法》《俄罗斯联邦地方自治机构基本原则法》《预算科目》等几部法律的重新修订,为俄政府间财政关系的完善提供了更多的法律依据。正如俄罗斯总统普京2006年在《2005年预算政策总结和2007年预算政策》报告中所指出的那样,2005年,俄罗斯第一次在依法划分支出责任和收入来源的基础上完成了联邦和联邦主体预算,联邦主体预算平衡状况好转,联邦地区预算支持基金的透明度和客观性得到提高,联邦主体的自有收入权限以及具有财政资金保障的联邦政府委托授权都在不断扩大。

此时,经过十多年改革,俄罗斯已基本完成财政联邦制的建设,形成了与独立之初完全不同的政府间财政关系。但此时的俄罗斯政府间财政关系并不完善,依然存在若干严重问题:一是财力集中于联邦政府,各级地方政府自有收入不足,对联邦依赖严重;二是预算调节措施不力,难以实现地区间横向均衡;三是联邦主体以下财政关系尚未建立。

(三)明确划分各级财政的支出责任和收入来源

自2006年开始,俄罗斯提出新的改革目标:在长期稳定的基础上明确划分各级财政的支出责任和收入来源;全面禁止强行摊派给地方的无资金保障支出责任;取消非正式财政援助的提供渠道——预算贷款的发放;增强联邦主体和地方财政的独立性,财政援助的提供以有助于鼓励联邦主体和地方政府壮大自有财源、节约财政资金使用为方向;对于没有支付能力的联邦主体和地方,计划通过强制性财务健全措施(建立临时性财务托管管理部门)以及依法扩大预算主体预算自治权限等方法,实现各级预算由"软约束"向"硬约束"的过渡。

俄罗斯政府间财政关系改革的目标见图1-9。

如图1-9所示,俄罗斯将2006年后政府间财政关系改革的重点集中于以下几个方面:

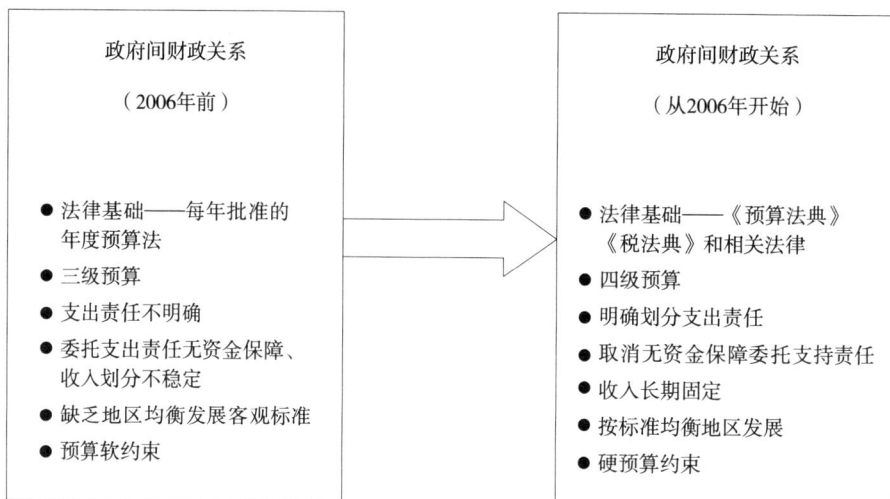

图 1-9　俄罗斯政府间财政关系改革目标

1. 顺应地方政府改革将地方预算划分为两个层级，即俄罗斯预算体系由三级预算分化为四级预算

1995 年《俄罗斯联邦地方自治组织基本原则》通过后，俄罗斯由四级行政区划：联邦、联邦主体、市、区，转化为三级行政区划：联邦政府、联邦主体政府、地方自治政府（区政府），取消了市级政府，使区政府成为管理地方的主要机构。预算级次也相应地由四级预算：联邦预算、联邦主体预算、市预算和区预算，转变为三级预算：联邦预算、联邦主体预算和区预算。

基于基层政府更贴近民众，更了解本地居民的偏好，增加基层预算层级，扩大基层预算权限，能为居民提供更好、更实际的公用事业服务，提高预算资金的使用效率。2005 年，《俄罗斯联邦地方自治组织基本原则》修订法又重新将地方自治政府划分为两级：区政府和居民区政府，并规定，每一级地方政府都拥有各自独立的预算。由此，俄罗斯形成了由联邦预算、联邦主体预算、区预算和居民区预算组成的四级预算，其中，区预算和居民区预算统称为地方预算。

2. 明确支出责任的划分规则

根据《预算法典》规定，俄罗斯每一级政府的支出责任应能完全由纳入本级预算的收入予以保障，高层级政府在下放支出责任时应同时提供充足的预算补助资金。由此，俄罗斯规定，自 2006 年后全面禁止下放无资金保障的委托责任（2005 年前类资金多达俄联邦预算支出的 30%—35%），联邦主体和地方预算支出应得到全面保障。

俄罗斯各级政府的支出责任具体见表 1—12。

表 1-12　俄罗斯各级政府支出责任划分表

政府级次	在下列事务上的权限			
	依法调节支出责任		对支出责任予以资金保障	履行责任（实现支出）
	提出	批准		
属于本级的支出责任				
联邦政府	联邦政府	联邦政府	联邦政府	联邦政府
联邦主体政府	联邦主体政府	联邦主体政府	联邦主体政府	联邦主体政府
地方政府	地方政府	地方政府	地方政府	地方政府
联邦政府调节框架下的支出责任				
联邦主体政府	联邦政府	联邦主体政府	联邦主体政府	联邦主体政府
地方政府	联邦政府	地方政府	地方政府	地方政府
联邦政府委托的支出责任				
联邦主体政府	联邦政府	联邦政府	联邦政府	联邦主体政府
地方政府	联邦政府	联邦政府	联邦政府	地方政府
联邦主体政府委托的支出责任				
地方政府	联邦主体政府	联邦主体政府	联邦主体政府	地方政府

资料来源：А. М. Лавров，"Бюджетная реформа：от управления затратами к управлению результатами"，Москва，2010。

为配合支出责任划分规则的改变，俄罗斯对于财政支出责任在政府间的划分进行了重新核定，其主要方式有三种：

一是集中支出责任的财政保障权，即将部分支出责任上移给提出该项支出决策的政府层级（见表 1—13）。

表 1-13　俄罗斯部分上移的支出责任

	联邦政府	联邦主体政府	地方政府
联邦法律"老战士"（战争中的老战士）、"残疾人的社会保障"支出	←		
征兵支出	←		
军人和国家公务员优惠补贴	←		
地质勘探、大型水利设施支出	←		
寄宿学校、幼儿园、托儿所补贴		←	

资料来源：А. М. Лавров，"Бюджетная реформа：от управления затратами к управлению результатами"，Москва，2010。

二是支出责任决定权下移，即由联邦主体政府和地方政府承担财政保障义务，由联邦主体政府和地方政府决定其规模和数量（见表 1-14）。

表 1-14　俄罗斯部分下移的支出义务

	联邦政府	联邦主体政府	地方政府
儿童补贴	→	→	
老年劳动者社会补贴	→	→	
职业技术教育	→	→	
环境监控支出	→	→	
普通学校、幼儿园、托儿所补贴		→	→

资料来源：А. М. Лавров，"Бюджетная реформа：от управления затратами к управлению результатами"，Москва，2010。

三是合并支出义务。在此之前，俄罗斯有大量的支出责任不明晰，其中大部分由联邦法律调节，一小部分由联邦主体法律调节，但具体的支出责任却由地方政府在联邦主体政府给予一定财政补助的情况下完成。改革后这些支出责任的决定权和财政保障权全部移交给联邦主体政府（见表 1-15）。

表 1-15　俄罗斯部分合并的支出义务

	联邦政府	联邦主体政府	地方政府
定向住房补贴	→	←	

续表

	联邦政府	联邦主体政府	地方政府
学校教学过程的财政保障	⟶	◀	
农业生产补贴	⟶	◀	
消防安全补贴	⟶	◀	

资料来源：А. М. Лавров，"Бюджетная реформа：от управления затратами к управлению результатами"，Москва，2010。

上述改革大大缩小了地方政府承担的无资金保障委托责任，其中大部分公共支出责任被赋予联邦主体政府。

3. 扩大联邦主体政府的税收自主权

在支出责任不断向联邦主体政府倾斜的情况下，俄罗斯联邦主体政府的税收权限和税收收入也得到相应提高。《2005 年以前俄罗斯联邦财政联邦制发展纲要》将三大地区税赋予联邦主体政府：企业财产税、交通税和赌博税。除此之外，企业利润税、个人所得税中划归联邦主体税率的那一部分也可视为地区税，从而确保了联邦主体政府享有较为充足的收入来源。

4. 《预算法典》确定联邦税提成标准

联邦税划入联邦主体预算的提成标准不再由每年的预算法确定，改由《预算法典》在长期稳定的基础上确定。这种资金划拨方式以长期稳定的收入取代了地方每年被"调节"的税收收入，使联邦主体政府的财政自主权得到实质性扩大。

（四）推动联邦主体以下财政关系改革

基于政府间财政关系的主体大多集中于联邦主体以下层级，各联邦主体经济发展水平和财政税收潜力分化严重，大部分联邦主体预算独立能力极其有限，联邦预算没有充足的财政均等化资源等问题的广泛存在，2009 年，俄罗斯发布《2013 年前俄罗斯联邦主体和地方政府间财政关系构想》，将俄罗斯政府间财政关系改革的重点转移至地方层面，开始了联邦主体以下政府间财政关系的构建与完善。

《2013 年前俄罗斯联邦主体和地方政府间财政关系构想》将联邦主体以下

政府间财政关系改革的主要方向确定为：（1）规范各级地方政府间税收分成比例以及各项联邦基金转移给地方政府的财政援助。（2）努力扩大预算收入基数，优化支出责任。根据这一构想，俄罗斯联邦主体各部门的职能都需要经过财政部职能评估委员会的评估鉴定，这一举措大大提高了联邦主体政府的财政支出绩效水平。（3）鼓励地方政府间合作，在权力平等的基础上鼓励区镇合并与合作，以节约行政成本，提高公共服务质量。

（五）以国家规划全面推进政府间财政关系改革

在俄罗斯2011年启动的规划预算改革中，政府间财政关系是其中的重要组成部分。俄罗斯规划预算包含五大支出及42项国家规划，五大支出领域之一的平衡地区发展就是为推进政府间财政关系改革而设置的，其目的在于：通过拉平联邦主体预算保障水平，提高俄罗斯联邦主体和地方政府财政管理质量，使俄罗斯境内每一地区拥有必要及充足的资源，保障各地区居民都能够享有体面的生活条件，促进各地区经济竞争力不断提升，地缘政治优先领域得到发展。

平衡地区发展最初包括地区政策和联邦关系、北高加索联邦区发展、远东和贝加尔地区发展、2014年冬奥会和索契地区发展等国家规划，预算资金约占联邦预算的5%。其中，最主要的国家规划为"地区政策和联邦关系"，其任务在于：对具有全国性综合项目进行投资（如圣彼得堡市防洪设施建设）；通过公私合作形式支持优先投资项目（利用俄罗斯联邦投资基金），促进俄罗斯联邦主体社会经济发展；为跨地区合作创造条件；保障国家和地区政策实施；为联邦主体政府和地方政府职能有效履行创造条件；保障加强俄罗斯民族团结和民族间关系协调的国家民族政策实施；保障俄罗斯民族文化发展；保障俄罗斯北方和西伯利亚原住民地区经济与社会发展；为在国外居住的俄裔自愿回国定居提供帮助；实施联邦专项规划"2015年前加里宁格勒州发展"和"2008—2012年俄罗斯的日耳曼人社会经济和民族文化发展"。

其后，随着冬奥会结束，国家规划"2014年冬奥会和索契地区发展"退出，"加里宁格勒社会经济发展"和"为建设高效、负责任的地区和地方财政创造条件，提高联邦主体预算稳定性"从"地区政策和联邦关系"国家规划分离出来，成为新的国家规划，使平衡地区发展所含国家规划扩大到 5 项。

（六）明确区域发展方向

2017 年 1 月 17 日，俄罗斯发布总统令《2025 年前俄罗斯联邦区域发展国家政策基础》（第 13 号），对俄罗斯各地区发展国家政策的基本原则、目标、优先任务和实施机制予以明确，即俄罗斯联邦区域发展国家政策的实施目的在于：确保俄罗斯境内所有公民都能享有《俄罗斯联邦宪法》和其他法律所确立的公民在经济、政治和社会等方面的均等权利，改善生活水平，确保地区经济可持续发展和科学技术进步，在地区社会经济均衡且可持续发展的基础上提高俄罗斯经济在世界的竞争力，吸引居民最大限度参与地区问题的解决。

《2025 年前俄罗斯联邦区域发展国家政策基础》的主要任务包括：（1）分析俄罗斯各地区在国内外产业分工中具有的竞争优势与经济专业化方向，重新构建俄罗斯经济发展战略空间。（2）根据新的发展战略调整区域能源、交通基础设施规划。（3）对相关国家规划进行调整，同时调整联邦预算支出方向与规模。（4）国家规划的优先方向应突出：取消基础设施建设限制，促进社会经济发展水平低、人口密度高的地区优先发展；保障具有经济增长潜力的低人口密度地区的基础设施建设和社会发展；创造有利的社会条件，遏制人口在地缘政治重要地区的外流；通过技术发展增加经济增长点，提升俄罗斯经济在国际市场的投资吸引力和竞争力；改善大型城市群发展环境，发展交通基础设施，确保大型城市群与邻近地区以及城市群之间的经济连通性；缩小城乡生活差距。

为促进地区经济发展潜力，《2025 年前俄罗斯联邦区域发展国家政策基础》还明确指出，应通过一系列方法完善转移支付预算的编制、批准与实施，如通过预算法确定联邦主体共同筹资领域优先支出清单，未列入清单的领域不得进入共同筹资范围；合并相近类型转移支付，大量缩减专项转移支付；改善提供转移支付移的条件。

除此之外，接受转移支付的俄罗斯地区负责人需要承担有效使用转移支付资金和在经济社会领域取得发展成果的责任，需承诺不断提高地区社会经济发展水平，降低一般性转移支付规模，并每年向俄罗斯联邦总统提交区域政策执行报告。

与此同时，《2025年前俄罗斯联邦区域发展国家政策基础》还提出了明确的政策实施结果目标：（1）缩小生活在不同地区以及城市和农村的俄罗斯公民在生活水平和生活质量方面的差异；（2）缩小区域社会经济发展水平差异；（3）为俄罗斯联邦所有人居住的地区提供必要的基础设施；（4）进一步加快城市化进程，特别是发展大型城市群，这是确保经济增长、技术发展并提高俄罗斯经济在世界市场投资吸引力和竞争力的必要条件；（5）提高民众对俄罗斯联邦主体政府和地方自治机构服务的满意度；（6）为实现国家在国家安全、民族团结、宗教和谐等方面的目标创造条件。

《2025年前俄罗斯联邦区域发展国家政策基础》是俄罗斯政府间财政关系非常重要的文件，该文件的发布对于进一步规范政府间财政关系，强化俄罗斯各地区主体责任，均衡各地区经济发展水平及民生服务质量，提升地区经济发展积极性，全面促进俄罗斯经济的国际竞争力具有重要意义。

二、俄罗斯政府间财政关系的内涵与结构

对于何为政府间财政关系，俄罗斯《预算法典》有着明确的界定：俄罗斯联邦国家政权机关、联邦主体国家政权机关和地方自治机关间，在各级预算以及预算外基金预算的收入形成、支出实现，国家和地方政府举债、国家和地方债务调节过程中，以及在俄罗斯联邦各级预算编制、审查、批准、执行及其监督过程中产生的一系列关系。

据此，俄罗斯政府间财政关系涵盖了各级政府间公共服务范围界定、财政支出责任划分、财政收入权限划分，以及联邦对联邦主体和地方，联邦主体对地方财政转移支付等方面的内容。

（一）合理界定各级政府的公共服务范围及支出责任

俄罗斯依据各级政府需要履行的公共服务范围，为各级政府确定了应承担的财政支出责任，以及应享有的财政收益权限，这是俄罗斯财政联邦制构建的基础，也是俄罗斯政府间财政关系形成的基石。

1. 联邦政府支出责任的界定与划分

俄罗斯《宪法》第71、72条，《预算法典》第11章都对俄罗斯联邦政府的支出职责予以了明确界定。

在俄罗斯联邦政府主要负责全国性公共服务事业运行，如维护联邦宪法、联邦法律、联邦制度和联邦国家政权机关系统；国防、外交和对外经济联系；国家经济、社会、文化、生态和民族发展等方面的联邦政策；国家统一市场的法律基础，财政、金融和海关调节；联邦财产和联邦预算，以及联邦的主要经济部门，如能源、原子能、交通运输、宇航领域等全国范围内的事务。

2. 联邦主体政府支出责任的界定与划分

在向市场经济转变的情况下，俄罗斯联邦主体的管辖权限和管辖范围大大扩展。按照联邦《宪法》规定："在俄罗斯联邦的管辖范围之外，以及俄罗斯联邦对俄罗斯联邦和俄罗斯联邦主体共同管辖权限范围之外，俄罗斯联邦主体享有充分的完全的国家权力。"

3. 地方政府支出责任的界定与划分

根据《预算法典》规定，俄罗斯地方政府的主要支出责任为：维护地方自治政府运行；对地方财产进行组织和管理；对教育、卫生、文化、体育、大众传媒和其他属于地方所有或由地方自治政府管理的机构予以组织、保护和发展；维护社会秩序；组织、维护和发展住房公用事业；地方公路的建设和养护；完善公共事业和土地绿化；生活废弃物的回收和再利用（放射性物质除外）；对属于地方所有的墓地进行维护；对居民和属于地方所有或由地方自治政府管理的机构提供交通服务；保障消防安全；保护地方政府辖区内的自然环境；实施由地方自治政府制定的专项规划；地方债务的发行与偿还；为居民提供专项补贴；维护地方档案馆；举行地方的选举和全民公决。

（二）清晰划分各级政府的收入权限和范围

根据划分明晰的各级政府间支出责任，通过对税收权限和税收收入的合理配置，使各级政府都能得到与其支出责任相对应的资金保障，是俄罗斯财政联邦制实现的基本运行框架。为此，俄罗斯对各级政府的税收权限和收入范围进行了明确划分。

为保障各级政府支出责任的实现，《税法典》将全部税种划分为联邦税、地区税和地方税。需要指出的是，联邦税、地区税和地方税并不表示该税种的全部收入都划归该级次预算，有部分联邦税和地区税实际上是联邦政府、联邦主体政府和地方政府分享的共享税。

1. 联邦政府的收入权限和范围

属于联邦政府的非税收入有：国有资产经营所得，联邦政府机关提供的有偿服务所得；含有关税的其他对外经济活动所得；俄罗斯联邦国有企业税后上缴的部分利润；俄罗斯银行上缴的利润；其他海关收费所得；颁发酒精、烟草销售、流通许可证收费所得；对环境产生消极影响收费所得；水资源利用收费所得。非税收入约占联邦预算总收入 10%。

此外，属于联邦政府收入的还有联邦预算专项基金收入，约占联邦预算总收入的 0.5%—1%。该基金收入按俄罗斯联邦税收法律确定的税率纳入联邦预算，按联邦预算法确定的比例在联邦预算专项基金和联邦主体预算专项基金间进行分配，主要包括联邦道路基金、联邦生态基金、海关制度发展基金等。

除了上述税收和非税收入，为了弥补财政赤字，联邦政府还可以发行外债和内债。

2. 联邦主体政府的收入权限和范围

根据《预算法典》第 8 章规定，俄罗斯联邦主体政府的财政收入由税收收入和非税收入组成。纳入俄罗斯联邦主体政府财政收入的地区税有：企业财产税、博彩税；纳入俄罗斯联邦主体政府财政收入的联邦税收（即联邦政府和地区政府共享税）有：企业利润税、消费税、矿物开采税、水税和资源利用税。个人所得税由联邦主体政府和地方政府共享。

属于联邦主体政府的非税收入有：俄罗斯联邦主体政府拥有的国有资产经营所得，俄罗斯联邦主体政府提供的有偿服务所得；对环境产生消极影响收费所得；森林资源利用收费；联邦主体政府颁发酒精、烟草销售、流通许可证收费所得等。

3. 地方政府的收入权限和范围

根据《预算法典》第 9 章规定，俄罗斯地方自治政府的主要收入来源为税收收入和非税收收入。纳入俄罗斯地方政府财政收入的地方税有：土地税和个人财产税；纳入俄罗斯地方政府财政收入的联邦税收（即联邦政府和地方政府共享税）有：企业利润税、个人所得税、消费税、矿物开采税、水税和资源利用税。

俄罗斯地方政府财政的非税收收入包括：地方所有财产经营所得、地方自治机构提供有偿服务所得；专项基金收入。

三、俄罗斯政府间财政转移支付

俄罗斯《预算法典》第132条规定，俄罗斯各联邦主体预算与联邦预算享有平等地位，各联邦主体提供公共服务的财政耗费标准以及最低预算保障标准，是联邦预算给联邦主体提供财政援助的基础。据此，对那些财力相对较弱、不足以提供全国统一的基本公共服务的联邦主体予以适当的财政援助，保障这些联邦主体预算平衡，维持其财政预算地位成为俄罗斯实施财政转移支付的主要任务。

（一）俄罗斯财政转移支付的基本方式

俄罗斯联邦政府实现财政转移支付的方式主要有：（1）一般性补助，以实现联邦主体基本公共服务保障水平均等化；（2）对某些专门支出提供专项补助和特殊补助；（3）给国家预算外基金预算的补助；（4）其他补助（见表1-16）。

表1-16　俄罗斯转移支付主要类型

类型	定义
一般性补助（дотации）	无偿地、不需返还提供给联邦主体预算，没有指定方向和限制条件，弥补经常性财政支出不足，拉平联邦主体间财政保障水平
专项补助（субвенция）	无偿地、不需返还提供给联邦主体和地方预算，用于保障按法律规定转移给联邦主体和地方预算的联邦支出责任的完成
特殊补助（субсидия）	在联邦主体国家机关、地方自治政府履行本级或与联邦政府共同的支出责任时，联邦预算对联邦主体预算、地方预算的配套拨款

在向联邦主体和地方预算提供财政援助时，俄罗斯联邦国家权力机关享有

如下权力：（1）对获得财政援助的联邦主体和地方预算进行检查；（2）如果联邦主体和地方获得财政援助的金额超过其汇总预算支出的 50%，则须对该联邦主体和地方预算进行强制性检查；（3）财政部的监督机关、联邦审计署可以对联邦主体和地方预算进行检查。

在联邦预算向联邦主体预算提供最低预算保障水平均等化财政援助时，必须签订由联邦国库执行联邦主体预算的协议。获得用于实现最低预算保障水平均等化财政援助的联邦主体无权：（1）使靠联邦主体预算资金拨款的公务员待遇条件（工资、差旅费和其他支出）高于联邦机关公务员（考虑工资的地区系数以后）；（2）向法人提供预算贷款规模超过联邦主体预算支出的 3%；（3）提供联邦主体国家担保规模超过其预算支出的 5%。

1. 一般性补助（дотации）

一般性补助是指无偿地、不需返还提供给联邦主体预算，以弥补其经常性支出不足的财政资金。一般性补助以联邦对联邦主体财政支持基金的方式实现转移支付。对各联邦主体实施一般性补助的具体规模依据联邦主体预算保障水平确定，即在综合考虑居民人数、社会经济、地理气候等会对联邦主体提供基本公共服务水平产生影响的客观因素，对各联邦主体居民人均享有的税收基数进行测算的基础上确定的。

一般性补助作为联邦政府预算草案的一部分提交国家杜马审查，在国家杜马二读时获得批准。

俄罗斯用于均衡最低预算保障水平的转移支付属于一般性补助，以全国财力均等化为目标，按政府制定的统一方法和公式计算，使转移支付的透明度和可预测性有了一定程度的提高。

在计算某联邦主体是否可以获得一般性补助时，对该联邦主体的预算保障水平进行评估是前提，即首先需要对该联邦主体的税收能力系数和预算支出系数进行测算。也就是说，每一联邦主体的预算保障水平取决于该辖区居民人均拥有的税收资源（税收能力），以及该联邦主体的预算支出系数。但该联邦主体的预算保障水平高于全国平均预算保障水平时，该联邦主体不可获得一般性转移支付，当该联邦主体的预算保障水平低于全国平均预算保障水平时，则可获得一般性转移支付。全国平均预算保障水平依照除去 10 个最高预算保障水平联邦主体、10 个最低预算保障水平联邦主体，以其余联邦主体预算保障水平平均值的方法确定。

对于联邦主体预算保障水平的测算实际上反映了各联邦主体以自有收入弥补最低必要支出的程度。

俄罗斯将联邦对联邦主体财政支持基金分配方案的步骤确定为：

（1）明确联邦主体基本预算保障水平。

$$БO_i = \frac{ИНП_i}{ИБР_i} \quad （БO_i \geq 1 \text{ 的联邦主体不享受一般性转移支付}）$$

其中，$БO_i$ 为联邦主体得到基金补贴前的预算保障水平；$ИНП_i$ 为俄罗斯联邦主体人均税收潜力指数；$ИБР_i$ 为俄罗斯联邦主体预算支出指数，即俄罗斯联邦主体为居民提供单位预算服务的人均支出与全国平均水平相比的指数。

（2）确定各联邦主体应得自基金的资金数额。

联邦对联邦主体财政支持基金仅对预算保障水平低于全国平均预算保障平衡的联邦主体发放。基金分两阶段按不同的预算保障标准划拨，$БO_i \geq 0.8$ 的联邦主体不参与第一阶段一般性转移支付，即第一阶段仅对预算保障水平不高于平均水平 60% 的联邦主体提供，其公式为

$$T1_i = П \times A \times （K1 - БO_i）\times ИБР_i \times H_i$$

其中，$T1_i$ 为第一阶段基金补贴；$П$ 为 0.85，即将联邦主体预算保障水平与预算保障平衡标准差距缩小 85%；A 为联邦主体人均税收收入；K_1 为 60%，第一预算保障标准；H_i 为联邦主体常住居民人数。

第二阶段基金补贴的对象是第一阶段补贴后预算保障水平依然不到全国平均水平的联邦主体，其计算公式为

$$T2_i = A \times \left[K2 - \left(\frac{T1_i}{ИБР_i \times H_i \times A} + БO_i \right) \right] \times ИБР_i \times H_i$$

其中，$T2_i$ 为第二阶段基金补贴；$K2$ 为 100%，第二预算保障标准。

在确定了预算支出指数后，在计算转移支付额时，还要参照由俄罗斯联邦政府确定的住房公用事业以及社会生活的支出标准。这类定额标准由俄罗斯国

家建设委员会、财政部、经济发展部共同制定。

以对住房公用事业的补贴资金需求的计算为例，各联邦主体的补贴金额为：俄罗斯联邦政府确定的每月提供 1 平方米的住房公用事业服务的联邦定额标准，乘以预算支出标准（1-0.9），乘以人均住房面积保障标准，乘以联邦主体的居民人数，再乘以 12 个月。计算公式如下：

$$Д_{жкх} = Ф_C \times (1-0.9) \times H_{ил} \times Ч_п \times 12$$

其中，$Д_{жкх}$ 为年住房公用事业补贴额；$Ф_C$ 为俄罗斯联邦政府确定的 2014 年每月提供 1 平方米的住房公用事业服务的联邦标准；（1-0.9）或 0.1 为预算支出占住房公用事业建设支出总额的比重；$H_{ил}$ 为住房面积人均社会标准；$Ч_п$ 为联邦主体的居民人数。

2. 专项补助（субвенция）

专项补助是指提供给联邦主体预算和地方预算，用于补偿其履行联邦政府授权支出责任的财政资金。

提供给联邦主体的专项补助的方法由联邦法律、联邦政府相关法规和总统令确定。专项补助作为联邦政府预算草案的一部分提交国家杜马审查，在国家杜马二读时获得批准。

俄罗斯专项补助主要用来对重大的社会性优先支出项目，如教育、卫生、文化、社会保障、对居民的社会救助等进行拨款，每一联邦主体在遵守一定规则的情况下，都可从该基金中得到资助。

专项补助是按照统一的方法，依据联邦主体居民人数、相应公共服务需求人数，履行相应支出责任的预算拨款标准，以及影响联邦主体和地方政府提供该公共服务成本的客观条件等因素确定的。

3. 特殊补助（субсидия）

特殊补助是指由联邦预算转移支付给联邦主体预算和地方预算，用于补偿联邦主体国家机关履行本级支出责任、与联邦共同管辖事务的支出责任，以及地方自治机构解决本地问题的预算资金。

获得特殊补助的联邦主体政府和地方政府的遴选标准和程序，特殊补助的支出目的和条件，由联邦法律和联邦政府相关法规确定，政策期限不得低于

3 年。

特殊补助在联邦主体政府和地方政府间的划分由联邦预算法和联邦政府相关法规确定。

第五节　2000—2017 年俄罗斯国家预算外基金

依据俄罗斯联邦《预算法典》相关规定，俄罗斯国家预算外基金由各预算外基金委员会实行自治管理，有特定的活动范围及严格的指定用途。预算外基金只有在与预算内资金一起上报预算草案，经由国家杜马和联邦委员会以联邦法律的形式批准后方可实施。自建立以来，基础脆弱、欠款严重、入不敷出，应承担的社会保障任务难以完成，就成为困扰俄罗斯国家预算外基金发展的主要问题。为此，2000—2017 年间，俄罗斯对其进行了多次改革。

一、俄罗斯国家预算外基金的发展

俄罗斯国家预算外基金是俄罗斯联邦财政体系的组成部分，是在联邦预算和联邦主体预算之外形成的政府预算基金，旨在保障俄罗斯宪法提出的公民在社会经济领域某些权利的实现。

俄罗斯国家预算外基金由以下部分组成：（1）强制医疗保险基金（含联邦强制医疗保险基金和地区强制医疗保险基金）；（2）社会保险基金；（3）养老基金。

俄罗斯三项国家预算外基金都有各自负责执行基金职能的理事会和地方管理部门。俄罗斯国家预算外基金具有明确的社会定位和针对性目标：强制医疗保险基金的目的是为居民提供医疗服务筹集资金，并为特定的目标分配资金；社会保险基金的目的是处理强制社会保险问题，并向居民提供保险资金支持；养老基金的目的是为确保公民享有养老金权益筹集资金，并对俄罗斯联邦养老资金进行管理。

（一）俄罗斯国家预算外基金"费税"改革

20 世纪 90 年代俄罗斯设立预算外基金，负责向居民提供养老、医疗、失业，以及居民因疾病、残疾、失去抚养人、生育和抚养儿童等方面的社会保障。但在政治动荡不安、经济大面积滑坡、物价飞速上涨的情况下，俄罗斯预算外基金的运转并不顺畅：一方面，基金费率偏高，国家和企业负担沉重；另一方面，欠款严重，收不抵支，难以完成应承担的社会保障任务。

基于上述现实与经济的双重压力，以及维持社会经济稳定的迫切需要，俄罗斯于2000年对国家预算外基金实行了根本性变革——"由费改税"，即以统一社会税取代三项预算外基金，以期强化社会保险缴款的征收力度，拓宽社会保险的收入来源。与此同时，俄罗斯还大幅降低社会保险税率，希望通过减轻企业税收负担，提高纳税人税收遵从度，使社会保险基金能有充裕的收入来源。

1. 2000年俄罗斯统一社会税改革的主要内容

在2000年社会保险税费改革前，上缴俄罗斯国家预算外基金的社会保险缴费主要由养老基金、社会保险基金、强制医疗保险基金、国家居民就业基金等组成。虽然对于不同类型的纳税人来说适用的费率有所差异，但对于绝大多数企业来说，社会保险缴费的合计费率为38.5%，对雇员统一按1%征收（见表1-17）。

表1-17　2000年俄罗斯国家预算外社会保险基金费　　单位:%

纳税人	养老基金	联邦强制医疗保险基金	地区强制医疗保险基金	社会保险基金	国家居民就业基金	合计
企业主	28.0	0.2	3.4	5.4	1.5	38.5
农业生产企业主	20.6	0.2	3.4	5.4	1.5	31.1
个体业主，包括外国公民、居住在俄罗斯境内的无国籍人士、私人侦探和个体公证人	20.6	0.2	3.4	5.4	—	29.6
适用简化税制的个体业主	20.6	0.2	3.4	—	—	24.2
北极地带从事传统行业的氏族和家庭小团体、农户（农场）	20.6	0.2	3.4	—	—	24.2
律师	20.6	0.2	3.4	5.4	—	29.6

资料来源：俄罗斯财政部。

2001 年，俄罗斯将预算外基金中的养老基金、社会保险基金、强制医疗保险基金合并为统一社会税，取消国家居民就业基金，将失业保险纳入预算内，由预算资金予以全额保障。统一社会税的税率由 38.5% 降为 35.6%（该税率仅针对企业主，农业生产企业主为 26.1%，适用简化税制的个体业主为 22.8%，律师为 17.6%），针对雇员征收的 1% 的养老保险费并入个人所得税，不再单独计征。

税费改革后的俄罗斯统一社会税税率见表 1-18。

表 1-18　2001—2002 年各类纳税人统一社会税税率　　　　单位:%

税收基数	养老基金	社会保险基金	联邦强制医疗保险基金	地区强制医疗保险基金	合计
企业主					
100000 卢布以下	28.0	4.0	0.2	3.4	35.6
100001—300000 卢布	15.8	2.2	0.1	1.9	20.0
300001—600000 卢布	7.9	1.1	0.1	0.9	10.0
600000 卢布以上	2.0	0.0	0.0	0.0	2.0*
农业生产企业主					
100000 卢布以下	20.6	2.9	0.1	2.5	26.1
100001—300000 卢布	15.8	2.2	0.1	1.9	20.0
300001—600000 卢布	7.9	1.1	0.1	0.9	10.0
600000 卢布以上	2.0	0.0	0.0	0.0	2.0*
适用简化税制的个体业主，不包括律师					
100000 卢布以下	19.2	—	0.2	3.4	22.8
100001—300000 卢布	15.8	—	0.1	1.9	17.8
300001—600000 卢布	7.9	—	0.0	0.9	8.8
600000 卢布以上	2.0	—	0.0	0.0	2.0*
律师					
300000 卢布以下	28.0	—	0.2	3.4	31.6
300001—600000 卢布	8.0	—	0.1	0.9	10.0
600000 卢布以上	2.0	—	0.0	0.0	2.0*

* 最初对纳税人超过 60 万卢布的收入按 5% 的税率征税，其后降低到 2%。

资料来源：俄罗斯财政部。

俄罗斯统一社会税最重要的改革举措是降低平均税率，实行累退税率。平均税率的下降以及累退税率的实施，使俄罗斯 2001 年统一社会税收入比上年减少 298 亿卢布。

2. 2005 年统一社会税改革的主要内容

从 2005 年开始，俄罗斯将统一社会税的基础税率从 35.6% 大幅度降低到 26%，并将累进税率的级次由 4 级减并为 3 级，其目的是降低对收入的总体课税水平，促进收入合法化，提高纳税人的税收遵从度。2005 年，统一社会税有效税率由 2004 年的 12.1% 降低到 2005 年的 5.55%，联邦预算收入因之减少 2844 亿卢布。

2004 年和 2005 年俄罗斯统一社会税有效税率情况分别见表 1-19 和表 1-20。

表 1-19　2004 年俄罗斯统一社会税税基和有效税率情况

税基	联邦预算		养老基金		社会保险基金		联邦和地区强制医疗保险基金	
	税收收入（亿卢布）	税率（%）	税收收入（亿卢布）	税率（%）	税收收入（亿卢布）	税率（%）	税收收入（亿卢布）	税率（%）
<10 万卢布	18550	14.00	20270	14.00	18140	4.00	18630	3.60
= 10 万卢布	6390	14.00	6590	14.00	6310	4.00	6410	3.60
10 万卢布，30 万卢布	3800	7.90	3930	7.90	3740	2.20	3830	2.10
= 30 万卢布	2220	9.93	2260	9.93	2210	2.80	2240	2.60
（30 万卢布，60 万卢布）	790	3.95	830	3.95	780	1.10	810	1.10
= 60 万卢布	1240	6.89	1210	6.94	1230	1.95	1240	1.85
>60 万卢布	1360	2.00	1330	0.00	1330	0.00	1370	0.20
平均有效税率		12.10		12.12		3.42		3.11

资料来源：根据俄罗斯税务总局、俄罗斯财政部、俄罗斯统计局的数据计算。

表 1-20　2005 年俄罗斯统一社会税税基和有效税率情况

税基	联邦预算		强制养老保险社会缴费		俄罗斯联邦社会保险基金		联邦和地区强制医疗保险基金	
	税收收入（亿卢布）	税率（%）	税收收入（亿卢布）	税率（%）	税收收入（亿卢布）	税率（%）	税收收入（亿卢布）	税率（%）
<28 万卢布	33140	6.00	36270	14.00	32670	3.20	33210	2.80
=28 万卢布	4120	6.00	4260	14.00	4110	3.20	4190	2.80
28 万卢布，60 万卢布	1590	2.40	1660	5.50	1590	1.10	1630	1.00
=60 万卢布	2150	4.08	2140	9.47	2130	2.80	2190	1.84
>60 万卢布以上	2380	2.00	2380	0.00	2390	0.00	2400	0.00
平均有效税率		5.55		12.78		2.89		2.53

资料来源：根据俄罗斯税务总局、俄罗斯财政部、俄罗斯统计局的数据计算。

2005 年，降低统一社会税有效税率同样对养老基金、社会保险基金及联强制医疗保险基金产生了全面影响。统一社会税改革使俄罗斯联邦预算收入、养老基金、社会保险基金及强制医疗保险基金合计减少 3021 亿卢布，比 2004 年减少 27.8%，为 GDP 的 1.4%。

2005 年统一社会税税率改革对统一社会税收入的影响见表 1-21。

表 1-21　2005 年统一社会税税率改革对统一社会税收入的影响

	2004 年有效税率（%）	2005 年有效税率（%）	2004 年税收基数（亿卢布）	收入变化（亿卢布）
联邦预算	12.10	5.55	34362	-2844
养老基金	12.12	12.78	36401	305
社会保险基金	3.42	2.89	33734	-228
强制医疗保险基金	3.11	2.53	34526	-254
合计	30.75	23.73	—	-3021

资料来源：根据俄罗斯税务总局、俄罗斯财政部、俄罗斯统计局的数据计算。

3. 2006 年统一社会税改革的主要内容

2005 年 12 月 6 日，俄罗斯颁布联邦第 158 号法律，对统一社会税税率的划分进行了进一步修订。统一社会税税率仍为 26%，上缴联邦预算的税率仍为 20%，但缴入俄罗斯联邦社会保险基金和强制医疗保险基金的税率有所改变。

自 2006 年 1 月 1 日起，企业主纳税人按以下几种税率缴纳统一社会税：（1）养老基金 20%；（2）社会保险基金 2.9%（2006 年前为 3.2%）；（3）联邦强制医疗保险基金 1.1%（2006 年前为 0.8%）；（4）地区强制医疗保险基金 2.0%。

上缴俄社会保险基金及联邦和地区强制医疗保险基金的统一社会税税率的改变，并未给统一社会税收入带来实质性影响。

（二）俄罗斯国家预算外基金"税费"改革

2010 年，俄罗斯停征统一社会税，重新开征强制社会保险费。其原因主要在于：（1）统一社会税改革并未带来预期中的收入合法化、工资上升，以及由此而来的税基扩大、收入提高，反而使养老基金赤字不断加剧，国家不得不多次动用稳定基金弥补养老基金赤字。（2）社会保险收入体系逐步偏离保险原则，联邦预算转移支付拨款占养老基金收入的比重越来越高，并呈不断上升态势（2007 年为 28%，2008 年为 36%，2009 年为 45%，2010 年达 60%）。（3）保险缴费有明确的缴费程序，违反程序须承担相应的责任。但在统一社会税实施期间，因《税法典》没有对统一社会税与社会保险缴费在缴费程序和守法义务方面的差异予以明确界定，导致违规行为增多。（4）对于养老基金来说，还有一个非常明显的缺憾，就是统一社会税忽视了养老金个人账户的属性与特点。

有鉴于此，2008 年 10 月，在审议《2020 年前俄罗斯长期经济社会发展构想》和《2012 年前俄联邦政府主要行动方向》的联邦政府会议上，时任俄罗斯总理普京提出改革社会保障基金的方案——取消统一社会税，重新开征强制社会保险缴费。

俄罗斯国家预算外基金"由税到费"改革方向。在统一社会税转换为强制社会保险缴费的同时，俄罗斯社会保险费费率的组成结构也发生了变化。首先是不再按累退税率征收社会保险费，其次是提高费率，虽然 2010 年社会保险费仍按工资基金的 26%课征，但自 2011 年起，这一费率提高到 34%。此外，社会保险缴费还规定最高课征限额，即仅对低于 41.5 万卢布以下部分的年工资收入课征，年工资收入超过 41.5 万卢布以上的部分无须缴纳社会保险费。

社会保险费虽然不再以税收的形式课征，但从工资基金负担角度来看，与个人所得税一样，都由企业主强制性代收代缴。由此，社会保险费费率的提高显然会大幅度增加企业的税收负担。2011 年，虽然税收优惠政策的实施使企业实际承担的社会保险费费率低于名义费率（名义费率 34%，实际费率 32%），但仍给企业带来了 2300 亿卢布的额外负担。

税收负担的骤然加重打击了企业经营的积极性，引发了企业的激烈反对。为此，2012 年，俄罗斯将社会保险费的费率由 34%降低到 30%，按照养老保险费率 22%、强制医疗保险费率 5.1%、社会保险费率 2.9%课征，养老保险费的上限也提高到 51.2 万卢布，超过上限部分按 10%征收保险费。

俄罗斯社会保险缴费调整方案见表 1-22。

表 1-22 俄罗斯社会保险费费率调整情况 单位:%

	养老基金	强制医疗保险基金	社会保险基金	合计
2011 年				
≤41.5 万卢布以下	26	5.1	2.9	34
>41.5 万卢布以上	0	0	0	0
2012 年				
51.2 万卢布以下	22	5.1	2.9	30
51.2 万卢布以上	10	0	0	10
2013 年				
57.3 万卢布以下	22	5.1	2.9	30
57.3 万卢布以上	10	0	0	10
2014 年				
62.4 万卢布以下	26	5.1	2.9	34
62.4 万卢布以上	10	0	0	10

续表

	养老基金	强制医疗保险基金	社会保险基金	合计
2015 年				
71.1 万卢布以下	22	5.1	2.9	30
71.1 万卢布以上	10	0	0	10
2016 年				
79.6 万卢布以下	22	5.1	2.9	30
79.6 万卢布以上	10	0	0	10
2017 年				
87.6 万卢布以下	22	5.1	2.9	30
87.6 万卢布以上	10	5.1	0	10

资料来源：俄罗斯财政部。

（三）俄罗斯国家预算外基金征管改革

2010 年，俄罗斯取消统一社会税，重新征收社会保险费。很多企业对这一做法感到不满，因为它们必须同时向养老基金委员会、社会保险基金委员会、医疗保险基金委员会与税务机构提供相应的缴费材料，需要提交的文件数量十分庞大，缴费程序也非常烦琐。2013 年，不少企业联合向政府提出诉求，要求优化保险缴费制度，建立能够同时征收保险费与税收的统一机构。同年，俄罗斯总统普京指示政府考虑税收部门恢复统一管理保险费的可能性，但考虑到保险费的转移需要耗费大量人力与财力，其时并没有形成明确意见。

俄罗斯经济发展部认为，将保险费的管理权转移至税务机构的决定有利也有弊。其有利之处在于：（1）被保险人只须向税务机构缴纳相关税费，简化了被保险人的缴费程序，同时，被保险人因不再需要向不同的管理机构缴纳保险费，负担大大减轻。（2）税务机构接管保险费课征能够提高税费征收水平，降低拖欠保险费的数额。由于俄罗斯税务机构拥有较为成熟的税收征缴系统，由其征收保险费也能增加被保险人缴费的透明度，提高保险费管理效率。（3）负责征收保险费的机构只有税务部门，不再涉及其他机构，减少了检查保险费征缴情况的次数，同时也降低了监管成本。（4）从整体上看节省了人力资源，提高了资金管理效率。据统计，实施这项改革需要添加 1.2 万名税务机构员工，但同期会减少 1.8 万名养老基金雇员。同时，将保险费管理权转移给税务机构也存在一定的弊端：（1）新系统的创建需要耗费大量成本。税务机构需要建立一套单独的系统，用来区别与整合保险费与税收的支付，这些应用程序、新软件的开发会增加资金投入。（2）养老保险费管理权的转移，可能会导致养老基金部分员工失业。同时，税务机构的新员工需要接受培训，这也会在一定程度上增加成本投入。

在人口老龄化日益加剧，养老基金面临严峻的收入短缺危机的情况下，必须加强保险费的征缴力度、提升实际缴费率。正如俄罗斯国家杜马指出的："拖欠保险费数量的增长、对附加保险费的大量审查，以及公众对相关经济部门的不满，迫使我们不得不考虑再次将保险费的管理权转移给联邦税务机构。"① 由此，2016 年 1 月 15 日，俄罗斯总统签署第 13 号法令，俄罗斯联邦政府于 5 月 1 日向国家杜马提交法案，赋予联邦税务总局管理保险费的权利。同年 7 月 3 日，俄罗斯联邦委员会通过了《关于对俄罗斯联邦税法典的修正案，将养老保险费、社会保险费与医疗保险费的管理权转交给税务机关》（第 243—Φ3 号），规定从 2017 年 1 月 1 日起，俄罗斯税务机关重新开始负责养老保险费的征收与管理。不过，这并不代表俄罗斯又重新开始征收"统一社会税"。这次改革仅仅是把俄罗斯养老保险费的征收权交给了税务机构，税务机构与联邦养老基金会按照法律规定的程序进行合作。被保险人的个性化养老金账户仍然在联邦养老基金委员会旗下发挥作用，缴费者仍有义务继续向委员会提交个性化养老金报告。

二、俄罗斯养老基金改革

促使俄罗斯对养老保险制度进行改革的最主要原因与世界上其他发达国家一样是人口危机。人口危机加重了俄罗斯每一个劳动者的养老负担，也使俄罗斯在养老保险方面的财政危机不断加剧。据俄罗斯联邦统计局测算，2031 年

---

① 资料来源："О передаче полномочий налоговым органам по администрированию", https://buhytchet.ru/o-peredache-polnomochij-nalogovym-organam-po-administrirovaniyu-straxovyx-vznosov.html。

俄罗斯的人口危机将达到高峰，届时俄罗斯适龄劳动人口 7650 万人，退休人口 4007 万人，两者之间的比例由 2010 年的 2.8∶1，下降到 2031 年的 1.9∶1，老年抚养系数相应地由 36% 上升到 53%，提高 47.2%。

人口危机迫使俄罗斯寻找最优的养老保险制度，在此过程中，世界银行关于"如何防止老龄化危机：保护老年人、促进经济增长的政策"的研究报告对俄罗斯养老保险制度改革产生了极大影响。该报告指出，在某些情况下，阻止人口老龄化带来负面影响的唯一有效手段就是将由国家包揽一切的养老保险制度完全或部分私有化。受世界银行这一建议的影响，俄罗斯对养老保险制度进行了一系列旨在由国家预算拨款向融资渠道多元化过渡的改革。

（一）养老保险基金的建立

独立伊始，俄罗斯就通过了《养老保险法》，确立了俄罗斯养老保障制度改革的基本方向，即从由国家预算包揽的养老保障制度逐步过渡到与市场经济原则相适应，由国家、企业和个人共同负担的养老保障制度。其核心思想为：（1）养老保险与国家预算脱钩，建立国家预算外养老基金；（2）提高养老金最低标准，且随物价指数化上升；（3）养老金由国家、企业和个人三方共同负担，雇主按工资总额 31.6% 缴纳，工人和公司职员按工资收入 5% 缴纳。养老金给付水平一经法律确定，其他任何部门和个人（政府、劳资双方以及养老基金）无权改变；（4）改变养老金发放方法，将养老金划分为两个部分：一部分按平均收入或最低生活标准的一定比例发放，即基本养老金，主要是为残疾人、退休的残疾人抚养人及 80 岁以上的老人设立，每人享受的金额相同，且每年指数化调整。另一部分与领取者的工龄和收入水平挂钩，差别对待，即养老保险金，养老保险金是退休职工养老金的主要来源。养老保险金的资金主要来自于雇主与职工的养老保险缴费，雇主每月按职工个人工资的一定比例上缴保险费，不同年龄与性别的职工缴纳的比例不同。① 养老保险金存入每位职工在俄罗斯联邦养老基金会设立的个人账户，退休者须达到规定的退休年龄，工作年限至少为 15 年，才有资格按月领取养老保险金。职工退休后领取养老

---

① 由于后文对养老保险金的具体缴费进行了详细分析对比，此处不再赘述。

保险金的金额与缴费额密切相关，同时，养老保险金也会根据俄罗斯每年的经济状况进行指数化调整，以避免因通货膨胀而遭受贬值。

（二）俄罗斯养老基金收入

俄罗斯《养老保险法》第四部分详细规定了联邦养老基金的收入范围与保险费率。俄罗斯联邦养老基金属于联邦财政资金，不得随意提取。联邦养老基金年度预算由联邦养老基金委员会起草，按照《预算法典》规定的方式批准。

1. 俄罗斯联邦养老基金的预算收入来源

《养老保险法》第 17 条规定，俄罗斯联邦养老基金预算收入来源包括：强制性养老保险费与附加保费、联邦预算的转移支付与补贴、罚款与其他金融制裁的款项、资金的投资收益、来自非被保险人的个人和团体组织的自愿捐款以及其他款项。依据《养老保险法》第 18 条，为确保养老保险体系的财务稳定，在养老基金预算盈余的情况下设立储备金，储备金的收入与支出规模体现在联邦养老基金预算报告中。

2. 俄罗斯强制性养老保险的费率水平

依据《养老保险法》第 22 条规定，俄罗斯强制性养老保险的年度费率由联邦养老基金委员会与政府相关部门协同确定，基金预算与联邦预算同时上报国家杜马，经议会审批后执行。

3. 俄罗斯养老保险金的领取权限

《养老保险法》规定，俄罗斯退休职工领取养老金的权利与缴费年限挂钩。养老保险金及养老储蓄金金额根据个人账户中养老金总额确定。从 2015 年开始，俄罗斯职工的养老保险缴费年限不得少于 6 年，之后逐年递增，至 2025 年，缴费年限不得低于 15 年。

（三）俄罗斯养老保险基金支出

随着改革的深入，俄罗斯养老基金的基本职能得以明确，服务领域也得到一定程度的扩展。

1. 提供必要的养老资金

俄罗斯联邦养老基金的基本功能是为养老保障系统提供必要的资金来源。

2001 年，俄罗斯颁布《俄罗斯联邦强制养老保险法》（第 167—Φ3 号），明确了俄罗斯养老基金委员会的基本职能，主要包括：（1）为养老保险制定公平、合理费率；（2）保证被保险人的基本权益，为被保险人建立个人数据库、定期通知职工个人账户的财务状况、确保被保险人缴纳的养老保险费都被足额记录在账、采取措施保证被保险人的财务稳定、为被保险人提供免费咨询，及时、准确发放各类养老金等；（3）编制俄罗斯联邦养老基金预算，确保资金保障预算执行；（4）与私人养老金管理机构签订相关协议，共同管理养老储蓄金，并对其投资稳定性负责。

2. 为其他社会福利项目提供资金

除提供养老资金以外，俄罗斯养老基金还负责其他社会福利的资金供给。依据俄罗斯 2004 年颁布的联邦法律《关于俄罗斯联邦主体权力执行机构管理方面的一般原则》（第 122—Φ3 号），由俄罗斯养老基金管理委员会的各联邦主体分支机构负责每月对联邦受惠人的相关福利进行核定和发放，这些受惠人群包括俄罗斯退伍军人、残疾人和因辐射事故与核试验遭受辐射的居民等。

3. 发放孕产（家庭）基金

孕产（家庭）基金是俄罗斯养老基金向俄罗斯家庭发放的补助。按照俄罗斯 2006 年发布的《国家支持养育子女家庭的补充措施》的规定，自 2007 年起，对于具有俄罗斯公民身份的家庭来说，生育二胎、三胎及更多子女的家庭可得到孕产（家庭）基金资助，用于改善其住房条件、为子女提供教育经费以及补充家庭中母亲的养老金数额。

4. 建立统一社会保障信息系统

为提升全国社会保障水平，设立国家统一社会保障信息系统①，其目的在于：（1）统一国家和地区提供的社会保护和社会支持；（2）更加准确地预测社会保险预算支出；（3）提高国家和各级政府服务质量；（4）提高公众对社

---

① Федеральный закон от 29 декабря 2015 г. N 388-ФЗ "О внесении изменений в отдельные законодательные акты Российской Федерации в части учета и совершенствования предоставления мер социальной поддержки исходя из обязанности соблюдения принципа адресности и применения критериев нуждаемости".

会保险措施的认识，维护公众利益；（5）按照需求为公民提供更具有针对性的社会支持。

三、俄罗斯强制医疗保险基金改革

俄罗斯强制医疗保险基金的主要职责是向居民提供免费医疗服务。俄罗斯强制医疗保险基金的收入主要来源于：（1）企业和组织缴款；（2）各级政府依法为无劳动能力居民支付的强制医疗保险缴费等。

在俄罗斯强制医疗保险基金收入结构中占比最大的是自然人和法人缴款，这部分收入超过全部强制医疗保险基金缴费的 90%。俄罗斯强制医疗保险基金的支出多用于平衡地区基本医疗条件，这部分支出约占全部强制医疗保险基金支出的 80% 以上。

（一）俄罗斯强制医疗保险基金的早期发展

俄罗斯国家预算外医疗保险基金始建于 20 世纪 90 年代。1991 年 6 月，俄罗斯颁布《俄罗斯联邦居民医疗保险法》，明确指出：（1）强制和自愿医疗保险缴费是俄罗斯医疗保障体系的主要资金来源。（2）俄罗斯公民均须参与强制医疗保险，保险费由国家及企业共同承担。有工作的居民，由其所在单位按工资收入的一定比例缴纳强制医疗保险，没有工作的居民由国家预算支付强制医疗保险。（3）在强制医疗保险范围内由政府提供免费医疗服务，其数量和条件依据联邦政府和各级地方政府批准的强制医疗保险基本纲要执行。（4）除强制医疗保险外，设立自愿医疗保险，保费由企业和个人共同负担，在居民享受免费之外的医疗服务时，由非国有保险公司承担其费用。（5）改变医疗保险给付标准，国家为居民提供的医疗保障拨款不再以个人工资为标准，而改按其缴纳的医疗保险费用，采用多缴多付、少缴少得的原则。

为保障强制医疗保险制度的顺利实施，1993 年 4 月，俄罗斯颁布《建立联邦和地方强制医疗保险基金的规定》（第 4543 号联邦法律），提出要建立强制医疗保险基金，实行强制医疗保险卡，兴建非国有医疗保险公司。根据《建立联邦和地方强制医疗保险基金的规定》，俄罗斯于 1993 年开始设立强制医疗保险基金，该基金属于俄罗斯国家预算外基金的一部分。强制医疗保险基金由两个层级组成：联邦强制医疗保险基金和地区强制医疗保险基金。

俄罗斯强制医疗保险基金的主要任务是：（1）保证《俄罗斯联邦公民医疗保险法》的实施；（2）保证联邦主体强制医疗保险体系的财务稳定性；（3）保证俄罗斯法律规定的公民在强制医疗保险体系中的权利；（4）参与强制医疗保险领域国家财政政策的制定和实施；（5）制定和实施配套措施，保证强制医疗保险体系的财务稳定性，为拉平各地区的医疗服务水平和质量创造条件。

俄罗斯强制医疗保险基金的主要资金来源有：（1）雇主缴纳的强制医疗保险费，费率为工资基金总额的 3.6%，其中 0.2% 纳入联邦强制医疗保险基金；3.4% 纳入地区强制医疗保险基金；（2）履行国家强制医疗保险计划的联邦预算拨款；（3）法人和自然人的自愿缴款；（4）基金闲置资金的经营所得，基金所得免征所得税。

俄罗斯强制医疗保险基金由强制医疗保险基金会管理。强制医疗保险基金会为非商业性质的自治机构。强制医疗保险基金会拥有监督和管理医疗保险公司和医疗机构业务活动的权力，负责强制医疗保险基金的集中、分配和使用。在医疗保险缴费划入强制医疗保险基金后，由强制医疗保险基金会再划拨给与医疗机构签订合同的非国有医疗保险公司，或直接给付给医疗结构。强制医疗保险基金会还参与医疗保险社会政策的制定，负责其他公共医疗事务的管理与支出，如培训医务人员，为专门的医疗机构（结核病防治所、精神病院等）提供活动经费，实施全国性保健预防计划等。强制医疗保险基金会的建立标志着俄罗斯医疗保险体系的运营主体发生了彻底改变。

在建立强制医疗保险基金的同时，俄罗斯还推出强制医疗保险卡。强制医疗保险卡是医疗保险者、医疗机关和被保险者三者之间协作的契约，是患者求医的法律凭证。强制医疗保险卡由强制医疗保险基金会及加入这一系统的医疗保险机关颁发。凡缴纳强制医疗保险费的单位和个人都有权获得医疗保险卡。医疗保险卡上注有个人姓名、合同号和有效使用期（一般为 1 年）。患者凭署名的医疗保险卡和个人的有效证件可以在本地区医保系统签约的医院和诊所就医。所在医院没有条件医治时，允许转院到所在地区以外、发卡单位系统内部的其他医疗机构就诊。患者有选择医院和医生的权利。

在《俄罗斯联邦公民医疗保险法》颁布后，俄罗斯还开始兴建新型的非国有医疗保险公司。医疗保险公司是不受政府医疗保健部门管理的独立自主经营主体，可承保强制医疗保险、自愿医疗保险及其他方面的保险业务。医疗保险公司履行承保人职能，负责为受保人支付医疗费用：保险公司与作为投保人的企业和政府签订医疗服务合同，当被保险人在保险公司指定的医疗服务机构就医时，由保险公司支付医疗费用。医疗保险公司代表受保人对医疗机构所提供的医疗服务的质量进行检查和监督，必要时提出索赔并予以罚款制裁。

（二）2000—2010 年俄罗斯强制医疗保险基金改革

2003 年，根据《俄罗斯联邦强制医疗保险体系现代化构想》，俄罗斯发布《俄罗斯联邦强制医疗保险法案》，该法案的核心是完善俄罗斯强制医疗保险基金的资金组织和管理方式：（1）通过统一社会税将部分强制养老保险缴费集中于联邦强制养老保险基金，用于向养老保险支出严重不足或无力为无工作居民全额缴纳强制养老保险费的地区提供财政援助。2005 年，统一社会税税率下降，强制医疗保险基金缴款的税率调整为工资基金总额的 2.8%，但纳入联邦强制医疗保险基金的税率不降反升，提高到 0.8%，纳入地区强制医疗保险基金的税率下降为 2%。2006 年，强制医疗保险基金缴款的总税率有所上升，上调到工资基金总额的 3.1%，其中 1.1% 纳入联邦强制医疗保险基金，纳入地区强制医疗保险基金的税率不变。经过两轮调整，纳入联邦强制医疗保险基金收入的税率由 2001 年的 0.2% 提高到 1.1%，扩大了 4.5 倍。联邦强制医疗保险基金收入的不断增加，使联邦强制养老保险基金的调控能力得到不断增强。（2）建立奖惩机制，鼓励联邦主体政府为无工作居民缴纳强制医疗保险。

俄罗斯强制医疗保险基金的这一改革改变了地区强制医疗保险基金的融资渠道，地区强制医疗保险基金的资金不再仅限于本级强制医疗保险缴费，还来自联邦强制医疗保险基金的转移支付。联邦强制医疗保险基金的转移支付使俄罗斯各地区强制医疗保险基金拥有了较为充足的支付能力。

（三）2010 年后俄罗斯强制医疗保险基金改革

随着 2010 年 11 月 29 日颁布的《关于部分修订俄罗斯联邦强制医疗保险法》（第 313 号）的实施，2011 年 1 月 1 日，俄罗斯开始了新一轮的强制医疗保险基金改革。此轮医疗保险基金改革的原则是：加速医疗保险现代化，医疗费用向完全保险原则过渡，提高俄罗斯医疗服务质量，促进俄罗斯医疗体系发展。改革的主要举措有：

1. 赋予被保险人自主选择医疗保险公司的权利

医疗保险公司规模的大小、给付能力的高低、服务态度的好坏、合同医院水平的高低直接关系到每一个被保险人的切身利益，是每一个被保险人都无法忽视的重要问题。但自俄罗斯强制医疗保险基金建立以来，选择医疗保险公司的权利一直被赋予雇主，与医疗机构直接打交道的被保险人则无任何的选择权利。修订后的医疗保险法彻底改变了这一状况，法律规定，自 2011 年起，可由被保险人自主选择医疗保险公司。

2. 取消私人医疗机构进入强制医疗保险体系的限制

新修订的医疗保险法取消了私人医疗机构进入强制医疗保险体系的准入限制。据联邦强制医疗保险基金统计，仅 2011 年间，有 150 家私人医疗机构获得准许进入强制医疗保险体系，使强制医疗保险基金的合同医疗机构由 8200 余家扩展至 8400 余家。

3. 扩大强制医疗保险给付范围

强制医疗保险体系给医疗机构的保险给付范围此前仅包括 5 个方面的内容：薪金、工资、支出成本、药品和食物。自 2013 年起，医疗机构中除用于基本建设、维修和购买 10 万卢布以上设备的支出外，其他所有支出全部由强制医疗保险体系承担。

而 2010 年年底颁布的另一项法令，则使俄罗斯强制医疗保险基金的结构与管理发生了根本性改变。根据俄罗斯联邦 2010 年 12 月 28 日颁布的《修改俄罗斯联邦法律"俄罗斯联邦养老基金、俄罗斯联邦社会保障基金、俄罗斯联邦强制养老保险基金和地区强制医疗保险基金"第 58 条和俄罗斯联邦法律"俄罗斯联邦强制医疗保险基金"第 33 条中关于保险缴费的决定》，在 2010

年停征统一社会税后，强制医疗保险缴费直接纳入强制医疗保险基金，总费率及在联邦与地区间的划分比率不变。

自 2012 年起，俄罗斯强制医疗保险基金的缴费率一直维持在 5.1% 的水平，其来源主要包括企业和其他组织依法为劳动人口缴纳的强制医疗保险费、国家为非劳动人口缴纳的强制医疗保险费、联邦预算中专门用于完成国家强制医疗保险计划的拨款、企业和个人的自愿缴款以及基金资本运营所得等。

（四）单一渠道医疗卫生融资改革

在俄罗斯的强制医疗保险基金中，其资金来源由两部分组成：一是基金缴费，二是预算体系拨款。两者在医疗保障中的责任是相互分离的：（1）预算资金主要负责二级和三级专科高端技术保健服务、急诊服务、维护费用和目标卫生规划实施，强制医疗保险基金主要负责日常保健需求；（2）联邦强制医疗保险基金负责分配缴纳的医疗保险基金，并将联邦预算的专项资金分配给国家医疗优先发展项目下的特定子项目；（3）地区强制医疗保险基金负责覆盖所有非就业人口的强制医疗保险基金。

2013 年以前，俄罗斯医疗保险基金向医院的拨款渠道不同，分别从不同级别的预算和社会保险基金流向医院，医院按照病床数和住院率获得资金。初级诊所也按照类似的方式获得资金，不同的是以门诊量代替病床数。每年这些预算都会根据通货膨胀、经济增长和其他相关因素实行指数化调整，这使医疗机构具有通过扩大机构规模以获得更多资金的不良动机，导致医疗保险基金使用效率下降。

2013 年后，为摆脱医疗机构以投入为基础的粗放式融资模式，俄罗斯在医疗卫生改革过程中，引入了基于产出和效益的财政保障模式——单一渠道融资体系，并在 19 个地区启动了"单一渠道融资"改革试点计划，引入医疗机构的单一渠道融资也被称为俄罗斯医疗保险基金改革的最佳选择。

单一渠道融资体系是指用于治疗患者的所有资金以及用于维持医疗机构运行的资金，都是通过强制医疗保险基金这一来源获得，其实质是将不同来源的资金流进行合并，汇集成由强制医疗保险基金管理的单一资金池，为强制医疗保险计划提供财务支持。这一系统并不改变俄罗斯医疗资金的筹资来源，向民众提供的医疗服务也依然在强制医疗保险计划的框架内进行，仅改变了医疗机构的资金来源渠道。具体来说，单一渠道融资具有以下特点：

（1）在单一渠道融资模式中，与各联邦主体强制医疗保险基金签订协议的医疗保险公司成为医疗服务的购买者，医疗保险公司与各种所有制形式的医疗组织签订购买医疗服务的合同。

（2）联邦内所有医疗机构都可直接下达结算支付令，不论医疗机构在哪个地区，跨地区医疗费用结算问题得以解决。

（3）赋予医疗机构更大的资金支出自由，同时责任也更加重大。

（4）医疗保险机构的质量能够得到有效控制。

（5）在特定疾病类别和个别诊断的情况下，能对支出费用进行准确核算。

与传统的预算保险融资模式相比，单一渠道融资体系在技术效率、组织管理、经济效益以及社会效益等方面都具有较大优势：

（1）从技术效率来看，单一渠道融资能够通过保险的定价压力促使医疗机构减少住院时间，更合理利用初级诊所医疗服务，鼓励初级医疗机构为患者提供医疗服务，而不是将他们转给上级医院治疗，不仅有助于提高不同医疗机构之间资源分配的灵活性，同时也有利于消除医疗机构财务管理的分散性及资金来源的重复性。

（2）从组织管理来看，单一渠道融资能够增强医疗系统中领导者在计划和支出方面的独立性和责任感，促使他们优化医疗服务组织并发展优先领域，比如改善门诊服务，按照全科医疗原则提供医疗卫生服务，引进先进的医疗技术，减少不合理的预约、会诊次数以及长期住院时间，减少昂贵设施，采用现代化医疗技术和管理方法等，降低不合理成本。

（3）从经济效益来看，单一渠道融资扩大了医疗机构的财务独立性，改进了医疗服务的财务支付模式，提高了医疗领域资金使用的效率和透明度，对于降低医疗成本、提高医疗系统支付效率、提高医疗服务的可及性和质量等方面都具有显著的效应。

（4）从社会效益来看，由于单一渠道融资按人均标准支付门诊和住院费用，使俄罗斯境内所有居民无论居住在何处都可获得便捷优质的均等化医疗服务。

建立基于保险缴费的单一渠道卫生融资系统，通过避免重复投入、降低成本、节约资源，提高了强制医疗保险基金的使用效率，使强制医疗保险基金在俄罗斯医疗改革中发挥的作用越来越明显（见图 1-10）。

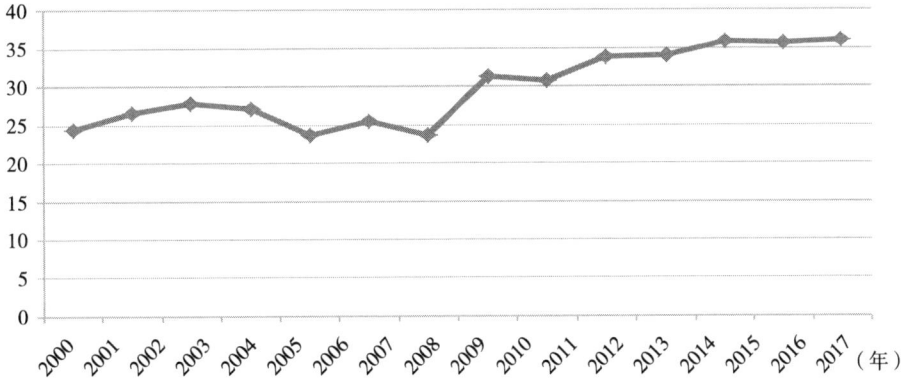

图 1-10　2000—2017 年俄罗斯强制医疗保险基金占卫生支出总额比重变化

资料来源：全球卫生观察站数据库，http：//apps. who. int/gho/data/node. main. healthfinancing？ lang＝en。

四、俄罗斯社会保险基金改革

俄罗斯社会保险基金的资金来源于企业和组织缴款，基金富余资金投资收入，公民和法人自愿缴费，国家预算资金拨款。俄罗斯社会保险基金资金主要用于：向暂时失去劳动能力人员，以及怀孕、分娩和照料婴儿的妇女支付补贴，这部分支出约占全部保险支出的 70%，其余的社会保险基金的支出范围是疗养补助，即发放给部分疗养所、儿童康复基地的经费补贴，以及对劳动者医疗和康复超支部分提供的补贴，维持基金日常运营的支出等。

（一）俄罗斯社会保险基金发展沿革

俄罗斯社会保险基金创建于 1991 年 1 月 1 日，是俄罗斯国家预算外基金的组成部分之一，受《预算法典》《社会保险法》以及其他一些法律法规的调节。

俄罗斯社会保险基金及其下属机构为独立法人，在银行有外汇和本币账户，社会保险基金的现金及其他资产属于联邦财产。社会保险基金在全俄各联邦主体设有分支机构，另外在 14 个具有跨地区性质的国民经济部门，如铁道部等设立有分支机构。基金董事会及其主席行使管理权，主席及其副主席由俄罗斯联邦政府任命。基金的预算和决算须经议会批准，基金地区分支机构的预算和决算由董事会批准。对足额、及时上缴社会保险缴费进行监督的机构是社会保险基金会和国家税收机关。

2001 年，俄罗斯社会保险基金纳入统一社会税管理，费率为 4%，2005 年下调为 3.2%，2006 年再次调整为 2.9%。2010 年，统一社会税取消，社会保险基金的费率依然保持在 2.9%，此后一直保持这一费率。

俄罗斯社会保险基金最初主要用于支付暂时失去劳动力者的补贴、怀孕及妊娠期的妇女和一岁半以下儿童的抚养补贴以及丧葬费用等。自 2000 年起，俄罗斯社会保险基金开始对在生产环境下遭受健康损害的工作者进行补偿支付。根据俄罗斯政府 2004 年 12 月 12 日通过的《关于确认 2005 年残疾人的保障规则》的第 771 号决议，社会保险基金开始承担原由联邦财政承担的卫国战争残疾老战士康复器材支出，这些器材包括各种假体（假牙除外）和修复整形用品等。此外，社会保险基金会还参与制定和实施国家关于完善社会保障、保护工人健康的纲领。从 2005 年 1 月 1 日起，根据 2004 年 8 月 22 日公布的第 122—Φ3 号联邦法律，社会保险基金开始承担公民在疗养院享受社会服务的疗养费用，以及往返疗养地点的旅途费用。2007 年，基金开始向无工作居民支付照顾一岁半以下儿童补贴。2012 年，俄罗斯社会保险基金支付内容出现了新的变化，病假补贴从由雇主全额支付，改为前三天病假补贴由雇主支付，后续补贴由基金支付。

自此，俄罗斯社会保险基金先后承担了下列支出：（1）给短期失去劳动能力者，以及怀孕、生育及照顾婴儿的妇女发放生活补贴和医疗保健补贴；（2）为因工伤、职业病短期失去劳动能力者提供生活补贴；（3）为残疾人士提供医疗器械补贴；（4）提供疗养等相关服务支出。

（二）社会保险基金主要福利津贴

1. 妇女社会福利津贴

俄罗斯社会保险基金为妇女提供的社会福利有：保障妇女分娩安全和生育

健康婴孩支出；有子女家庭社会救济金，多子女家庭一次性补助，抚养三岁以下儿童的大学生家庭食品补贴，给照顾三岁以下残障儿童父母的误工补贴等。

2. 残疾人社会福利津贴

俄罗斯残疾人享受的免费医疗、康复和使用轮椅、专门的自动交通工具、假肢和矫形器械等方面的服务，对临时丧失劳动能力的病人提供社会福利，以及雇主对工伤事故受害者进行的补偿等，均属社会保险基金的支付范围。

第六节 俄罗斯财政经济改革影响分析

2000—2017 年是俄罗斯财政经济快速发展时期，这一时期的财税改革为俄罗斯构建现代财税体系奠定了良好基础，一是逐步构建起以所得税和流转税为主体的现代税收制度，二是实施了以结果为导向的中期预算改革。财税制度改革的推进，为俄罗斯社会经济的平稳快速发展提供了有力支撑。

一、俄罗斯政府预算改革政治经济影响分析

现代政府预算已远不只是一份表述政府年度财政收支计划的文件，它更是政府达成国家战略和政策目标的工具，政府正是通过预算为国家的战略和政策目标提供融资和支持的。

（一）以中期预算加强预算与国家战略和政策之间的联系

通常来说，政府施政都要首先制定出代表其施政纲领的战略目标和政策优先方向，以解决当下最紧迫的社会经济问题，实现其施政承诺。因此，无论是对于一个国家还是对于一个地区来说，战略和政策的成功意味着施政目标的达成和实现，这既是施政者施政承诺的兑现，也是施政者最大的成功；而战略和政策的失败则意味着施政目标的落空，施政承诺无法兑现对于任何政治家来说都是极大的失败，往往会对其政治生命产生极其不利的影响。为此，整合全社会的所有资源及所有力量，实现施政承诺、达成施政目标，对于任何施政者来说都显得至关重要。

然而，战略与政策虽然事关重大，但它们却只有在被融入预算中时才能发

挥作用、产生效应。因为只有预算才能将战略与政策转换成为具有可操作性的支出决定，离开了预算的财力支持和物质保障，任何战略和政策都是空洞而无法实现的。

注重加强预算与战略和政策的衔接，以战略和政策引导与约束预算，以预算反映和支持战略与政策，编制阐明战略目标及政策优先方向的政府预算报告成为俄罗斯预算改革的一个极其重要的方面，也是其预算过程的起点。在俄罗斯，使预算与国家战略目标和政策优先方向紧密相联的有效工具就是中期预算。

在俄罗斯，中期预算是以报告年度为基年的滚动式方法编制 3 年期预算计划的。与年度预算不同，中期预算不仅仅只是预算编制时间简单地由 1 年延长到多年，其编制的着眼点和解决问题的思路都发生了根本性的改变。传统的年度预算仅按一个年度来安排国家的财政收支，显得过于仓促和狭隘。在以年度为单位的情况下，年度框架让人首先考虑的是明年有多少钱，据此财力能干多大的事，从而让财务问题压倒了对长期政策的思考，而考虑不到一些未来的重大问题，使得预算与国家的战略重点和政策优先方向发生脱节。俄罗斯将年度预算改为中期预算，虽然 3 年的预算期限与 OECD 等国相比并不算太长，但相比年度预算来说已是一个很大的突破，它使得政府能在制定财政政策时更有远见，能在一个更广泛的框架里考虑收入和支出，并在预算中将它们统筹协调、统一安排。

俄罗斯的中期预算过程开始于总统向议会提交的国情咨文。俄罗斯联邦《预算法典》规定，每年总统须向联邦议会提交国情咨文。在国情咨文中，总统应明确俄罗斯联邦未来 3 年的国家战略重心及预算政策。政府在编制下一财政年度政府预算草案及其后 2 年政府预算计划时，应以总统国情咨文所确定的国家战略重点和预算政策为依据。

"富民、改革、强兵"一直是俄罗斯国家宏观发展战略，为此，俄罗斯政府预算的政策目标被定位为：促进经济增长；消除贫困，提高居民生活水平；提升国家的国际地位。其中，2000—2010 年，普京将提高人民生活水平、消除社会分配中的严重不公作为政府工作的首要任务。普京认为："居民生活问题是最重要的问题，贫困人口的大量存在是俄罗斯的耻辱，政府将把提高人民福祉当作中心任务，不能要求人们信任忽略其实际利益和日常需要的政府。"据此，在这一时期，俄罗斯政府预算编制目标被定位为：提高居民的实际收入水平和就业率，保障公民储蓄和财产的增长，改善公共服务质量。在充足的财政资金的保障下，俄罗斯较为顺利地实现了总统提出的施政纲领和战略目标，广大居民的生活水平得以提高，基础设施和公共服务得到改善，在较短的时间内实现了经济社会的稳定发展。在其后一段时期，保障国防优先发展成为俄罗斯最为重要的国家发展战略，政府预算编制目标为保障国防支出优先性，在这一时期，俄罗斯国防支出占比提高了近一倍，而民生服务支出则受到明显挤压（见表 1-23）。

表 1-23　2010—2017 年俄罗斯国防支出规模及占比情况

	2010 年	2011 年	2012 年	2013 年	2014 年	2015 年	2016 年	2017 年
国防支出（亿卢布）	12764	15160	18124	21036	24790	31814	37753	28523
占财政支出比重（%）	12.6	13.9	14.1	15.8	16.7	20.4	23.0	17.4

资料来源：根据俄罗斯财政部资料统计。

（二）改变预算组织本位，变投入预算为规划预算

在传统的投入预算中，预算以"支出机构"为组织单位申报和使用预算资源。资源申请者只要能使自己拥有两样东西：一个是"身份"，即必须是公共机构成员；另一个是申请资源的数量和用途说明，就可以免费得到预算资源。在这种情况下，各支出机构（在俄罗斯和我国的习惯名称是"预算单位"）只要表明"我们单位需要资源投入（人员、办公用品、工程、利息、福利等）"，就有权利获得预算拨款；只要表明"我们单位确实需要更多的投入"，就极有可能获得更多的拨款。在这种预算管理模式下，每个支出单位都在想方设法去攫取更多的资源。

虽然为确保财政总量不被突破太多，负责总量控制的核心部门则采取严格的外部控制模式监控各支出单位的预算行为，然而，在一个组织林立的国家，

由于信息不对称及其他等原因，使核心部门处于极不利的地位，很容易被支出机构所算计，其结果是财政支出、赤字和债务限制一再被突破。

为此，改变预算组织结构和形式成为提高预算资金使用效益，使有限的预算资源从低效益的地方抽出，流向高效益的地方的一个极其重要的举措。俄罗斯对预算系统和预算组织形式的改造正是秉承这一理念进行的。

规划预算是按照特定规划（与活动）归集投入的预算资源，而不是按照组织机构来归集预算资源，因此，预算资源配置的本位完全改变了，这是规划预算不同于基于组织本位配置资源的传统投入预算的主要特征所在，也是其主要优势所在。将投入预算改造为规划预算的意义和优势可概括如下：（1）通过将规划与特定政策相联系，规划预算有助于确保预算资源的配置更加准确地反映政府的政策重点，从而提高了预算过程的配置效率；（2）规划预算吸收了传统投入预算的优点，并可将合规性控制延伸和细化到规划这一微观层面，这是传统投入预算无法实现的；（3）规划预算不仅有助于细化预算编制，而且有助于细化预算审批，便于核心部门更为精细地审查预算，剔除那些与政策重点不符的规划，由此可大大减少无效率的资源配置和浪费；（4）规划预算为开展有意义的绩效计量与评估奠定了基本的前提条件，这在基于组织本位的投入预算模式下是无法实现的；（5）在条件成熟时，通过在特定规划下精心各项产出甚至规划成果的成本，作为过渡模式的规划预算为最终通向绩效（产出）预算模式铺平以道路；（6）通过精心界定和管理向外部顾客提供的产出，规划预算有助于促进公共管理的"内部倾向"向"外部倾向"的转变，从而使更多的公众和顾客受益；（7）规划预算不仅可以帮助我们了解"政府花了多少钱""花在哪些条目上"，还可以帮助我们了解"政府在某项特定规划（如退耕还林和非典防治）上花了多少钱"，以及"花这些钱产生的结果如何"，这在投入预算下是不可能完成的任务；（8）由于资源配置的本位（平台）转向了规划，规划预算可望为激活预算资源的再分配机制，打破预算资源竞争中根深蒂固的本位主义，促进预算资源的优化配置做出贡献；（9）规划预算还可帮助我们更加精细地了解和监督预算资金的来龙去脉，以及各级政府各个部门在自己的职责内干了哪些事（活动）、花了多少钱、花的谁的钱；

（10）通过要求各支出部门与机构预先制定规划，规划预算还可促进公共部门转变职能并改进工作方式，从关注"我们单位能拿到多少钱"转向关注"我们单位需要完成哪些规划和绩效指标"方面来，进而有助于改进公共组织的绩效；（11）规划预算也提供这样一个框架：促进支出部门或机构中的每个人更清晰地鉴别自己的日常工作如何对该组织的产出和目标做出贡献，以及如何由此促进更为广泛的政府目标。

（三）防范财政风险，建立预算稳定基金

设立财政稳定基金，将政府在资源丰沛期获得的一部分"超额"收入存储起来，以备资源枯竭时使用，是化解财政收支不可持续性带来的财政风险，保持政府预算长期稳定的一种有效办法。俄罗斯的稳定基金更是起到了保障经济持续稳定发展、有效抑制通货膨胀、提前偿还外债、减轻国家债务负担的神奇功效。

2000年后，相当长一段时期，国际石油价格节节攀升，俄罗斯因出口石油所获得的收入也不断提高，其石油、天然气行业收入约占联邦预算收入的一半。为减轻国际原油价格对本国财政稳定的冲击，2003年俄罗斯政府决定设立联邦预算稳定基金，将油价走高时获得的额外收入储备起来，以备国际油价下跌以及政府收入缩减时使用。稳定基金由石油价格超过基准价格形成的超额税收收入提取形成，单独核算和管理，在石油价格低于基准价格的情况下用于保障联邦预算的稳定。提取预算稳定基金的依据主要是石油价格上涨，也就是在实际原油价格——"乌拉尔"牌石油的价格超过基准价格时，将超额税收收入计提存入基金。

俄罗斯稳定基金的建立不仅保障了财政制度的健全，以及稳定目标的实现，使反周期操作的财政稳定政策能够在财政健全的基础上进行，还使追求财政健全的决策行为符合稳定政策的内在要求，而无须以恶化景气循环为代价。

稳定基金的另一个显而易见的好处是：在经济衰退导致收入大量减少时，仍然能够维持必要的支出水平，而不必过分依赖削减支出或提高税率去维持预算平衡，也避免了可能加剧宏观经济波动的财政紧缩。在经济高涨时期，增加的额外收入也不会被花掉，从而避免了不合需要的财政扩张。在该体制下，不仅财政机会主义行为被减少到最低限度，还帮助俄罗斯顺利渡过2009年经济危机，以及成功化解了2015年西方制裁和国际石油价格暴跌给俄罗斯财政预算平衡带来的不利影响。

二、俄罗斯税制改革经济社会影响分析

经济是税收的源泉，经济决定税收，而税收又反作用于经济。在竞争日益激烈的现今社会，谋求本国经济的持续快速增长已经成为各国政府宏观经济政策的共同目标。在西方经济学中，对经济增长理论的研究颇为丰富，而且不同的学派还建立了各自的经济增长模型。在这些模型中，很多学者都考虑到了政府的作用，其中政府政策运行对经济增长有着不可估量的影响，这些政策就包括税收政策。所以以税收为切入点，研究其如何影响国家的经济增长并反馈于税收，是必不可少的一个方面。

（一）俄罗斯宏观税负情况

宏观税负是指一个国家的总体税负水平，一般通过一个国家一定时期内税收收入总量占国内生产总值的比重来反映。宏观税负的高低体现了政府在国民经济总量分配中集中程度的大小，也表明政府社会经济职能及财政职能的强弱。宏观税负高，意味着政府集中掌握的财力和动员资源的能力高；宏观税负低，意味着政府集中掌握的财力和动员资源的能力低。科学合理界定一定时期的宏观税负水平，对于保证政府履行其职能、促进经济发展有着重要的意义。本部分以国际上常用的中口径宏观税负，即预算内收入与预算外收入的总和与国内生产总值的比重来计算俄罗斯的宏观税负，也就是用俄罗斯汇总预算收入中的税费收入总金额除以俄罗斯GDP总值，得到俄罗斯的宏观税负（见图1-11）。

从图1-11可以看出，2012年俄罗斯的宏观税负在31.99%，在2013年以后开始有所上升，但在2014年以后又下滑到30%以下，2012—2014年的宏观税负均在30%以上，反映了税收收入在俄罗斯国民经济中所占比重逐年增大，说明税收收入对于经济的影响越来越重要，同时也反映俄罗斯陷入经济衰退之后，其集中财政能力的提高及对宏观经济调控力度的增加。2015年、2016年、

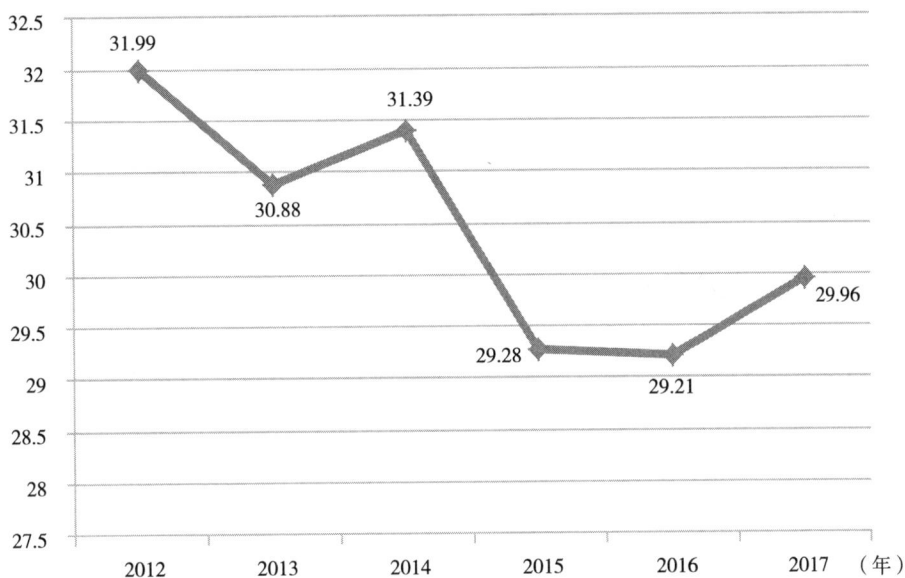

图 1-11 2012—2017 年俄罗斯宏观税负情况

资料来源：俄罗斯国家统计局，http：//www.roskazna.ru/reports/cb.html。

2017 年俄罗斯宏观税负相比前几年略有下降，但仍在 29% 以上。按照惯例，高税负国一般指税收总额占 GDP 比重在 30% 以上的国家，多为经济发达国家，如北欧等高福利国家；中等税负国指比重在 20%—30% 的国家，包括一部分的发达国家和大多数的发展中国家；低税负国家指比重在 20% 以下的国家，有的是因为低税模式的避税港，有的是经济欠发达，税源小，有的是以非税收入为主的资源国家，特别是石油输出国。

由俄罗斯宏观税负情况可以看出，虽然俄罗斯为资源依赖型国家，但由于经济较为发达，税收在预算收入中占据主要比重，属于中等税负国家。

（二）俄罗斯税收弹性分析

通过对税收弹性系数的分析，可以纵向了解一国宏观税负的升降趋势，并从经济增长的角度对税收弹性系数的高低轻重做出合理的研判。在税收收入占一国财政收入绝对比重的情况下，为保证财政收入的平稳增长，满足政府的支出需要，税收弹性系数通常应保持在大于或等于 1 的水平（见图 1-12）。

从图 1-12 可以看出，2013 年俄罗斯的税收弹性为 2.97，这是由于当年度

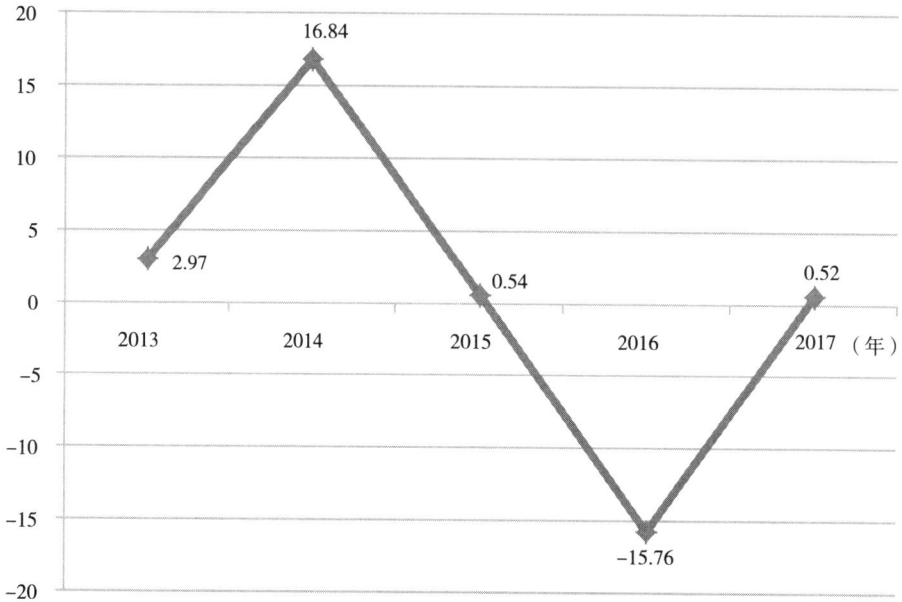

图 1-12　2013—2017 年俄罗斯税收弹性情况

资料来源：俄罗斯国家统计局，http：//www.roskazna.ru/reports/cb.html。

税收增速仍较大，但俄罗斯经济衰退，GDP 增速开始下滑所导致的。2014 年，俄罗斯的税收弹性一度达到了 16.84，比 2013 年增加了 5 倍之多，主要原因在于 2014 年俄罗斯提高了部分税种的课征税率，使得其税费收入大幅增加，增速为 10.11%，但是经济仍在缓慢的调整过程中，该年度经济增速为 0.6%，使税收弹性的较大变化。2015 年俄罗斯 GDP 增速为负，税费收入增速也为负，即-2.00%，税收弹性为 0.54。2016 年，俄罗斯经济仍然处于衰退之中，该年度经济增速为-0.2%，税收则呈现一定程度的增长，其增速为 3.15%，导致税收弹性变为负数，且为-15.76，此时税收的增长与经济增长的同步机制被破坏，经济衰退导致整个经济体系中收入与产出协同性出现反向变化。2017 年，俄罗斯经济开始复苏，经济增长 2.1%，同期税收增长 1.1%，导致税收弹性下降到 0.52。

整体来看，除了 2015 年和 2017 年俄罗斯税收弹性的绝对值小于 1，其他年份的税收弹性绝对值均大于 1，且部分年份的税收弹性远远大于 1，另外税收弹性呈现出过度波动的态势，税收的增长速度高于经济增长速度的趋势并没有改变，这充分说明俄罗斯存在着税收超常增长问题，但这一问题是在俄罗斯经济衰退条件下所引发的，因此，更合理的解释是俄罗斯 GDP 的过度下滑，甚至负增长，导致税收弹性的异常，间接说明其税收负担情况并不稳定。

（三）俄罗斯税收规模与经济增长的相关性

社会经济是税收之根本，税收的增长离不开经济的增长，根据税收的财政原则，税收应保持与经济增长成比例的增长态势，一个国家一定时期的宏观税负水平要受到税收规模增长速度与经济总量指标增长速度的协调性制约。

根据俄罗斯税收收入与经济总量的相关关系分析来看，二者存在较高的相关性，因此，在此采用 2 个经济指标：国内生产总值（GDP）与税收收入（TAX）建立回归模型进一步分析。由于采用的俄罗斯税费收入只有 2012—2016 年的数据，样本数量较少，会影响模型效果，本书拟合了 1991—2011 年俄罗斯税费收入情况，因为自苏联解体以来俄罗斯税费收入占财政收入的比重都在 80% 以上，因此，在采用指数平滑法来拟合 1991—2010 年俄罗斯税费收入的基础上，进行两变量的回归分析。根据俄罗斯联邦统计局数据，俄联邦 CPI 数据在 1991 年后最初的几年出现异常波动，价格暴涨几倍甚至几十倍，导致经济数据失真，直到 1994 年后才开始趋于稳定，因此这里进一步选取 1994—2017 年经价格平减后的 GDP 与 TAX 数据来分析。由于数据的自然对数变换不改变原来的协整关系，并能使其趋势线性化，消除时间序列中存在异方差，所以对调整后的各变量分别取对数，分别用 lnGDP、lnTAX 表示。

由于采用的样本数据为时间序列，在对模型进行回归之前，首先要对模型中的所有变量分别进行平稳性验证来避免伪回归情况的发生，如果通过检验变量是平稳的，那么就可以直接对这些变量进行多元性回归。这里我们采用 ADF（即 Augmenred Dick-Fuller）法进行单位根验证。进行 ADF 单位根检验前，需要先确定变量的形式，通常需要通过绘制序列的曲线图来判断变量属于哪种形式。如果变量的曲线图表现为随零值波动，那么可以确定此变量的检验类型为不含截距项也不含时间趋势的；如果变量的曲线图表现为离零值波动而且不具有明显的时间趋势的情况，那么可以定义此变量为含有截距项；如果变量曲线图表现为随着时间的变化而向一方向变动的明显趋势，那么可以确定此变量为既含有截距项又含有时间趋势项的检验类型。之后再确定在 SIC（或者 AIC）准则下的滞后长度。利用 EVIEWS6.0 软件，对本书模型所涉及变量的 ADF 单位根平稳性检验。检验结果见表 1-24。

表 1-24 ADF 单位根平稳性检验结果

变量	检验形式	ADF 检验值	显著性水平1%临界值	显著性水平5%临界值	显著性水平10%临界值	结论
lnTAX	（C，T，2）	-2.8883	-4.4407	-3.6329	-3.2547	不平稳
lnGDP	（C，T，2）	-2.7416	-4.4407	-3.6329	-3.2547	不平稳
ΔlnTAX	（C，T，4）	-3.9340	-4.4983	-3.6584	-3.2690	平稳
ΔlnGDP	（C，T，2）	-4.0808	-4.4983	-3.6584	-3.2690	平稳

注：检验形式（C，T，K）中 C 表示截距项，T 表示趋势项，K 表示根据 AIC 准则选取的滞后阶数，N 指检验方程中不包括截距项或者趋势项；△表示一阶差分。

分析上述检验结果可以发现，不包含差分的变量 lnGDP、lnTAX 的 ADF 检验值均大于三个显著性水平下的临界值，均未通过检验，所以这些变量的原始序列均为非平稳序列。因此，再次检验这些变量的一阶差分形式可以看出，在 5% 的显著性水平下，各个变量都能通过检验，因此，在一阶差分形式下各个变量都是平稳序列，即各变量均为一阶单整 I（1），当原始变量为非平稳序列，但是各变量均为同阶单整的情况下，我们需要进一步对各个变量之间的协整关系进行分析来确定各变量之间是否存在长期的均衡关系。这里我们运用 Johansen 方法对变量间的关系进行检验，检验结果见表 1-25。

表 1-25 Johansen 协整检验结果

最大协整向量个数的零假设	迹统计量	显著性水平5%临界值	P 值
0	39.5218	15.4947	0.0000
1	3.0737	3.8415	0.0796

由结果可知，在 0.05 的显著性条件下，对各变量协整检验的结果拒绝了

原假设为不存在任何协整关系、最多存在一个协整关系的假设，因此，模型涉及的变量之间存在 1 个协整关系，因此，本书模型所选取的变量间存在稳定的长期关系。

前面已经确定各变量间存在长期的均衡关系，那么利用 1994—2016 的样本数据对模型进行最小二乘法回归，估计结果如下：

$\ln GDP_t = 1.5612 + 0.9667 \ln TAX_t, +u_t$

$T = (24.7961) (148.9854)$

$R^2 = 0.9991$　$F = 22196.64$　$D.W = 0.7820$

上式的 $D.W = 0.7820$ 太小，因此残差项存在自相关现象，为此采用广义最小二乘法进行回归。μ_t 的一阶自回归形式为

$\mu_t = 0.6032\mu_{t-1} + v_t$

令 $\ln GDP_t^* = \ln GDP_t - 0.6032\ln GDP_{t-1}$，$\ln TAX_t^* = \ln TAX_t - 0.6032\ln TAX_{t-1}$，对 $\ln GDP_t^*$ 和 $\ln TAX_t^*$ 进行最小二乘回归得：

$\ln GDP_t^* = 0.5437 + 0.9847 \ln TAX_t^* + v_t$

$T = (51.4863) (6.7545)$

$R^2 = 0.9925$　$F = 2650.836$　$D.W = 1.6180$

从模型的回归结果可以看出，模型涉及的各个变量对被解释变量的影响也都比较显著，可以看到整个方程拟合效果较好，R^2 为 0.9925，说明这些解释变量可以解释被解释变量的 99.25%，接近于 100%，F 统计量的值及 P 值也都说明了模型的拟合效果非常好。广义最小二乘法后的 $\ln GDP_t^*$ 和 $\ln TAX_t^*$ 的估计系数为 0.9847，表明俄罗斯税费收入与其国内生产总值呈现正相关，且税费收入每增加 1%，GDP 平均增加 0.9847%，得到这一结论与俄罗斯的实际情况很符合，税费收入的增减会随着 GDP 增减而变化，说明俄罗斯税费收入与其经济增长情况密切相关。

从对俄罗斯 GDP、汇总预算中税收收入增长情况的分析，可以看出二者变化具有较大的协同性，税收随着 GDP 的增速变化而出现变化，在这里首先拟采用相关系数来研究二者的相关性。

在统计学中，通常采用 Pearson 相关系数来检验二者的相关程度，设二维

随机变量 (X, Y) 有二元分布，它可以视为总体；如果变量 X 和 Y 的方差 $Var(X)$ 和 $Var(Y)$ 都大于 0，从总体 (X, Y) 中随机地抽取容量为 n 的样本 $(X_1, Y_1),...,(X_n, Y_n)$，它们独立、同分布，和总体 (X, Y) 的分布相同，那么：

$$r = \frac{\sum_{i=1}^{n}(X_i - \bar{X})(Y_i - \bar{Y})}{\sqrt{\sum_{i=1}^{n}(X_i - \bar{X})^2 \sum_{i=1}^{n}(Y_i - \bar{Y})^2}}$$

相关系数 r 的取值范围是从 −1 到 1；其绝对值的大小揭示了变量 X 和 Y 间线性相关关系的强弱，变量间的线性相关关系程度随着 |r| 的减小而减弱；其符号说明变量间的线性相关关系的方向，r 大于 0，X 和 Y 正线性相关，r 小于 0，X 和 Y 负线性相关。对俄罗斯 2012—2017 年 GDP 及其三大产业增加值、贸易与投资等数据进行相关分析，经过计算得到结果（见表 1-26）。

表 1-26　俄罗斯经济规模及其结构与税费收入的相关系数

变量	与税费收入的相关系数
GDP	0.9409
农业增加值	0.8670
工业增加值	0.8549
服务业增加值	0.9268
贸易出口	0.9103
投资	0.8447

从 2010—2017 年俄罗斯 GDP 及其三大产业增加值、贸易与投资等数据的相关分析来看，俄罗斯国内生产总值与税收收入的相关系数为 0.9409，大于 0 且十分接近于 1，说明俄罗斯 GDP 与税收收入具有较大的相关性，这也间接证实了前文的分析。从经济结构的角度来看，俄罗斯三大产业——农业增加值、工业增加值、服务业增加值与税收收入的相关系数大多在 0.9 以上，说明俄罗斯经济结构的规模变化与税收也息息相关，从投资、出口的角度来看，俄罗斯贸易出口与税收的相关系数为 0.9506，十分相关，而投资与税收的相关

系数则为 0.8447，为偏弱相关，由于俄罗斯联邦国民经济结构的特点，贸易对经济的贡献十分突出，投资则相对较小，因此会出现投资与税收负相关的情况，税收越大，投资并不一定越大。

对 2012—2017 年俄罗斯联邦汇总税费收入的各细分税种与 GDP 的数据进行相关分析，经过计算得到结果（见表 1-27）。

表 1-27　俄罗斯各税种收入与 GDP 的相关系数

变量	与 GDP 的相关系数
企业利润税	0.9409
个人所得税	0.7777
强制社会保险缴费	0.9907
增值税	0.9729
消费税	0.9462
总收入税	0.8410
财产税	0.9630
自然资源使用税	0.9891
关税	0.8750
其他收入	−0.7241

从 2012—2017 年俄罗斯各细分税种与 GDP 的相关分析来看，无论是利润税、商品税、财产税、自然资源使用税，还是利润税下的企业利润税、个人所得税与强制社会保险缴费，以及商品税下的增值税、消费税，它们与 GDP 的相关系数均在 0.9 以上，说明俄罗斯各税种收入规模均与 GDP 相关性较大，与 GDP 增长具有协同性。而进口关税与 GDP 的相关系数为 −0.1851，且相关系数绝对值较小，这是由于近年来西方国家对俄罗斯的制裁导致对其出口贸易的减小，加速了俄罗斯进口贸易的过度萎缩，并呈现出与 GDP 变化不一致的情况。

上述研究表明，俄罗斯税费收入与 GDP 的变化具有一定的同步性，且为正相关，俄罗斯税费收入与其经济增长情况密切相关。

三、俄罗斯转移支付的财政经济影响分析

俄罗斯幅员辽阔，由85个联邦主体组成，各地区因工业、农业、人口总数和其他因素影响社会经济发展水平差异较大，财政资源总量也存在明显差别。从财政收入贡献度的角度来看，可以将俄罗斯联邦主体分为2类：受援地区和捐助地区，俄罗斯国家税收总额的62%来自10个联邦主体，其中，42%的增值税收入来自2个联邦主体，81%的所得税来自15个联邦主体，96%矿产资源开采税来自13个联邦主体。[①] 由此，保障各地区公民享有大致均等的基本公共服务，平衡地区间财力差异，就成为俄罗斯联邦预算重要的职责与义务。

表1-28列出了2005—2017年俄罗斯联邦预算向联邦主体预算实施转移支付的具体情况。在这10余年间，转移支付占俄罗斯联邦预算支出的比重先期逐步升高，在2008—2009年达到最大值，这是因为金融危机导致俄罗斯联邦主体预算缺口增大，财政赤字显著，联邦预算为帮助地区稳定社会经济发展，加大了转移支付力度，也使转移支付占联邦主体预算收入的比重不断上升，接近联邦主体预算收入的四分之一，其后转移支付占联邦预算支出的比重开始下降，相应地，其占联邦主体预算收入的比重也出现了一定程度的下降。

表1-28　转移支付占比变化情况

单位:%

	占联邦预算支出比重	占联邦主体预算支出比重
2005 年	12.08	14.15
2008 年	15.59	17.67
2009 年	15.04	24.99
2010 年	13.44	21.09
2011 年	13.22	19.24

[①]　Ондар Д. С., Сагайдачная Н. К., "Межбюджетные трансферты регионам: состояние и перспективы", Universum: Экономика и юриспруденция: электрон. научн. журн. 2016. 11, 32. URL: http:// 7universum.com /ru/economy /archive/item / 3812 (дата обращения: 05.08.2018).

续表

	占联邦预算支出比重	占联邦主体预算支出比重
2012 年	11.17	17.86
2013 年	11.31	18.55
2014 年	11.51	17.67
2015 年	10.69	17.36
2016 年	10.01	16.65
2017 年	10.16	15.44

资料来源：М. А. Попова，"Реформирование механизма Межбюджетных трансфертов РФ"，*Приволжский научный вестник*，No. 12，2017。

导致转移支付占联邦预算支出比重不断下降的原因主要在于，俄罗斯将部分支出义务上收到联邦政府，使联邦政府的支出规模不断扩大，支出占比也不断提高，占联邦政府与联邦主体政府预算支出总和的比重由 2005 年的 47.6% 提高到 2017 年的 61.4%，提高了 29.0%，相应地，俄罗斯联邦主体支出占比由 52.4% 下降到 45.0%，减少了 17.3%（见表 1-29）。

表 1-29　转移支付前后俄罗斯联邦预算和联邦政府预算

	规模（亿卢布）			占比重（%）		
	2000 年	2005 年	2017 年	2000 年	2005 年	2017 年
联邦预算						
收入	11318	51272	150474	55.2	66.7	62.6
支出	10191	35143	164203			
支出（不含转移支付）	9079	30723	147513	47.6	51.1	61.4
联邦主体汇总预算						
收入	10315	29991	107581			
自有收入（不含转移支付）	9203	25571	89720	44.8	33.3	37.3
转移支付	1112	4420	16690			
支出	9975	29410	108100	52.4	48.9	45.0

资料来源：М. А. Попова，"Реформирование механизма Межбюджетных трансфертов РФ"，*Приволжский научный вестник*，No. 12，2017。

在俄罗斯各项转移支付中，专项补助增长幅度较大，增长了 7.5 倍，但自 2014 年开始出现一定幅度下降，一般性补助增长幅度较为平稳。通常情况下，一般性补助相对于专项补助具有更加明显的优势：（1）在不同的联邦主体，财政资源的缺乏存在于不同的领域，专项补助对于解决地区财政支出困难缺乏灵活性，会导致某些领域的资金过剩，而其他领域则没有得到充足的资金。（2）由于专项补助的审批和分配程序较为复杂，使之很难成为快速应对危机的财政政策工具。

其他补助在转移支付总体规模中占比一般不高，但从 2012 年开始快速增长，应该说，这不是一个很好的现象，因为其他补助的分配过程透明度不高，很难确定这些资金的使用效果。

2016 年，在实施一般性补助前，俄罗斯 10 个最高联邦主体的预算保障水平是 10 个最低联邦主体预算保障水平的 6.8 倍。在实施一般性补助后，其间的差距缩小到 2.9 倍。

四、俄罗斯国家预算外基金的社会经济影响分析

（一）俄罗斯养老保险基金社会经济影响

俄罗斯养老保险覆盖范围广泛，据 OECD 官方统计，2016 年，俄罗斯养老保障覆盖率为 91%，2017 年覆盖率达到 100%，同期，西欧地区养老保障覆盖率平均为 97.7%，东欧地区平均为 93.8%，美洲地区平均为 86.2%。从这一方面来看，俄罗斯养老保险的覆盖范围已经非常全面，实现退休年龄老年人养老金领取全覆盖（见表 1-30）。

表 1-30　2017 年各国养老保障覆盖率　　　　　　单位:%

国家	养老保障覆盖率	国家	养老保障覆盖率
俄罗斯	100	部分新兴市场经济国家	
部分发达国家		中国	100
美国	88	巴西	78
英国	100	土耳其	100
法国	100	阿根廷	89

续表

国家	养老保障覆盖率	国家	养老保障覆盖率
德国	100	智利	79
意大利	91	南非	81
日本	100	墨西哥	79
加拿大	100	印度	25
澳大利亚	71	印度尼西亚	14
韩国	100	秘鲁	19
平均值	94.4	平均值	66.4

资料来源：国际劳工组织（ILO），https：//www.ilo.org/。

与此同时，俄罗斯养老保险的支出负担也较为沉重。俄罗斯养老金支出占 GDP 的比重为 8.6%，约为新兴市场经济国家平均值的 2 倍，与发达国家、OECD 国家平均值相比也偏高，发达国家平均值为 8.3%，OECD 国家平均值为 8.0%，欧盟国家平均值为 11.2%（见表 1-31）。

表 1-31　各经济体强制性养老保险基金情况　　　　单位：%

国家	养老保险费率	养老金支出占 GDP 比重
俄罗斯	22	8.6
OECD 国家平均值	—	8.0
欧盟国家平均值	—	11.2
部分发达国家		
美国	28	7.1
英国	10	6.2
法国	18	13.9
德国	19	10.1
意大利	33	16.2
日本	18	9.4
加拿大	12	4.7
澳大利亚	10	4.2
韩国	9	3.0
平均值	17	8.3

续表

国家	养老保险费率	养老金支出占 GDP 比重
部分新兴市场经济国家		
中国	28	4.3
巴西	28	9.1
土耳其	20	7.7
阿根廷	21	7.8
沙特阿拉伯	18	2.7
南非	0	2.2
墨西哥	9	2.3
印度	16	1.0
印度尼西亚	9	0.8
平均值	17	4.2

资料来源：OECD 数据库，https：//stats. oecd. org/；国际劳工组织（ILO），https：//www. ilo. org/。

较重的支出负担使俄罗斯养老基金费率必须维持在较高水平。俄罗斯养老保险总费率一般在22%—26%，发达国家与新兴市场国家的平均费率为17%，俄罗斯养老保险费率相对来说要高出5—9个百分点。在18个发达国家和新兴市场经济国家中，只有4个国家的养老保险费率高于俄罗斯，分别为美国28%、意大利33%、中国28%、巴西28%。

较重的支出负担使俄罗斯联邦预算对养老保险基金的财政转移支付规模也不断加大。2001年前俄罗斯养老保险缴费收入约占养老基金收入的94%，但在2005年下调养老保险基金费率后，俄罗斯联邦预算转移支付占养老基金收入的比重逐步增大。2017年，俄罗斯政府养老保险转移支付占养老基金总收入的比重上升到44.56%（见图1-13）。

总体来看，俄罗斯的养老保险费率水平和国家预算补贴规模在世界各国中居于前列，但2010年前平均养老金替代率仅为26%，与世界平均水平相比存在明显差距。2010年后，俄罗斯养老金替代率有了长足进步，提高到30%以上，并于2020年达到40%。但这一替代率仍低于OECD国家和欧盟国家，2016年OECD国家养老金替代率为52.9%，欧盟国家为58.3%（见图1-14）。

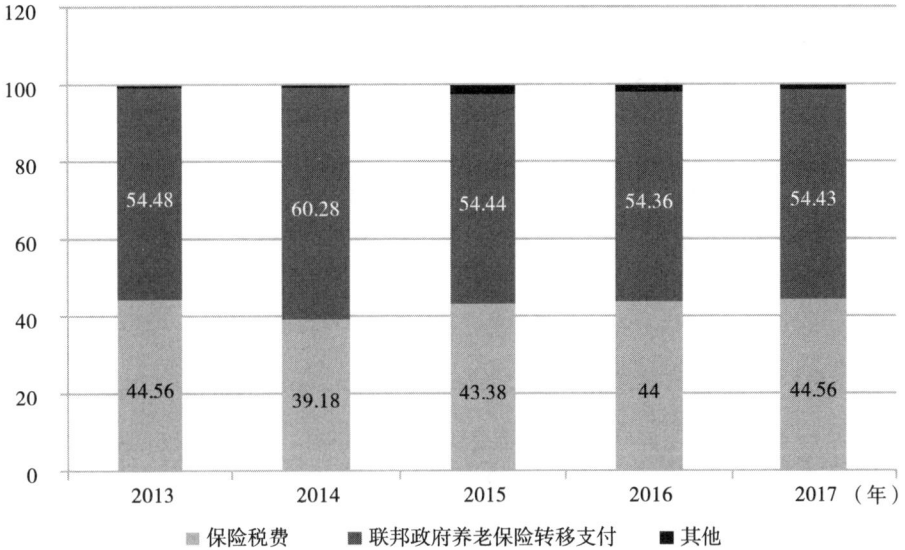

图 1-13 俄罗斯联邦养老基金收入组成

资料来源：俄罗斯联邦统计局，http://www.gks.ru/。

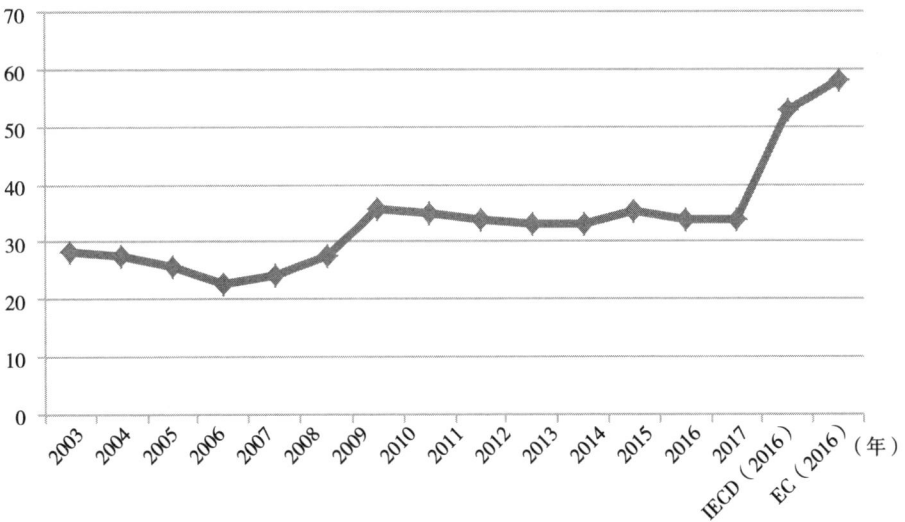

图 1-14 俄罗斯养老金替代率

2016 年 11 月，俄罗斯联邦议会批准《一次性增加俄罗斯退休人员养老金支付法》（第 385—Φ3 号），规定俄罗斯政府自 2017 年 1 月起对居民养老金进行大规模补贴，俄罗斯每人每月领取的养老金基数统一提高 5000 卢布，这一举措使俄罗斯居民的养老金水平得到了一定幅度提升。

（二）俄罗斯医疗保险基金社会经济影响

随着强制医疗保险基金的不断发展，基金收入逐步成为俄罗斯医疗卫生筹资的主要资金来源，在俄罗斯卫生筹资中的比重不断上升，由 2000 年的 24.36% 上升到 2017 年的 35.97%，增长了 47.7%（见表 1-32）①。

表 1-32　2000—2017 年俄罗斯各种医疗筹资来源占卫生总费用比重变化

单位：%

	2000 年	2005 年	2010 年	2011 年	2012 年	2013 年	2014 年	2015 年	2016 年	2017 年
一般预算收入	35.00	34.60	37.65	31.29	33.02	28.51	27.80	22.86	21.28	21.12
自费支付	30.21	31.93	35.33	34.19	33.40	34.83	35.83	38.65	40.48	40.49
强制医疗保险基金	24.36	26.55	23.73	31.36	30.69	33.87	33.98	35.86	35.67	35.97
其他筹资来源	7.18	3.73	0.60	0.57	0.44	0.37	0.33	0.34	0.32	0.27
自愿健康保险	3.26	3.19	2.69	2.58	2.45	2.42	2.05	2.30	2.25	2.15

资料来源：全球卫生观察站数据库，http：//apps.who.int/gho/data/node.main.healthfinancing？lang＝en。

随着强制医疗保险费率的调整和优化，强制医疗保险基金在俄罗斯卫生支出总额中的比重也不断上升，一方面，扩大了俄罗斯医保资金的来源；另一方面，也为俄罗斯全民免费医疗奠定了必要的财力基础（见图 1-15）。

经过十余年持续不断的医疗保险基金管理改革及投入不断加大，俄罗斯医疗卫生领域的进步是非常显著的：初级医疗机构条件得到明显改善，医务人员数量开始回升，卫生防疫质量增进，医疗设备及药物供给国产化程度不断提高，居民健康状况明显改观，医疗卫生服务的充足性、可及性和有效性得到

---

① 童伟、宁小花：《全民健康覆盖视角下的俄罗斯医疗卫生筹资分析及启示》，《经济社会体制比较》2019 年第 3 期。

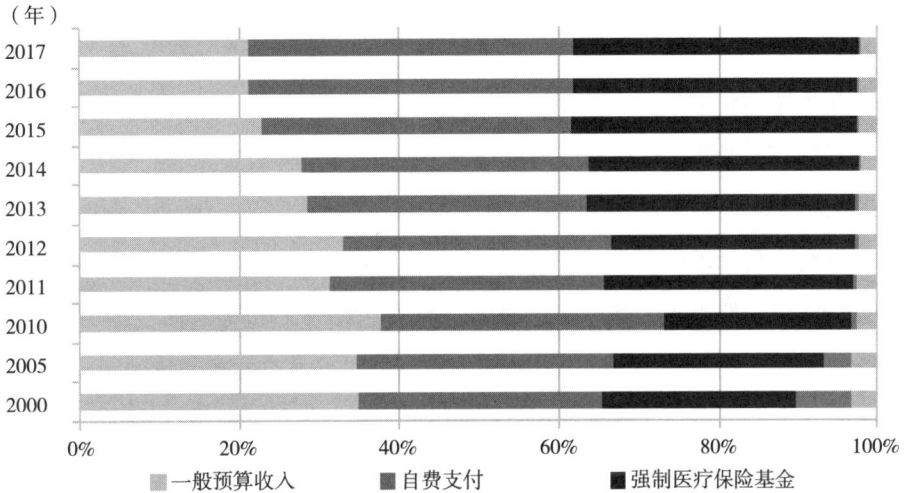

图 1-15　2000—2017 年俄罗斯各种医疗筹资来源占卫生总费用比重变化图

资料来源：全球卫生观察站数据库，http：//apps. who. int/gho/data/node. main. healthfinancing？lang =
en。

提升。①

1. 初级诊疗条件得到明显改进

俄罗斯初级医疗机构发展迅速，无论是门诊机构总数还是门诊人次，都
出现了明显增长。2010—2017 年，俄罗斯门诊机构总数由 15732 家增长到
20217 家，增长了 28.5%；门诊总人次由 368 万次增长到 397 万次，增长了
7.9%，居民医疗服务的可及性与便利性都得到较为明显的提升（见表 1-
33）。

表 1-33　2010—2017 年俄罗斯医疗门诊情况

	2010 年	2011 年	2012 年	2013 年	2014 年	2015 年	2016 年	2017 年
门诊机构（个）	15732	16301	16461	16525	17106	18564	19126	20217
门诊人次（万次）	368	372	378	380	386	386	391	397

资料来源：根据 2011—2019 年《俄罗斯卫生统计年鉴》整理。

---

① Рыбальченко С. И. ，"Демография‐2024. Как обеспечить устойчивый естественный рост
населения РФ"，*Общественной палаты Российской Федерации*，2019. 6. 15.

2. 医生人数不断回升

2005 年前俄罗斯医生人数长期保持在 68 万人左右，医疗保险基金投入的不断增加使俄罗斯医生人数开始增长，一度提高到 71.5 万人。① 但俄罗斯医生人数的增长并非一帆风顺，在 2013 年和 2015 年也曾两次下降：2013 年下降是因为俄罗斯对医生人数的统计口径进行了修订，临床实习生、研究生等不再列入医生行列；2015 年下降则是因为医疗机构调整。近年来俄罗斯频现大规模国内移民，俄罗斯东部地区的居民大量涌入俄罗斯欧洲地区，约 800 多座俄罗斯城市的居民人数明显减少，大约 200 多座城市人口的减幅超过四分之一。这些城市的医院也随之空置，有效运行明显下降。为此，俄罗斯对医疗机构进行了大规模调整，关闭了部分人口流失严重地区的医院，这些地区医院的医生也随之失去了工作岗位。其后，随着俄罗斯对地区医院的重新布局，以及大规模兴建初级医疗机构、诊所和康复机构，这些医生也逐步返回到医疗岗位，俄罗斯医生人数开始重新回升，也因此在俄罗斯出现了医生人数快速下降又快速回升的局面（见图 1-16）。

（千人）

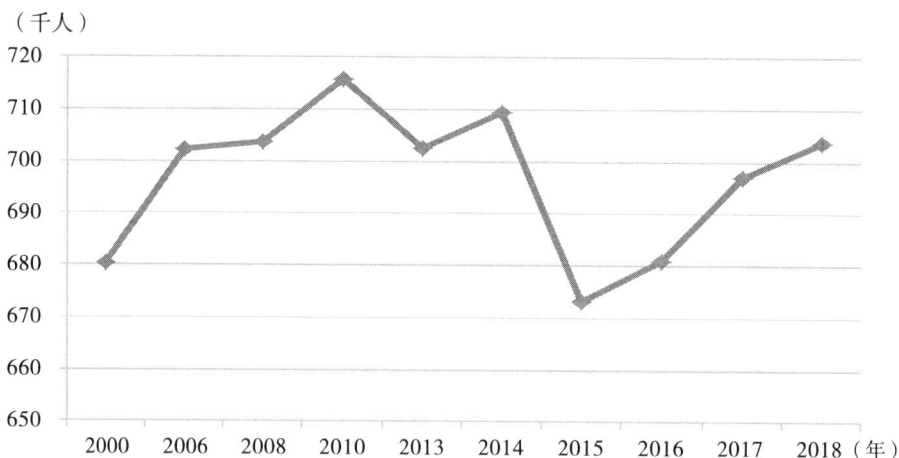

图 1-16　2000—2018 年俄罗斯医生人数

资料来源：根据 2011—2019 年《俄罗斯卫生统计年鉴》整理。

---

① 国家优先发展项目"医疗"关于医生、护士工资提高有明确规定：医生工资平均提高10000 卢布，护士工资平均提高 5000 卢布，使医生的岗位更受青睐。

虽然医生人数还未达到历史最高点，但横向比较来看，俄罗斯每万人拥有的医生人数在国际上仍处于较高水平，且处于不断上升之中。2016年俄罗斯每万人口拥有医生40.1人，世界卫生组织官网数据显示，2016年英国、美国、日本、巴西、中国、印度每万人医生人数分别为27.96人、25.95人、24.12人、21.5人、18.12人和7.59人，均明显低于俄罗斯每万人医生数（见图1-17）。

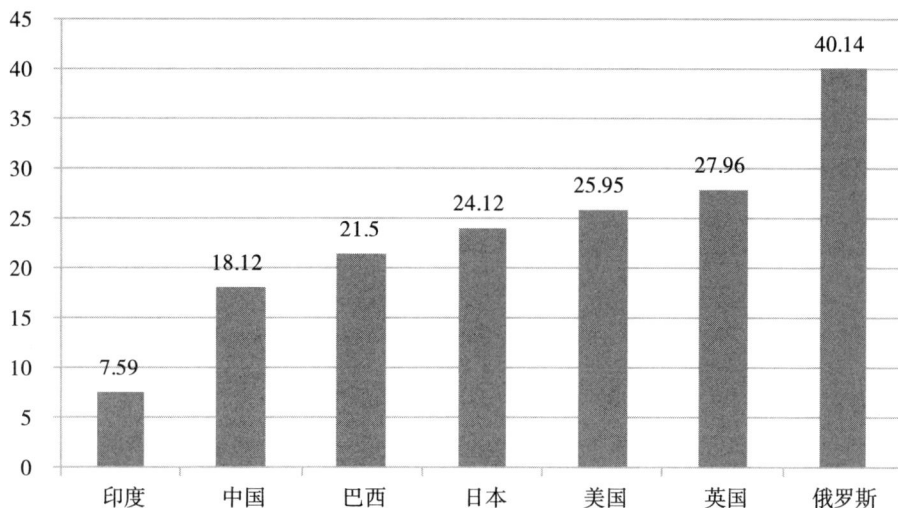

图1-17 2016年各国每万人医生数

资料来源：全球卫生观察站数据库，http：//apps. who. int/gho/data/node. main. HWFGRP _ 0020? lang＝en。

3. 卫生防疫质量不断提高

疫苗接种覆盖率是反映居民得到卫生干预的重要指标，一般来说，疫苗接种完成率越高，医疗预防质量越高。① 就这一领域来看，俄罗斯疫苗接种的绝对人数明显增长，2015年比2010年增长46.9%，俄罗斯卫生防疫服务正向良性发展（见表1-34）。

———

① Обеспечение эпидемиологического благополучия：вызовы и решения/Под редакцией профессора，доктора медицинских наук А. Ю. Поповой. СПб.：ФБУН НИИ，2017. С. 298.

表 1-34　2010—2015 年俄罗斯近年来疫苗接种情况　　单位：千人

疫苗接种人数	2010 年	2011 年	2012 年	2013 年	2014 年	2015 年
成人	16930.2	16580.7	15843.6	15824.0	21277.7	33663.7
15—17 岁（不含学生）	1804.7	1593.8	1357.5	1267.1	3507.1	3509.0
15—17 岁学生	2901.8	2865.0	2815.9	2772.2	——	——
儿童（0—14 岁）	18375.9	18598.7	18827.5	19350.7	19964.1	21606.3

资料来源：根据俄罗斯联邦国家统计局卫生保健数据整理。

4. 药物供应国产化率提高

从药物供应情况来看，2005 年俄罗斯重要医药产品生产总值 482.64 亿卢布，2017 年增长到 2945.1 亿卢布，增长了近 5 倍（见图 1-18）。此外，俄罗斯的药店数量、药店面积以及药品零售亭的数量也呈增长态势，居民药物获取的便利性也得到有效提高。

（亿卢布）

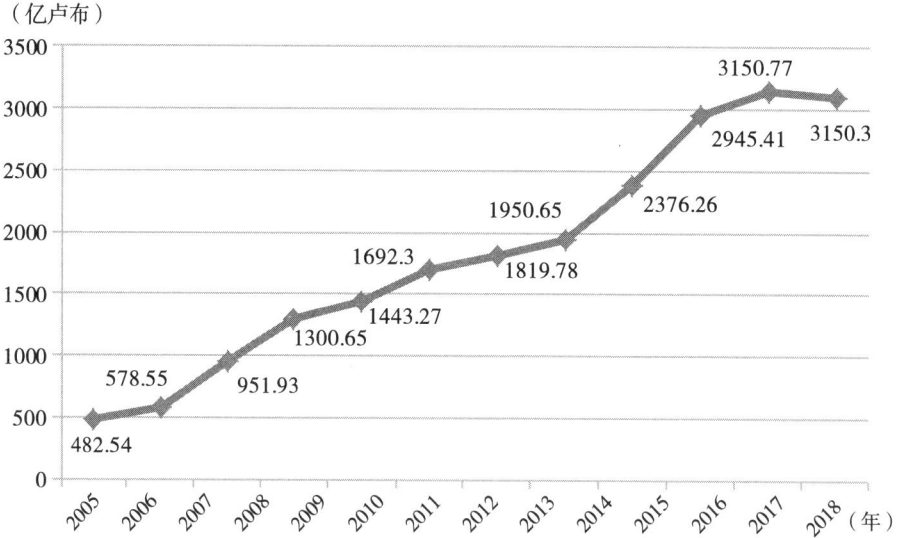

图 1-18　2005—2018 年俄罗斯重要医药产品生产情况

资料来源：2006—2019 年《俄罗斯卫生统计年鉴》。

5. 居民健康状况明显改进

俄罗斯居民健康状况也有了明显改进，死亡率大大降低，千人死亡率由

2006 年的 15.1 降低到 2017 年的 12.4，下降了 17.9%，人均预期寿命从 66.69 岁延长到 72.70 岁，增长了 6 岁，且呈持续增长态势。母婴健康保护、产前遗传病检查、儿童疾病筛查与体检等，使俄罗斯孕产妇死亡率由 23.7/10 万降低到 8.8/10 万，下降了 62.9%，婴儿死亡率、5 岁以下儿童死亡率、5—14 岁儿童死亡率也出现了明显下降。俄罗斯人口也因之显著增长，由 2006 年的 14323 万人增长到 2017 年的 14680 万人，增长了 357 万人，涨幅超过 2.5%（见表 1-35）。

表 1-35　2006—2017 年俄罗斯国民情况

指标	2006 年	2010 年	2011 年	2012 年	2013 年	2014 年	2015 年	2016 年	2017 年
人 口 总 数（千人）	143236	142857	142865	143056	143347	143667	146267	146545	146804
预 期 寿 命（岁）	66.69	68.94	69.83	70.24	70.76	70.93	71.39	71.87	72.70
孕产妇死亡率（1/10 万）	23.7	16.5	16.2	11.5	11.3	10.8	10.1	10	8.8
婴儿死亡率（每 1000 人）	10.2	7.5	7.4	8.6	8.2	7.4	6.5	6.0	5.6
5 岁以下儿童死亡率（每 1000 人）	12.8	10.3	10.1	9.8	9.5	9	8.5	8.0	7.6
5—14 岁儿童死亡率（每 1000 人）	3.7	3.1	2.9	2.8	2.7	2.6	2.5	2.4	2.3
出生率（每 1000 人）	10.3	12.5	12.6	13.3	13.2	13.3	13.3	12.9	11.5
死亡率（每 1000 人）	15.1	14.2	13.5	13.3	13.0	13.1	13.0	12.9	12.4

资料来源：根据 2007—2018 年《俄罗斯卫生统计年鉴》整理。

（三）俄罗斯社会保险基金社会经济影响

随着社会保险基金的不断完善，以及直接支付改革试点的推进，俄罗斯社会保险基金的服务范围不断拓展，保险收支规模不断扩大，2014—2017 年，社会保险基金收入由 5698 亿卢布提高到 6918 亿卢布，扩大了 21.4%，支出由

5462 亿卢布提高到 6708 亿卢布，提高了 22.8%（见表 1-36）。

表 1-36　2014—2017 年俄罗斯社会保险基金收支　　　单位：亿卢布

	2014 年	2015 年	2016 年	2017 年
收入	5698	5413	6164	6918
支出	5462	6121	6649	6708

资料来源：社保基金网站，https：//fss. ru/ru/statistics/254806. shtml。

　　在俄罗斯社会保险基金的支出结构中，占比最高的是每月津贴的发放，占比接近 80%，其次为医疗、社会、职业康复额外补贴，以及临时失去劳动力补贴和一次性保险补贴（见表 1-37）。

表 1-37　2010—2016 年社会保险基金的支出结构　　　单位：%

	2010 年	2011 年	2012 年	2013 年	2014 年	2015 年	2016 年
临时失去劳动力补贴	6	5	4	4	4	4	5
一次性保险补贴	1	1	1	1	3	3	3
每月补贴	80	81	81	81	79	79	79
医疗、社会、职业康复额外补贴	13	13	14	14	14	14	13

资料来源：社保基金网站，https：//fss. ru/ru/statistics/254806. shtml。

　　随着社会保险制度的不断完善，俄罗斯发生的工伤事故及职业病的数量也逐年减少，由 2007 年的 90251 人降低到 2017 年的 42609 人，减少了 52.8%，其中，轻伤由 72820 人降低到 30797 人，减少了 57.7%，重伤由 8515 人降低到 5049 人，减少了 40.7%，死亡由 5239 人降低到 5143 人，减少了 1.8%，职业病由 3677 人降低到 1620 人，减少了 55.9%（见表 1-38）。

表 1-38　2007—2017 年俄罗斯工伤事故及职业病发生情况　　　单位：人

	2007 年	2010 年	2014 年	2015 年	2016 年	2017 年
合计	90251	71377	54721	49774	45990	42609

续表

	2007 年	2010 年	2014 年	2015 年	2016 年	2017 年
轻伤	72820	56155	39079	34745	32387	30797
重伤	8515	7298	7268	6963	6209	5049
死亡	5239	5486	6153	6180	5524	5143
职业病	3677	2438	2221	1886	1870	1620

资料来源：社保基金网站，https：//fss.ru/ru/statistics/254806.shtml。

第二章 普京第四任期前期俄罗斯国家治理与财政经济发展

随着俄国家杜马选举和总统任期分别延长至五年和六年，俄罗斯国家治理也开始出现"中期"概念，普京第四任期国家治理发展面临着2021年国家杜马选举问题和2024年接班人问题。与此同时，2020年新冠肺炎疫情的暴发和扩散也影响到俄罗斯政府的社会经济改革议程，俄罗斯进入"后疫情时代"。由此，在针对普京第四任期国家治理体系变革背景下的财政经济支撑进行探讨时，本书将2021年作为分界点，将其划分为前期（2018—2020年）和后期（2021—2024年）两个阶段进行研究。

第一节 普京第四任期前期俄罗斯国家治理体系的发展与变革

普京第四任期面临的挑战来自三个方面：一是如何把政治稳定与政治现代化结合起来，既能增强政治活力，又能确保政治控制；二是如何调整经济结构和经济发展模式，避免经济持续衰退；三是如何应对自身与外部世界的变化，实现大国崛起的欧亚战略。

2018年3月23日，普京以76.69%的超高得票率获得了俄罗斯总统大选的绝对胜利，开启新一轮执政周期。但与此同时，延迟退休引发的社会情绪动荡，"后克里米亚共识"对政治稳定心理支撑作用的弱化，使统一俄罗斯党在地方选举中全面受挫，普京政局在稳定中隐忧不断。2019年普京积极应对挑战，政治生态处在变革氛围之中。2020年，普京重拳出击，正式推出包括宪法改革在内的多项重大改革举措，以求在 2021—2024 年实现第四任期的执政目标。

一、普京第四任期前期国家治理思想的发展

保守主义作为俄罗斯官方意识形态的统称，在苏联解体以后俄罗斯的各个阶段均有不同的体现，包括"俄罗斯新思想""主权民主""普京主义"。在保守主义基础上，俄罗斯领导阶层从对内、对外两个维度，以保守主义传统价值观、俄罗斯世界和大欧亚三个层次，实现了对意识形态和治国理念的统筹。

2018 年 4 月，普京主要的政治参谋、"主权民主"思想的提出者苏尔科夫发表文章《混血者的孤独》[1]，表达了其对俄罗斯与外部世界关系的基本观点：（1）乌克兰事件后俄罗斯的西行之路终结，历史步入新的"2014+"时代，俄罗斯将迎来百年地缘政治孤独。（2）俄罗斯在历次战事中获得的胜利为其赢得了越来越多的西方土地而非朋友，即便卑躬屈膝，也仍然不能迈入西方的门槛。俄罗斯与西方所发生的一切，其实是不可避免的。（3）虽然从表面上看，俄罗斯与欧洲的文化模式相似，但它们的内核和内在逻辑并不一致，无法成为统一的体系。（4）俄罗斯转向东方的进程早已开始。（5）俄罗斯曾经有四个世纪向东，四个世纪向西，但在两个方向都没有生根，需要探索第三条道路、第三个世界。俄罗斯更像是一个二元化的文明，亚洲的和欧洲的成分兼具。（6）俄罗斯在东西方地缘政治关系中的境遇是外人中的自己人，自己人中的外人。俄罗斯的盟友即自身。俄罗斯以前没有帮手，以后也不会有帮手，唯有依靠内部团结。

2018 年 6 月，《俄罗斯报》刊登卡拉加诺夫的文章《选择道路的自由》[2]，其主要观点与苏尔科夫惊人地一致，认为 2014 年不仅是西方大规模扩张的终结点，也是俄罗斯历史上西学告终的时代，《选择道路的自由》提出：（1）如

---

① Владислав Сурков，"Одиночество смешанного"，https：//www. kp. ru/daily/26817/3853772/.

② Сергей Караганов，"Свобода в выборе пути"，https：//sensay. mirtesen. ru/blog/43505131827/Svoboda-v-vyibore-puti—Sergey-Karaganov.

果说 19 世纪欧洲是先进技术唯一的来源地，现在这个主要来源正迅速转移到亚洲。俄罗斯在社会和公共领域达到了靠近欧洲的极限。（2）俄罗斯需要消除欧洲中心主义思想，与亚洲建立密切合作，争取成为欧亚伙伴关系的中心。（3）在实行市场经济、打造军事实力方面，威权政府比民主政府更有效率，更能在激烈的全球竞争中获胜。（4）俄罗斯接受了欧洲的高度文明，成为一个伟大的欧亚大国。俄罗斯人是第一批亚洲的欧洲人和欧洲的亚洲人，可以起到天然的文明和沟通桥梁作用。

2019 年 2 月，苏尔科夫在《长久的普京之国》① 中第一次代表官方正式提出"普京主义"。苏尔科夫从外部认同和内部治理两个方面来论述普京的治国理念，得出两个百年的结论：地缘政治和国家认同上的百年孤独，民主进程和国家治理上的百年模式，内外一体、互为联动。《长久的普京之国》指出，普京主义的本质就是扩张性、军事性和人民性，即：（1）俄罗斯终于摆脱苏联解体后分崩离析的境地，回归自身合乎常理的、唯一可能的状态及日益强大的领土、不断扩张的多民族一体性。（2）军事警察职能是国家最为重要、最具有决定性意义的职能。在俄罗斯，军事的重要性一直高于经济、高于贸易。（3）关于人民性，不同历史时期俄罗斯的国家治理模式虽然表现不一，但其内在的本质都是凸显意志坚强领导人的重要性，且最高领袖和人民之间有一种天然的信任关系。与之相比，西方国家的民主不过是外在形式，只是工具而已。无论是哪种国家治理形态，总有一批这样的人，他们散布在俄罗斯各个角落，通过社会学问卷是调查不出来的，但是当国家出现衰败的时候，这批人就会挺身而出，将其拉回正确的轨道。保守主义也好，自由主义也好，社会主义也好，最终符合俄罗斯传统价值观的才是正确的发展道路，这就是人民性所体现的深刻内涵。② 由此，在分析俄罗斯政治时，应考虑支持率对政权的政治合法性意义，即普京获得高支持率意味着强大的民意基础，这对于其推行政治举

---

① Владислав Сурков, "Долгое государство Путина", https://yandex.ru/turbo/ng.ru/s/ideas/2019-02-11/5_ 7503_ surkov.html.

② 庞大鹏：《俄罗斯的发展道路——国内政治与国际社会》，社会科学文献出版社 2020 年版。

措具有重要意义。

《长久的普京之国》与《混血者的孤独》一脉相承，具有明显的政治设计痕迹，其核心是应对俄罗斯国内政治发展的复杂局面，为普京这一任期结束之后，打造一个具备普京模式特点的政权做思想准备。苏尔科夫的文章在某种程度上可以被视为俄罗斯政治高层释放出的一个试探性政治信号，试图让俄罗斯在国际舞台上以政治大国和政治强国的身份亮相。而在俄罗斯首次提出"普京主义"，则有引导社会舆论的意味。① 2020 年俄罗斯的宪法改革将其国内法置于国际法之上，更加巩固了保守主义的价值观。

在此背景下，俄罗斯战略界对国际秩序走向和对外政策工具的基本看法出现了共识性的改变，均认为自由主义的国际秩序面临瓦解，国际调节机制作用失灵，以武力为后盾的强权再次成为俄罗斯对外政策的主要工具。对俄罗斯来说，与西方首先是与欧洲建立特殊关系的前景被淡化，西方将只是俄罗斯的某种潜在的伙伴。但这也并不意味着俄罗斯会自动转向东方，至少不是直接转向，而是相当克制的转向。② 与此同时，俄罗斯也需要关注自身的局限性，应驱散并压制残余的怀旧情绪，更加专注于现实的自身利益，但这并不意味着俄罗斯准备对他人做出让步，只是在周边地区的运作方式上会发生一定的改变，并愈发远离帝国主义思维。③

二、普京第四任期前期国家治理主要方向

俄罗斯政治的本质是控制性，普京第四任期政治走向的焦点在于治理方式的调整以及政治精英的更新换代。在普京尚未胜选之前，俄罗斯国内外普遍热议的话题便早已不是选举的结果，而是连任之后国家的发展趋势。在普京第三任期便已显现出的以青年为主的社会群体对政权的不满，以及充斥着俄罗斯的整体性的政治冷漠性、政治参与积极性不高等，不仅会对俄罗斯政权的合法性

---

① 马龙闪：《"普京主义"推出政治强国模式——解读俄罗斯总统助理苏尔科夫〈普京的长久国家〉一文》，《人民论坛》2019 年 4 月下期。

② 卢基扬诺夫：《2020 年缘何成为俄罗斯对外政策的转折点》，《欧亚新观察》2020 年 12 月 27 日。

③ 特列宁：《俄罗斯近临外交的新思维》，《欧亚新观察》2020 年 11 月 18 日。

产生威胁，同时也会对俄罗斯政治生态的稳定性产生显著影响。

（一）围绕政治目标确定国家发展战略

安全与发展是俄罗斯国家利益的两大核心，根据国内外形势变化政府需做出相应的权衡取舍。乌克兰危机后，随着西方国家对俄制裁愈演愈烈，俄罗斯一改之前在安全利益上的低调，推行强势的对外政策。① 在这一时期，经济成为政治稳定的"人质"，大量政府资源向国防倾斜，以至于普京第三任期竞选时提出的大部分民生服务承诺都未能实现，经济衰退、民众生活陷入贫困成为俄罗斯面临的主要威胁。由此，实现经济的突破性发展和结构性改革，成为新政权亟待解决的关键问题。

普京在竞选 2018 年总统以及正式开启第四任总统任期后，提出并反复强调俄罗斯要实现"突破性发展"，突破性发展也因此成为俄罗斯政治中的高频词。普京在第四任期总统就职后，立即签署了总统令《关于 2024 年前俄罗斯联邦发展战略任务和国家目标》（即"新五月命令"），宣布了未来六年的战略任务和九大国家发展目标，即：确保人口总量稳定自然增长；人均预期寿命增加到 78 岁；确保公民实际收入稳定增长，养老金增长水平高于通货膨胀率；全国贫困人口减少一半；每年至少为 500 万个家庭改善生活条件；加速技术发展，增加实施技术革新组织的数量，使技术进步在经济增长中所占的比重提高到 50%；在经济和社会领域加速引入数字技术；在保持宏观经济稳定、通货膨胀率不高于 4%的前提下，确保经济增速高于世界平均水平，进入世界五大经济体行列；在制造业和农工综合体等基础经济部门，以现代技术为基础，培养高素质工作人员，创建高性能的出口导向部门。

这份长达 19 页的总统令既是对 10 年前"普京计划"的补充，也是总统对选民的新的承诺。② 俄罗斯政府按此要求提出了涵盖国家治理 12 个领域的国家项目，且对每个项目都提出了具体的发展目标。国家项目成为俄罗斯政府必须完成的任务清单，也成为俄罗斯政府财政支出必须予以关注与支持的重点领域。

---

① 程伟：《普京的选项：经济颓势下的外交强势》，《俄罗斯东欧中亚研究》2017 年第 1 期。

② 程亦军：《普京新任期战略任务和国家目标述评》，《俄罗斯学刊》2018 年第 5 期。

（二）严格控制地方选举进程

在突破性发展目标指引下，普京政府开始着手启动讨论了多年但难以达成一致的增值税和退休制度改革。但改革方案出台后引发了民众的普遍不满，普京的支持率自乌克兰危机后第一次出现大规模下滑。为此，在地方选举之前的2018年8月29日，普京发表电视讲话，对俄罗斯面临的严峻人口形势、养老金现状、已经采取的举措以及将要执行的方案和优惠措施进行了全面阐述，希望得到民众的支持，但未取得明显效果。统一俄罗斯党在26个联邦主体的行政长官选举、16个联邦主体的地方议会选举和7个国家杜马单席位选区的补选中全面受挫。这表明，虽然普京期望在第四任期展开结构性改革，但一旦真正涉及普通民众的核心利益，面临的政治挑战仍是真实存在的。

为确保2019年地方选举不再重蹈覆辙，普京实施了更加严格的控制手段：一是驱逐政治上有害的反对者。2019年6月16日，莫斯科选举委员会以收集的签名不合格率超过10%为由，拒绝57名候选人参加市杜马选举，纳瓦利内等反对派被排除在外。此举引发了2019年7—8月反对派政治性抗议运动，街头运动声势浩大，动辄万余人参与，年轻人成为此次抗议运动的主力，规模空前，并涌现出新的政治"明星"。在冲击政权的过程中，反对派不仅"章法"明确：有重点、有选择、有计划，还与境外势力相互呼应。① 对此，2019年12月3日，普京签署对境内外媒体—外国代理人加强监管的法案，作为西方在谷歌和脸书等平台限制俄罗斯媒体活动的回应。二是治理国内网络空间。2019年2月俄罗斯开始"断网"演习，4月通过《主权互联网法》，12月外交部计划设立负责国际信息安全的政策部门，以制止把信息技术应用于军事政治、恐怖主义和其他犯罪领域。与此同时，2019年5月俄罗斯还修订了《地方自治基本原则法》，添加了两类地方自治区划，以解决此前没有被纳入政府管理体系的居民区行政区划。通过完善政府管理体系，最终实现了俄罗斯国家权力体系的全覆盖。

在新冠肺炎疫情下，为确保2020年地方选举顺利举行，普京又采取了多

---

① 郝赫：《2019年俄罗斯的抗议浪潮与政府管控》，《俄罗斯发展报告（2020）》，社科文献出版社2020年版。

项措施，包括：（1）延长投票时间，民众可选择在统一投票日前两天开始投票；（2）提高候选人的参选难度，并提前更换了 9 个需要进行地方行政长官直选（18 个州）的州长；（3）加强政党团结，疏解统俄党竞争压力；（4）给予部分 2020 年成立的政党（被普遍认为是新的政治工程产物）免征集签名参加国家杜马选举的资格。①

在此次地方选举中，普京展现出娴熟的政治技巧和强有力的掌控能力。在这种情形下，俄罗斯的政治反对势力，无论是体制内的有限合作者，还是体制外的挑战者，都面临了空前的压力。

（三）大力推进宪法及法律改革

早在 2018 年 10 月，俄罗斯宪法法院院长佐日京就提出了"活宪法"的概念，认为宪法需要修改，并加强立法与行政机构权限的相互制衡。2018 年 12 月 25 日，俄罗斯国家杜马主席沃洛金表示，俄罗斯社会一直在考虑这部关键法的有效性。此后，俄罗斯政坛不断出现修宪动议，2019 年 7 月，沃洛金在《议会报》上发表文章，指出重点是改变当前立法和行政权力不平衡的现象，国家杜马应参与政府组建，至少参与协商政府成员的组成。此外，还应在宪法中列入政府向国家杜马提交报告以及国家杜马对各部委工作进行评估的规范程序。

2020 年 1 月 15 日，普京发表国情咨文，正式提出修宪意向并强化国务委员会的地位。在之后的两个月内，俄罗斯立法机构就完成了宪法修正案的所有法律程序。可见，普京关于修宪的提议不是心血来潮，而是战略举措，普京希望任期结束之后留下的俄罗斯不仅是已经复兴，或者至少在相当程度上复兴的，而且是一个已经建构起更合理、更符合俄罗斯国情、能够有效运转体制的俄罗斯。② 2020 年 3 月 14 日，普京签署宪法修正案，16 日，宪法法院判定其没有违反本国基本法，并批准了宪法修正案。

宪法改革是普京第四任期最重要的政治改革举措，是俄罗斯独立以后重要

---

① 蓝景林：《新冠疫情下的地方选举，统俄党因何获胜》，《欧亚新观察》2020 年 9 月 16 日。

② 李永全：《俄罗斯修宪与普京长久国家》，《俄罗斯学刊》2020 年第 2 期。

的政治事件。此次修宪涉及原宪法中的 206 项。其中，原宪法第三章"联邦结构"涉及 51 项修订，第四章"俄罗斯联邦总统"涉及 19 项修订，第五章"俄罗斯联邦议会"涉及 33 项修订，第六章"俄罗斯联邦政府"涉及 26 项修订，第七章"司法和检察官办公室"涉及 23 项修订，第八章"地方自治"涉及 12 项修订，宪法"序言"有 9 项修订，投票程序和生效涉及 33 项修订。

在此次宪法修正案中，其焦点是总统任期"清零"问题，修订后的宪法虽明确规定，俄罗斯公民担任总统不得超过两届，但在辅助条款中规定，宪法修正案生效后的大选才适用，也就是说，2024 年大选后俄罗斯的总统才适用任期不超过两届的规定，现任总统普京以前的任期将不被统计在内，普京再次参选也是合乎宪法要求的，即从理论上来说，普京可以继续执政到 2036 年。①

此外，修正案还规定限制总统参选者的资格，即俄罗斯总统参选者必须是年满 35 周岁、在俄居住至少 25 年、没有且从未拥有外国国籍或长期居留权的俄罗斯公民，该限制也适用于国家杜马议员等高级官员。这条规定具有深层含义：首先是切断了寡头当政的念头，俄罗斯的金融寡头和富豪们大都具有双重国籍。其次，反对派也将受到相当程度的遏制，他们多数具有国外背景或在国外居住，这将使他们无法进入权力核心，更不能进入决策层。最后，明显针对克里米亚或未来即将加入或部分加入俄罗斯联邦的后苏联地区国家公民。②

2020 年 11 月 2 日，俄罗斯批准《联邦国务委员会法》，规定国务委员会为国家常设机构，由总统直接领导。该法案的通过显示俄罗斯国家治理结构发生了一定程度的变化。③ 2020 年 11 月 6 日，俄罗斯国家杜马批准了八项法律议案，其中最令人瞩目的是《政府内阁组成法》与《宪法法院组成法》。依据新宪法精神，议会等机构的权力地位得到提升，对政府的制衡能力也将随之增强。在政府组阁过程中，总理、副总理和其他联邦部门部长的候选人只有获得

---

① 郝赫：《普京推进俄罗斯未来政治布局》，《世界知识》2020 年第 23 期。
② 李永全：《俄罗斯修宪与普京长久国家》，《俄罗斯学刊》2020 年第 2 期。
③ 刘军明、赵雷：《国务委员会获得新的法律地位，对俄罗斯政治力量格局的影响几何》，《欧亚新观察》2020 年 12 月 4 日。

国家杜马批准之后，总统才有权任命。虽然裁量权最终仍归总统，但政府在一定意义上成为国家杜马的责任内阁。宪法法院同样被赋予了更多的权限，包括有权驳回议会已通过但总统尚未签署的任何法律，这就使宪法法院也成为具有制衡能力的权力机构，同时也形成了对国家杜马权力的制衡。

此外，俄罗斯强力部门负责人的任命程序也有了新的规定，国防、外交、国安、内务、司法和紧急情况部各部长将由总统亲自提名，并与联邦委员会协商后任命。总理任命也改为由总统提名，经由国家杜马审定后批准，如果国家杜马三次否决，总统有权直接任命总理并解散国家杜马，重新组织国家杜马选举。这些权力组织原则的重大调整，体现了俄罗斯修宪的重要意图，即在继续维护俄罗斯式"强总统制"的基础上，打造次一级权力平衡机构。① 与此同时，普京又提出了若干具体议案，包括卸任总统的保护条款，其中规定：任期届满而终止权力或提前辞职的俄罗斯总统可成为终身参议员；前任总统有免于追诉权；弹劾总统的门槛，从之前规定的超过 1/5 国家杜马议员签名可以发起，改为超过 1/3 以上国家杜马议员签名可以发起；总统对参议员的直接任命名额由 17 个增加到 30 个，并且包括 7 名终身议员；等等。

（四）改组政府以适应国家目标的推进

近年来，俄罗斯经济的持续低迷、民众生活水平的实际下降，以及国家项目实施的不力，引发了社会普遍不满，民众不仅对政府缺乏信任，普京的支持率更是降至 2006 年以来的最低点。根据 2019 年 11 月莫斯科卡内基中心和列瓦达中心发布的报告《我们期待变革：彻底变革诉求的形成及其原因》，俄罗斯支持彻底改革的民众从 2017 年的 42% 增加到了 59%。在国家需要优先解决的问题中，要求"改革政府、更换总统和现政权"排在第二位。通常情况下，在俄罗斯的政治和社会生态中，民众的不满主要集中在官员和大商人身上，民众认为他们处于特权地位，而普通人承担着经济危机的后果，特权阶层通过牺牲普通人的利益，实现了财富增值，贫富差距越来越大。但此次显著的变化

---

① 郝赫：《普京推进俄罗斯未来政治布局》，《世界知识》2020 年第 23 期。

是，普京也逐渐成为社会不满的焦点，民众的改革诉求已从社会经济领域向政治领域延伸，国家政权的合法性受到质疑。①

为此，2020 年 1 月 15 日，梅德韦杰夫领导的政府集体请辞，普京顺应民意撤换总理及改组政府，提名原税务总局局长米哈伊尔·米舒斯京担任新政府总理，希望米舒斯京能够在政权交接的潜在动荡中坚守国家发展战略，同时在社会经济领域实现更新换代和技术革新。但也有观点认为，普京意识到社会紧张局势的严重程度，利用梅德韦杰夫政府来转嫁经济危机的责任。② 无论如何，俄罗斯政治改革的大幕自此拉开，为未来权力交接的谋篇布局也已正式开启。

总体来看，俄罗斯此次新内阁最突出的特征是年轻化，内阁成员普遍拥有专业技术背景，擅长民生管理。与此同时，本届政府与统一俄罗斯党之间没有直接联系，被称为"无党派的技术官僚控制中心"③。从初步分工来看，推进"国家项目"是否有力将成为衡量新政府业绩的重要标尺。

与此同时，部分副总理的职权也进行了重新分配，由负责国际事务的奥弗楚克掌管联邦国家登记、地籍和制图局，以实现地籍系统与税务总局的统一登记；将科学和高等教育转移到切尔尼申科的创新经济部门，使科学和创新过程统一在同一个管辖范围之内。俄罗斯行政改革还包括从中央到地方公务员编制缩减、调整收入结构，提高固定薪资的比例；受疫情影响中断的开发机构改革也于 12 月拉开了序幕，拟将部分机构（如中小企业银行、出口中心、纳米技术中心等）纳入外经银行，配合 2020 年 4 月出台的《保护和促进投资活动法》，形成一个庞大的投资板块。预计俄罗斯内阁人事调整还将继续，在提高施政效率的同时，配合宪政制度的刚性安排，以确保俄罗斯各方利益的均衡与政治局势的稳定。④

---

① 马强：《2019 年俄罗斯社会形势：期待改革》,《俄罗斯发展报告（2020）》, 社科文献出版社 2020 年版。

② Andrei Yakovlev, "Waiting for Change?", DOI: 10.3929/ethz-b-000398331.

③ Колесников А. Оператор бюджетных потоков. Что показал год премьерства Мишустина. https://carnegie.ru/commentary/83633.

④ 郝赫：《普京推进俄罗斯未来政治布局》,《世界知识》2020 年第 23 期。

第二节　普京第四任期前期俄罗斯财政经济政策目标

2018 年 5 月，普京开始了其第四任期，在总统就职典礼上，普京提出了其第四任期——2018—2024 年俄罗斯国家战略发展目标：成为世界前五大经济体，经济增长超过全球平均水平，通货膨胀率不超过 4%；形成以高新技术为依托的出口导向型经济，加速数字技术在社会经济领域的应用，加强高科技产业的发展，科研水平跻身于世界前五位；居民实际收入增长，贫困人口下降一半。俄罗斯联邦政府也据此对国家的财政经济政策进行了重新筹划，明确提出俄罗斯联邦政府新的财政经济发展目标。

2018—2020 年，在外部条件日益复杂、内部局限性不断增大的情况下，要完成经济对外部冲击的适应性调整，俄罗斯将国家经济发展的首要目标确定为：保障国家经济均衡发展、逐步增强国内经济发展潜力。实现这一目标需要：（1）创造一个稳定且可预测的环境，即国内经济指数对油价波动的敏感性较低，通货膨胀预期较低，长期实际正利率，税收发展条件稳定。（2）消除结构性失衡和发展障碍，包括消除扭曲的竞争格局和投资动机，提高国有资产管理质量和效率。（3）改变人口趋势，促进人力资本发展。

一、创造稳定且可预期的发展环境

可持续经济发展的先决条件是宏观经济稳定，即国内经济状况具有可预测性、较低的通货膨胀率和长期利率，以及经济主体可以信赖的稳定的税收制度。

（一）设定新的预算规则

作为世界上最大的能源和原材料出口国，俄罗斯经济发展与世界商品市场的价格波动高度相关，石油价格的波动会对俄罗斯的经济增长、预算稳定、通货膨胀和居民福利、卢布汇率以及银行利率产生显著影响。不仅世界油气价格的短期波动具有危险性，世界油气价格的长期波动（即所谓的超级周期）对于俄罗斯来说也极其危险，会扭曲俄罗斯国内商品市场的相对价格，降低资源配置效率。

大量的国际经验已证明，对于资源国来说，最佳的宏观经济政策是构建起将国内经济发展与国际市场价格波动隔离开来的机制。预算规则就是使资源国国内经济对外部环境波动敏感度最小化的有效机制。

俄罗斯新的预算规则见附件 1。

附件 1　俄罗斯新的预算规则

1. 主要油气价格指数

2017 年乌拉尔原油的基准价格为每桶 40 美元，从 2018 年开始按指数每年上调 2%。该基础油价的确定是基于技术革新加速背景下对长期油价均衡水平的评估，以及对主权基金储备积累水平的限制要求。

天然气出口基准价格为：天然气年均出口价格的预测值（根据俄罗斯经济发展部中期预测的基本变量确定），并根据基本油价与预测油价之比进行调整。

2. 主要预算指数

（1）联邦预算支出最高限额

联邦预算支出最高限额的计算方法为：1）基本油气收入，根据石油基准价格、天然气出口基准价格以及卢布预测汇率计算［НГД（Рбаз，FXпрогноз）］；2）非油气收入，预算法确定的非油气收入（ННГД）；3）偿债支出（%）。

联邦预算支出最高限额＝НГД（$P_{баз}$FX$_{прогноз}$）+ННГД+%

其中，НГД 为油气收入，$P_{баз}$ 为石油基准价格和天然气出口基准价格，FX$_{прогноз}$ 为外汇预测指数，ННГД 为非油气收入，% 为偿债支出。目前，俄罗斯联邦预算的油气收入（НГД）主要来自针对石油、天然气课征的矿物开采税，以及对石油、天然气和石油产品课征的出口关税。如果对石油和天然气行业的课税制度进行修订，则联邦预算中的油气收入可能还要包括其他与油气租赁相关的税收收入（如所得税）。这种确定最高支出限额的方法可使依照基础指数确定的初级预算无赤字。

超出油气基准价格的油气收入将纳入国家福利基金，俄罗斯国家福利基金的计算方法为：国家福利基金补充/使用的变动规模（ΔФНБ）取决于实际获得的石油和天然气收入与依照石油和天然气基准价格计算的油气收入规模之间的差额［ФНБ（Pfact，FXfact）］，后者是根据石油基准价格、天然气出口基准价格和实际汇率［ФНБ（Pбаз，FXfact）］测算的。

如果 ΔФНБ>0，国家福利基金得到资金补充；

如果 ΔФНБ<0，国家福利基金资金被使用。

国家福利基金的资金补充/使用是通过国内外汇市场业务进行的。这种通过积累/出售外汇资产补充/使用国家福利基金的方法，可降低卢布实际有效汇率对油价波动的依赖性。

（2）国家债务规模

为确保国家债务占 GDP 比重相对稳定，并将政府借贷对私营部门利率的影响最小化，俄罗斯将国家债务的基本水平限定为偿债规模不超过每年 GDP 的 0.8%。为了防止国家福利基金受到与油气价格波动无关的资金来源或预算收入短缺的影响，俄罗斯国家债务规模会适度增加或减少。

ΔДолг =｜ННГД（факт）-ННГД（закон）｜

其中，ΔДолг 为债务变动规模，等于实际发生的非油气收入（ННГД）与预算法确定的非油气收入（ННГД）之间的差额。

参考补充/使用国家财富基金的要求，还需要对债务规模进行进一步的调整：

ΔДолг=НГД（Pбаз，FXfact）-НГД（Pбаз，FXпрогноз）

其中，ΔДолг 为债务变动规模，等于实际发生的油气收入［НГД（Pбаз，FXfact）］与预测的油气收入［НГД（Pбаз，FXпрогноз）］之间的差额。

俄罗斯国家债务波动规模的这一测算方法，相对于外部条件而言是反周期的：在行情有利的情况下，即实际汇率"高于"预期汇率时扩大债务，在行情不利的情况下减少债务。

3. 构建不利行情下的协调机制

如果国家福利基金的规模低于 GDP 的 5%，则国家福利基金的最大支出规模不能超过 GDP 的 1%（即基于此规模修订预算支出最高限额和预算赤字弥补来源）。当平均石油价格水平低于预期（40 美元/桶），这一协调机制有助于预算收支平衡的实现。

从经济原理上来说，俄罗斯的预算规则就是为非油气经济发展确定一定的油价水平，以使世界能源价格波动（不论从短期来说，还是从原材料长期超级周期来看）不再能对俄罗斯国内经济产生负面影响。同时，为了使预算规则能够充分发挥效用，俄罗斯还明确规定，预算体系油气价格指数应与确定的外汇资产累积与交易指数密切关联（见图 2-1）。

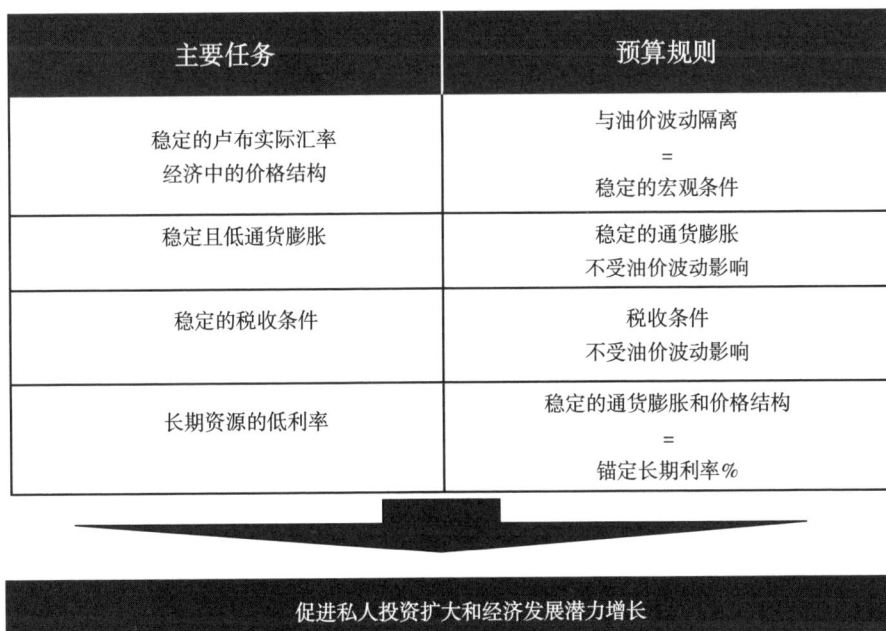

主要任务	预算规则
稳定的卢布实际汇率 经济中的价格结构	与油价波动隔离 = 稳定的宏观条件
稳定且低通货膨胀	稳定的通货膨胀 不受油价波动影响
稳定的税收条件	税收条件 不受油价波动影响
长期资源的低利率	稳定的通货膨胀和价格结构 = 锚定长期利率%

促进私人投资扩大和经济发展潜力增长

图 2-1　俄罗斯预算规则及其任务

（二）可预期的财政条件

降低经济对油价波动的相关性，并非俄罗斯保障稳定且可预期环境的唯一任务，确保可预期的财政条件对于俄罗斯来说同样非常重要。可预期的财政条件包括税收与非税收入，即税制改革须遵循财政中性原则，不增加自愿纳税人的税收负担，非税缴费和税收优惠等也需要具有可预测性。

二、消除结构性失衡和经济社会发展障碍

建立稳定和可预期的宏观经济环境是促进经济增长的必要条件，但不是充分条件。对于俄罗斯来说，经济增长潜力较低主要是因以下结构性限制所致：（1）竞争环境和投资环境；（2）国有企业的管理质量和效率等。为此，俄罗斯提出，应在以下几个方面加大改革力度：

（一）减少影子经济，创造平等的竞争环境

确保各经济主体享有平等的竞争条件，减轻行政负担，改善营商环境，提高预算收入管理质量，是俄罗斯完善竞争环境和投资环境的重要举措。

2017 年，俄罗斯对财政税收部门进行改革，使财政部下辖的税务部门掌握了俄罗斯 90%以上财政收入征集工作，为此，在统一的方法和信息基础上完善税收征管系统，减轻自愿纳税人行政负担，就成为俄罗斯改善营商环境的重要方法。

与此同时，鉴于劳动力市场中广泛存在的非正式行为，据估计，俄罗斯的"灰色"工资（每年不缴税或未全额缴纳税款）每年超过 10 万亿卢布，使税收负担结构次优化成为长期困扰俄罗斯的大问题。但"灰色"经济向"白色"经济的过渡会是一个极其痛苦的过程，强化工资收入税收征管，会大幅度增加部分俄罗斯劳动力的税收负担，为此，建立良好的激励机制，减轻过渡时期不良的经济后果，成为俄罗斯减少影子经济，创造平等竞争环境需要关注的改革领域。

（二）提高国有企业管理效率

俄罗斯要求，从 2018 年起，包括储蓄银行在内的所有国有上市公司最低股息上缴比例应提高到净利润的 50%。提高国有企业股息上缴比例将有助于改善稀缺资源的分配质量：（1）促进国有企业提高投资项目的质量，促进投资更有效地得到利用，不仅可促进国有资本扩大，还可促进公司信贷质量提高，公司债务融资信誉提升。（2）创造平等的竞争条件。人为地降低国有企业股东投资回报水平（通过较低的支付标准和/或其宽松的管理）会使国有企业具有不合理的竞争优势，使私人投资处于从属地位，与竞争的中立原则背道

而驰。

此外，股息上缴比例的提高还将使俄罗斯国有企业的股息支付率（占利润的百分比）更接近发达国家和发展中国家，例如，中东欧国家2013—2017年中该指标的平均值为70%。与国际惯例的接轨可提高俄罗斯资本市场的吸引力，使其更容易为私营部门筹集资金并使国有资产私有化。

股息上缴比例的提高还有助于提高预算支出效率。从经济学的角度来说，低估的国有资产回报相当于实际支付的财政补贴（或预算支出）。此类补贴的成本约为股息收益率与长期政府债券收益率之差：如果差额为负——补贴，如果差额为正——收入。根据2016年的实际测度结果，仅针对俄罗斯境内四家最大的国有企业（俄罗斯石油公司、俄罗斯天然气工业股份公司、俄罗斯联邦储蓄银行、俄罗斯外贸银行）的补贴规模就达3500亿卢布（GDP的0.4%），2013—2017年的平均补贴规模约为3000亿卢布。严格遵守净利润50%的支付标准将会明显减少给予这4家国有上市公司的补贴。此外，与直接预算支出不同，此类预算补贴未纳入预算监督、审计和绩效评估的范围。考虑到大型国有企业所属行业，向其提供补贴显然不符合公共政策目标，反而会导致预算资源的次优分配，形成公共福利的直接损失。

为提高国有资产运营效率，俄罗斯还将继续优化会扭曲竞争环境或激励机制的给国有企业的其他补贴，包括掩盖国有企业低运营效率的直接补贴，以及通过减税和免税制度提供的隐性补贴。为此，俄罗斯认为，应尽快颁布相关实施细则，以提高提供给国有企业及其子公司联邦预算补贴的使用效率。

（三）激励投资积极性

增强俄罗斯经济的发展潜力需要强化固定资产投资。2015—2017年，俄罗斯固定资产投资额约占GDP的20.5%，根据对1981—2014年多个国家经济发展的动态分析可发现，这样的固定资产投资规模可带来的人均GDP长期增长率每年不会超过1.5%—2.0%。

为了增加投资活动，根据2018年3月1日俄罗斯总统对联邦议会的讲话内容，俄罗斯政府计划加快固定资产投资增长率，并将其在GDP中的份额提高到25%。同时，在财政经济政策方面，俄罗斯发布多项投资激励措施，以为新的投资项目创造良好的税收环境。例如，针对新建项目和生产性资本投资的区域投资项目（РИПов）、优先发展区（ТОРов）、符拉迪沃斯托克自由港、特殊投资合同（СПИКи）实行特殊税收办法，包括对企业实施投资利得税收优惠，以及通过地方政府决策和签署投资协议给予预算全额资助等。

自 2018 年起，俄罗斯开始实施增值税改革，将增值税基本税率从 18% 提高到 20%，同时将社会保险费基金缴费的费率固定在 30%。为降低增值税率调整对特殊人群的影响，保留具有重要社会意义商品和服务的优惠增值税率。

在这一时期，俄罗斯刺激投资活动的措施还有：（1）进一步明确投资的税收信贷程序，不断扩大实施范围；（2）向在远东地区实施投资项目并为此建立外部性基础设施的企业提供企业利润税、矿产开采税和地区税优惠；（3）根据投资项目的投资回收期，明确远东地区投资者企业利润税和矿产开采税的税收优惠适用期限；（4）为纳税人提供与视同收入税或简化税制类似的专利税课征条件，使其可以通过降低保险费率改变降低税收成本。

刺激投资活动还需要进一步促进就业和劳动生产率提高，为此，俄罗斯提出了以下任务方向：（1）提升居民人均预期寿命，提高经济活动人口数量；（2）通过就业服务现代化和灵活就业政策的实施，减少结构性失业；（3）减少行政壁垒，推行现代管理工艺以及其他改善生产过程的方法；（4）更广泛使用数字技术，激发创新生产和创新解决方案，实现管理流程创新；（5）促进中小企业就业人数增加。

（四）强化油气领域改革

鉴于油气收入是俄罗斯联邦政府主要财政收入来源，也是使俄罗斯财政预算平衡深受国际石油价格影响的主要原因，为构建财政预算平衡与国际石油价格隔离机制，改善俄罗斯财政收入结构，俄罗斯开展了一系列油气领域税收改革：一是开征超额收入税，二是逐步降低出口关税税率直至取消关税，三是提高石油矿物开采税税率，四是调整石油产品消费税税率。

俄罗斯预期，降低出口关税的损失将可通过提高油气矿物开采税税率予以补偿，降低石油消费税则可提高向国内市场提供优质石油产品的可靠性，并进一步提高石油加工的效率。同时，开征超额收入税则会给联邦预算带来额外的收入。

（五）扩大国家规划的影响效力

2018—2020年，俄罗斯计划进一步提高国家规划的执行质量和效率，并将其作为国家战略目标设定以及预算编制和政府运营管理的核心工具。俄罗斯在编制2018—2020年中期预算时有别于其他年度的一大特点就是：联邦政府预算资金的分配不再按照预算资金管理者开展，而是按照国家规划的执行负责部门进行分配，这意味着在财政资源管理方面，俄罗斯国家规划执行者的权力会进一步扩大，支出责任也会进一步强化。

此外，俄罗斯国家规划还将进一步探索项目制管理原则。在不影响国家规划的形成和实施机制的情况下，俄罗斯已开始国家规划优先项目的试点工作：（1）提高国家规划目标设定体系质量，批准有限（3—5个）且具有显著社会意义、前瞻性、可衡量和可实现的最高优先目标；（2）将联邦预算的所有支出都集中于履行国家相关政策的国家规划之中；（3）确保国家规划实施中所有有助于国家政策目标实现的财务资源和非财务资源配备的完整性；（4）确保国家规划在联邦和地区实施的一致性；（5）优化国家规划的编制和研究程序，明确联邦执行机构和部门合作机构的职责边界和权力划分；（6）明确国家规划实施项目划分的结构特征（时间期限、对实施结果和过程变更的质量要求）和过程特征（连续性或按既定程序不断更新）；（7）根据程序组织国家规划的项目管理，包括组建适当的项目委员会和部门协调机制；（8）通过绩效目标管理组织国家规划的管理流程，为每个流程建立相应的绩效指标，提高流程管理的活动效率。

（六）发展数字经济与技术

为加速将数字技术引入经济和社会领域，俄罗斯计划开展以下方面的工作：（1）建立数字经济法律法规体系，包括建立统一数字环境和电子流通环境的立法框架；发展智力活动创造结果与流通、数字经济条件下反垄断等方面的法律法规。（2）建立稳定和安全的大规模信息和电子高速传输处理和存储的基础设施，确保提供通用通信服务并引入5G/IMT技术；保障联邦高速公路移动通信服务。（3）通过确保高素质数字人才将家用软件带入竞争市场，帮助居民培养掌握数字能力、发展数字经济。（4）过渡到"云"数字平台，提供电子形式政务服务。（5）部分补偿俄罗斯企业用于开发高科技平台和软件产品费用。

俄罗斯促进数字经济与技术发展的方法主要有：（1）建立可调节创新产品使用的激励与限制取消机制；（2）在投资项目实施过程中鼓励使用国内高科技产品；（3）提高税收优惠的效率；（4）支持企业创新活动；（5）支持头部技术公司的创建和发展；（6）扩大种子公司融资规模，加快发展创新公司；（7）成立私募股权和风险投资基金；（8）为"端"与"端"之间的联通提供国家支持；（9）建立欧亚联盟工业合作、分包和技术转让合作网络体系。

三、提升财政预算资金使用效率

要保障财政长期可持续性，必须高度关注预算资金的使用效益。为此，俄罗斯提出以下任务方向：

（一）优先保障国家项目预算拨款

俄罗斯提出，在制定联邦预算草案时，须优先为国家项目的实施提供预算拨款，以确保：（1）提高人均预期寿命和医疗质量；（2）形成高标准的生态环境；（3）实现100%学前教育普及率，使俄罗斯普通教育水平进入世界前十名国家；（4）使俄罗斯成为国际上最重要的五个科学技术研发国家之一。

与此同时，还应优先向工业和国民经济领域国家项目提供资金，主要用于：（1）发展中小型企业；（2）在基础工业、农业和服务业中具有竞争力的出口导向型部门；（3）提高劳动生产率。利用发展基金促进经济发展向质量型转变过渡，促进城市和数字基础设施发展，区域间连通，改善居民生活质量。

（二）提高政府管理效率

使联邦政府及其所属机构保障职能集中化或专业化，是俄罗斯优化行政部门管理的主要方向，为此，需要将预算审查和编制预算报告的职能交由联邦国库执行，以降低数据核算不够准确的风险，提高报告的可靠性，增加支出的透明度和问责制，减少联邦预算系统会计核算支出。

（三）通过技术手段提升预算资金管理效率

在技术层面，俄罗斯计划着重关注：（1）整合预算和采购过程，开发标准化采购程序、建立自动化控制机制、实现应收合同款最小化、扩大信息化、增加透明度和问责制。（2）扩大国库支持机制，强化执行政府合同、国防合同、单一供应商合同，为基层部门、自治组织和预算组织提供支持。（3）扩大国库信用证使用范围，例如向法人提供补贴、执行政府合同以及某些银行支持的政府合同的实施。（4）完善非政府组织提供公共服务的法律基础。（5）通过招投标等竞争性方法选择公私合作伙伴，提供公共服务。（6）从为基础设施建设法人直接注资向使用其他预算支出机制过渡（提供补贴和移交国家采购权）。（7）在由预算投资基础设施建设项目的立项程序中引入投资合理性审核机制，并实施技术和价格审查。（8）对税式支出开展绩效评价。

四、改变人口趋势，促进人力资本发展

要确保人口自然增长需要为提高出生率和降低死亡率创造条件，为俄罗斯实现预期寿命延长到 78 岁、确保自然人口增长的国家目标做出贡献。

（一）确保人口和预期寿命持续提高

为提高出生率，俄罗斯计划采取的措施有：（1）实施母亲（家庭）资本规划；（2）完善第一个孩子生育（领养）每月补贴机制；（3）为有年幼儿童的父母参加工作创造条件，为父母提供职业培训和再培训；（4）保障居民生殖健康，提高妇女怀孕分娩及新生儿免费医疗服务的可获得性和服务质量，提高体外受精技术效率；（5）提高有子女家庭住房负担能力：为三个及以上子女家庭免费提供住房建设用地，对抵押贷款利率进行补贴，降低针对三个及以上子女家住房课征的个人财产税税基，降低三个及以上子女家庭拥有的 600 平方米面积的土地税税基。

为降低死亡率，俄罗斯计划采取如下措施：（1）改善组织管理，向患有循环系统疾病、肿瘤的患者以及儿童提供专业医疗的援助；（2）创造条件以满足居民空中紧急医疗救助需求；（3）改善医疗基础设施条件（包括难以到达和人口稀少的地区）；（4）提供预防、诊断和及早发现疾病的初级卫生保健

服务；（5）解决医务人员短缺问题；（6）提供医疗和社会援助，为老年人创造有利条件。

（二）居民实际收入增长和贫困人口持续减少

只有在国家经济持续发展，通货膨胀水平保持低位的情况下，为劳动力收入增长创造条件，才可实现居民收入的实际增长。为此，俄罗斯提出一系列支持居民收入增长的国家政策，包括：（1）根据劳动适龄人口最低生活水平确定年度最低工资水平；（2）维持某些社会领域已有工资水平；（3）预算领域员工工资实行指数化。

基于减少贫困需要更加公平、精准的社会政策，提供援助的社会服务手段需要现代化，由联邦政府承担减少贫困的社会福利保障事务显然会更为有效，为此，俄罗斯将减少贫困列为联邦政府职责，并提出如下任务要求：（1）评估需求标准对各类收入群体的影响；（2）建立评估家庭收入和财产的总体方法；（3）修正俄罗斯联邦关于国家社会福利系统立法，例如修订需求（贫困）标准，明确"需求"的总体（框架）概念及标准；（4）将给生育第一个和第二个孩子家庭的补贴额度从贫困线的 1.5 倍提升到 2 倍；（5）向联邦主体预算提供补贴，以保障国家向居民提供的社会义务得到履行。

保持居民收入增长的一个非常重要的因素是养老金水平的提升要高于通货膨胀水平，为此，俄罗斯提出：（1）确保工作养老金领取者的养老金支付水平高于通货膨胀率；（2）以国家支持激励居民参与非国家养老保险体系的个人养老保险；（3）激励建立与发展企业退休金制度。

（三）改善居住条件

为了进一步增进居民福祉，须确保每年改善至少 500 万个家庭的居住条件，为此，俄罗斯提出如下工作任务：（1）为房屋购置（建造）创造条件，抵押贷款利率应低于 8%，同时，对两个或两个以上子女家庭提供补贴（多子女家庭新房抵押贷款利率最高 6%，远东地区多子女家庭最高 5%）。（2）从联邦预算划拨 4.5 千万卢布，偿还 2019 年 1 月 1 日后生育第三个及以上子女的家庭偿还住房抵押债务。

第三节　普京第四任期前期俄罗斯财政经济改革

为确保普京第四任期改革目标顺利落地与实施，俄罗斯开展了一系列财政税收改革，主要措施包括进一步推进与完善国家规划，引入国家项目，以及提高增值税税率、变更统一农业税、改变养老金缴款方式、改变能源税课征办法等。

一、规划预算改革的推进与发展

规划预算是一个全面、综合、复杂的预算管理体系，也是国际上比较通行的一种预算管理模式，但多应用于某一领域，① 在全国范围内以国家规划的形式大规模推广与应用，在国际上还比较少见，在俄罗斯也缺乏以国家规划进行预算管理的经验及理论依据。为此，俄罗斯对国家规划予以了不断的调整与完善：一是强化国家规划与国家中长期发展战略的高度相关，各项规划须按照不同时期国家发展战略的改变动态调整；二是打破原有项目编制的部门痕迹与条块分割，严格依据国家发展战略及政策优先方向设置国家规划，无效低效规划及时清理退出。

（一）国家规划的改进与完善

2018 年 5 月，俄罗斯总统普京签署联邦法令《关于俄罗斯联邦至 2024 年发展的国家目标和战略任务》（以下简称"五月法令"），在科学技术、社会经济取得飞跃式发展，提供更多负担得起的住房和安全高质量的公路，进一步延长人均预期寿命，大幅度提高国民生活水平，全面消除贫困，为居民个人自我价值实现创造条件等方面，提出了明确的国家发展目标：（1）人口自然可持续增长；（2）人均预期寿命增长到 78 岁（2030 年 80 岁）；（3）公民实际收入可持续增长，养老金增长水平高于通货膨胀率；（4）贫困人口减半；（5）每年改善 500 万个以上家庭住房条件；（6）加速科学技

---

① 例如美国的国防支出管理等。

术发展，技术创新企业数量增长 50%；（7）加快经济社会领域的数字化；
（8）进入世界五大经济体，确保经济增长高于世界平均水平，通货膨胀率
不超过 4%；（9）为经济基础部门，如具有出口优势的制造业、农业综合体
提供现代技术和高素质人才。

围绕"五月法令"，俄罗斯联邦政府于 2019 年 5 月发布《俄罗斯联邦
2024 年前国家目标达成统一计划》①，该计划指出，国家目标是俄罗斯联邦政
府 2024 年前的主要工作方向，保障这一方向实现工具是国家规划，其中最为
重要的方向实现工具则是国家项目。据此，俄罗斯对国家规划清单进行了进一
步修正，2020 年 2 月 18 日公布了最新国家规划清单，共 5 大领域 46 项规划，
保障国家规划实施的预算资金占到俄罗斯联邦预算 70%以上（见表 2-1）。②

表 2-1　2020 年俄罗斯国家规划清单

序号	名称	执行期限	负责部门
提高生活质量（41844 亿卢布）			
1	卫生	2018—2024 年	卫生部
2	教育	2018—2025 年	教育科技部
3	公民社会支持	2013—2024 年	劳动部
4	无障碍环境	2011—2025 年	劳动部
5	住房	2018—2025 年	建设部
6	就业	2013—2024 年	劳动部
7	文化	2013—2024 年	文化部
8	环保	2012—2024 年	自然资源部
9	体育	2013—2024 年	体育部
10	国家政策	2017—2025 年	联邦交通道路局

---

① Единый план по достижению национальных целей развития Российской Федерации на
период до 2024 года утверждён в целях реализации Указа Президента Российской Федерации от 7
мая 2018 года No204 《О национальных целях и стратегических задачах развития Российской
Федерации на период до 2024 года》. http：//government. ru/news/36606/.

② Об утверждении перечня государственных программ Российской Федерации（с
изменениями на 18 февраля 2020 года），ПРАВИТЕЛЬСТВО РОССИЙСКОЙ ФЕДЕРАЦИИ
РАСПОРЯЖЕНИЕ от 11 ноября 2010 года No 1950-р.

续表

序号	名称	执行期限	负责部门
经济创新与现代化（27119 亿卢布）			
11	俄罗斯联邦科学技术发展	2019—2030 年	教育科技部
12	经济发展与创新经济	2013—2024 年	经济发展部
13	发展工业、提高工业竞争力	2013—2024 年	工业贸易部
14	发展国防工业综合体	2016—2027 年	工业贸易部
15	发展航空工业	2013—2025 年	工业贸易部
16	发展船舶制造工业	2013—2030 年	工业贸易部
17	发展电子和无线电工业	2013—2025 年	工业贸易部
18	发展医药工业	2013—2024 年	工业贸易部
19	俄罗斯空间活动	2013—2025 年	国家航天集团
20	发展原子能工业综合体	2012—2027 年	国家原子能集团
21	信息社会	2011—2024 年	通信部
22	发展交通体系	2018—2024 年	交通部
23	发展农业，调节农产品、原材料和食品市场	2013—2025 年	农业渔业部
24	发展渔业综合体	2013—2024 年	农业渔业部
25	农村综合发展	2020—2025 年	农业渔业部
26	开展对外经济活动	2013—2024 年	经济发展部
27	自然资源再生利用	2013—2024 年	自然资源部
28	发展林业	2013—2024 年	自然资源部
29	发展能源	2013—2024 年	能源部
保障国家安全（未公布预算规模）			
30	增强国家国防	2019—2025 年	国防部
31	保障国家安全	2012—2024 年	联邦安全局
32	保护个人、社会和国家安全	2021—2027 年	俄罗斯警卫队
33	保护居民和领土免受紧急情况影响，提供火灾、水灾安全	2013—2030 年	民防部
34	维持公共秩序和打击犯罪	2013—2024 年	内务部
35	国家物资储备管理	2020—2024 年	储备局
36	保障俄罗斯生化安全	2021—2024 年	卫生部

续表

序号	名称	执行期限	负责部门
37	俄罗斯联邦后备力量动员	2021—2024 年	国家专项规划管理总局
平衡地区发展（10720 亿卢布）			
38	远东地区社会经济发展	2014—2025 年	远东和北极发展部
39	北高加索联邦区发展	2013—2025 年	高加索部
40	发展联邦关系，为建立高效和负责任的地区和地方财政管理创造条件	2013—2024 年	财政部
41	俄罗斯联邦北极地区经济社会发展	2015—2025 年	远东和北极发展部
42	克里米亚共和国和塞瓦斯托波尔市社会经济发展	2019—2022 年	经济发展部
43	加里宁格勒社会经济发展	2013—2025 年	经济发展部
建设高效国家（16310 亿卢布）			
44	管理国家金融和调节金融市场	2013—2024 年	财政部
45	对外政治活动	2013—2030 年	外交部
46	司法	2013—2026 年	司法部

资料来源：Об утверждении перечня государственных программ Российской Федерации（с изменениями на 18 февраля 2020 года），Правительство Российской Федерации от 11 ноября 2010 года No 1950-р。

总体来看，规划预算的实施在俄罗斯较为顺利，国家战略规划与政府预算的有效衔接，不仅保证了预算决策与国家发展战略的基本一致，还突破了部门界限，打破了支出固化格局，实现了预算编制模式的全新构建。

（二）国家项目的推出与实施

为提高公民的生活水平，确保教育、医疗服务的可获得性和质量，支持家庭发展，减少贫困，在"五月法令"中普京还具有针对性地提出了 12 项国家重点发展任务：人口、卫生、教育、住房和城市环境、生态、安全优质道路、提高劳动生产率和保障就业、科学、数字经济、文化、中小企业发展和个人创业支持、国际合作和出口。依据这一战略任务，俄罗斯充分借鉴国家优先发展项目的运作模式，提出了设置国家项目予以充分保障的改革方略。2018 年 12 月，俄罗斯 2019—2024 年国家项目获得总统战略发展与国家项目委员会主席团会议批准。除上述 12 大任务均被列为国家项目外，"2024 年前大型基础设施现代化和扩展综合计划"也被纳入其中①，使俄罗斯 2019—2024 年国家项目达到 13 项。

俄罗斯 2019—2024 年国家项目的预算总额为 25.7 万亿卢布，其中联邦预算 13.1 万亿卢布，联邦主体预算 4.9 万亿卢布，国家预算外基金 0.2 万亿卢布，其他来源 7.5 万亿卢布。对于俄罗斯来说，国家项目支出是一笔不小的财政负担，俄罗斯 2019 年联邦财政收入 20.2 万亿卢布，国家汇总财政收入 39.1 万亿卢布，② 国家项目的预算规模相当于俄联邦政府每年要拿出近 10% 的资金、联邦主体政府每年要拿出近 7% 的资金用于支持国家项目的实施，如此庞大的资金规模充分体现了俄罗斯各级政府对国家项目的资助决心与支持力度（见表 2-2）。

表 2-2　2019—2024 年俄罗斯国家项目

名称	预算（亿卢布）	目标
人力资本（4 个项目，57000 亿卢布）		
卫生	17258	（1）每万名劳动适龄人口死亡率降低到 35 人；（2）每万名心血管疾病死亡人数减少到 45 人；（3）每万名癌症死亡人数减少到 18.5 人；（4）婴儿死亡率降低到 4.5‰；（5）为所有公民提供每年一次以上预防性医疗检查；（6）改善初级医疗机构服务条件，简化预约手续，减少治疗等候时间，确保居民享有最佳医疗服务；（7）医疗服务出口规模比 2017 年扩大 4 倍（即 10 亿美元以上）
教育	7845	（1）跻身义务教育世界排名前十国家；（2）建立兼顾文化，民族和历史传统的全新公民教育体系；（3）改善和提高现代教育的方法和质量；（4）发现具有天赋的人才并提供更多的发展空间
人口	31052	（1）人均预期寿命提高到 78 岁；（2）生育率提高到每名女性 1.7；（3）拥有健康生活方式的人数增加；（4）参加体育运动、关注自我健康的公民占总人口的比重上升到 55%

---

① утверждён распоряжением Правительства от 30 сентября 2018 года No 2101-р.

② 俄罗斯采取预算联邦制，依据《预算法典》规定，俄罗斯各级预算各自独立，每一级预算均不纳入上一级预算之中。俄罗斯联邦预算即为中央政府预算，联邦主体预算即为州级政府预算，国家汇总预算即为中央政府预算与各州政府预算之和。

续表

名称	预算（亿卢布）	目标
文化	1135	（1）在文化场馆休闲的居民占比提高到15%；（2）全国文化数字化提高5倍
舒适的生活环境（3个项目，99000亿卢布）		
安全优质公路	47797	（1）符合现代道路建设标准的地区公路数量增加；（2）极端拥堵公路数量减少；（3）事故频繁路段数量减少；（4）交通事故死亡人数减少3.5倍；（4）扩大满足国防需求公路占比；（5）改善路面施工技术
住房和城市环境	10662	（1）中等收入家庭拥有舒适住房数量增加；（2）每年新增住房面积1.2亿平方米；（3）生活环境和生活条件改善城市数量提高30%；（4）吸引居民参与城市生活环境改善方案的决定；（5）减少危旧住房
生态环境保护	40410	（1）提高生活垃圾管理效率，减少非法填埋场数量；（2）大型工业城市污染减少20%以上；（3）改善饮用水，减少水体（伏尔加河、贝加尔湖等）污染，建立特殊自然区（约24个）；（4）2024年资源可再生森林利用达到100%
经济发展（6个项目，101000亿卢布）		
科学	6360	（1）确保俄罗斯进入世界前五领先科学国家，科学成就和发展建立在现代科学技术基础之上；（2）提高俄罗斯境内科学领域岗位对本国及外国公民的吸引力；（3）扩大科学领域支出，按国家GDP增长幅度吸引更多科技资金
中小企业和个人创业支持	4815	（1）从事创业活动的公民人数扩大到2500万人；（2）民营企业对国内生产总值的贡献提高到32.5%；（3）非原材料企业出口的商品和服务份额提高10%
劳动生产率和就业支持	16349	（1）非资源部门劳动生产率每年增长5%以上；（2）参与国家项目联邦主体扩大到85个（即全部）；（3）2024年大中型非原材料企业数量增加到10000家
数字经济	521	（1）国内各种来源的数字经济支出扩大三倍以上；（2）保障信息基础设施存储、运转的高速与安全；（3）提高本国软件在政府和企业中的应用比重
国际合作与出口	9568	（1）非原材料商品和服务出口收入每年扩大2500亿美元（机械制造业600亿美元）；（2）农业出口额每年增长450亿美元；（3）提高与东盟其他国家生产和合作效率，贸易量增加1.5倍以上

续表

名称	预算（亿卢布）	目标
2024年前大型基础设施现代化和扩建综合计划	63481	（1）确保能源支出增长最低——不超过6%；（2）改善地区间经济联系与互动；（3）减少多余的能源容量；（4）智能控制主体增加到70个

资料来源：根据俄罗斯相关公开文件整理。

二、税收制度的改革与完善

2018年是俄罗斯税收改革具有里程碑意义的一年，在这一年，俄罗斯批准了关于提高增值税税率、变更统一农业税、改变养老金缴款、改变能源税课征办法等方面的改革。

（一）增值税改革

增值税改革是社会关注度最高的改革。虽然社会上反对声浪很高，但为优化财政收入结构，扩大非能源性财政收入来源，降低外部经济环境波动对政府财政收入的影响，确保国家项目具有长期稳定的资金来源，俄罗斯决定从2019年1月1日起提高增值税税率。

俄罗斯财政部的最初建议是将增值税率提高到22%，同时，降低养老保险费率，将养老保险费率降低到22%，既所谓的"双22%"。

虽然财政部的改革构想得到了经济发展部的支持，但其他部门表示反对。经过多次讨论，俄罗斯决定将税率提高至20%，并将保险费保持在30%。据估计，增值税税率的提高将使俄罗斯联邦预算从2019年开始每年获得6200亿卢布以上的收入。

（二）统一农业税改革

从2019年1月1日起，俄罗斯统一农业税的纳税人被确认为增值税纳税人，享有增值税纳税人的免税权限。转化为统一农业税纳税人属自愿行为，应向税务机关提交报告。如果企业或个体企业家已采用一般税收制度或简化税收制度，则需从下一个日历年开始申请转换。

转化为统一农业税纳税人的条件是与农业相关的收入大于总收入的70%。

统一农业税的税率为 6%（根据俄罗斯联邦主体法律确定的税率课征，最低可降至 0%）。

（三）社会保险缴费改革

为保障宪法规定的公民在养老、医疗、社会保险等方面权利的实现，俄罗斯在政府预算外设立专门的社会保险基金。依据俄罗斯联邦《预算法典》相关规定，俄罗斯政府预算外资金由各预算外基金委员会实行自治管理，有特定的活动范围及严格的指定用途。预算外基金须与预算内资金一起上报预算草案，经由国家杜马和联邦委员会以联邦法律的形式批准后方可实施。

为减轻企业的工资基金负担，降低灰色收入规模，俄罗斯规定，自 2019 年 1 月 1 日起将国家预算外保险基金的总费率由 34% 降至 30%，并明确养老保险费率为 22%。

但降低保险基金费率会对预算外社会保险基金产生显著影响，将直接影响国家社会保险收入，给已经赤字严重的国家预算外养老保险基金带来冲击。虽然增值税税率提高带来的收入增长会给俄罗斯预算外保险基金一定的财政补贴，但弥补不了全部的缺口，为此，俄罗斯不得不推迟退休年龄，退休年龄将提高到女性 60 岁，男性 65 岁。提高退休年龄会使俄罗斯预算外保险基金收入明显提高。2019 年，提高退休年龄使俄罗斯预算外保险基金收入增长 2.9 万亿卢布，但同时养老金支付水平的提高，致使养老保险基金支出增长 3.3 万亿卢布，养老保险基金还存在 0.4 万亿卢布的赤字，这部分资金由联邦财政转移支付补贴。俄罗斯政府期望，2019—2028 年间，提高退休年龄使俄罗斯预算外保险基金收入增长 7.8 万亿卢布，到 2030—2031 年，俄罗斯政府不再需要向养老基金拨付财政转移支付补贴。

（四）能源税制改革

为降低财政收入部对外部因素的依赖，逐步增强政府对油气收入的内部控制能力，2019 年，俄罗斯开始改革油气收入课征制度，其主要措施是：逐年降低原油和油品出口税，逐年同步提高石油开采税，提供税收优惠和引入退税制度。

鉴于石油在俄罗斯的经济发展和外交中有着举足轻重的作用，此次石油行业税费调整对俄罗斯的影响也是多方面的，而且从整体和长期发展来看，积极影响远超过负面影响。

一是新税制增加了政府收入，同时减少了财政负担。虽然本次改革中增加的开采税率和减少的出口税率大小相同，但由于税基不同，政府实际的税收收入是增加的。预计本次改革能在未来 6 年内为政府新增 200 亿—250 亿美元的财政收入。根据伍德麦肯锡以油价为基础的估算结果，新税收方案会在 2019—2024 年期间为俄罗斯政府提供 1120 亿美元的额外收入。虽然预期数据差异较大，但基本认识是一致的，即新的税收方案有助于增加政府财政收入，有利于俄罗斯"经济复苏计划"的实施。在 2017 年以前，俄罗斯政府往往需要对炼厂进行补贴，以帮助其进行技术和设备升级，出口税率统一后，炼厂会更加主动地进行设备升级，政府补贴会大幅减少。

二是提高俄罗斯石油和油品以及相关公司的竞争力。取消出口关税后，俄罗斯原油和油品在国际市场上的成本优势会更加明显，有利于提升俄罗斯在石油市场的影响力。

三是解决了欧亚经济联盟低关税造成的俄罗斯石油出口税收损失。

当然，本次改革对俄罗斯也有不利影响。本次税费改革引入了很多新的计算公式和税收措施，使得俄罗斯石油行业的税收体系更加复杂。

（五）创建欧亚经济联盟统一的收入管理信息空间

2019 年，俄罗斯与欧亚经济联盟成员国签署欧亚经济联盟关税商品境内外可追溯协议，2019—2020 年，俄罗斯开始实施出口商品境内部分可追溯性实验，使俄罗斯收入管理信息系统更加全面与完善。

（六）其他税制改革

（1）改善应收账款的工作质量。2019 年制定并实施改善预算系统的相关规定，促进收入管理质量提高，应收账款的工作效率"路线图"，包括开展以下工作：赋予税务机关更多的核销可能性（不论税费类型），完善国家规费的支付/退还程序，各部门实施自己的减少应收账款路线图。这些措施的实施使俄罗斯总体应收账款及分类应收账款的增长速度明显下降。

（2）引入自然人预缴税费制度，为自愿和及时税费上缴创造良好的条件。

（3）引入职业收入税。从 2020 年 7 月 1 日开始，俄罗斯所有联邦主体都可根据联邦主体税收法律确定的具体时间，针对个体经营者引入特别税收制度——职业收入税。职业收入税无须纳税申报，所有税收征管全部通过网络完成，零纳税成本。这种方式受到广泛好评，截至 2020 年 10 月，俄罗斯职业收入税的有效纳税人超过 110 万，纳税额超过 1500 亿卢布。

三、俄罗斯政府间财政关系改革

（一）继续实施平衡地区发展国家规划

2018—2020 年，俄罗斯继续以国家规划的方式实现对政府间财政关系的调节。在此期间，俄罗斯用于平衡地区发展的国家规划共计 6 个，主要为"远东地区社会经济发展""北高加索联邦区发展""发展联邦关系，为建立高效和负责任的地区和地方财政管理创造条件""俄罗斯联邦北极地区经济社会发展""克里米亚共和国和塞瓦斯托波尔市社会经济发展""加里宁格勒社会经济发展"。其中，最为重要的国家规划为"发展联邦关系，为建立高效和负责任的地区和地方财政管理创造条件"。

根据 2017 年 3 月 31 日俄罗斯联邦第 373 号命令，俄罗斯国家规划"发展联邦关系，为建立高效和负责任的地区和地方财政管理创造条件"的执行责任部门为财政部，协同部门为司法部。规划的发展目标为：促进俄罗斯联邦主体预算可持续发展，提高俄罗斯联邦主体及地方财政管理质量。规划的发展任务为：改善俄罗斯联邦预算体系财政资源的分配和再分配机制；缩小联邦主体间预算保障水平差距，促进俄罗斯联邦主体及地方预算均衡；提高俄罗斯联邦主体和地方财政管理效率；完善各级政府间支出权限的划分。

2018—2020 年，俄罗斯国家规划"发展联邦关系，为建立高效和负责任的地区和地方财政管理创造条件"预算规模 233342 亿卢布，包含 4 项子项目：（1）改善俄罗斯联邦预算体系财政资源分配和再分配系统；（2）均衡各地区和地方财政保障能力；（3）提高地区和地方财政管理质量；（4）完善各级政府间支出权限的划分。

俄罗斯国家规划"发展联邦关系，为建立高效和负责任的地区和地方财政管理创造条件"结果导向明确，设定有详尽的结果考核指标，详见表 2-3。

表 2-3　国家规划"发展联邦关系，为建立高效和负责任的地区和
地方财政管理创造条件" 2020 年考核指标

指标	考核值	完成情况
不接受保障俄罗斯联邦主体预算水平均衡的一般性转移支付的联邦主体的数量（个）	14	13（2019 年完成）
在近三个财政年度中有两个财政年度的一般性转移支付规模不超过联邦主体自有收入 10% 的联邦主体的数量（个）	36	38（2018 年完成）
在近三个财政年度中有两个财政年度的一般性转移支付的规模超过自有预算的 10%，但不超过 40% 的联邦主体的数量（个）	27	28（2018 年）
在近三个财政年度中有两个财政年度的一般性转移支付的规模超过自有预算的 40% 的联邦主体的数量（个）	8	6（2019 年完成）
逾期支付信贷债务在俄罗斯联邦主体预算支出中所占比重（%）	0.34	0.16（2019 年完成）
纳入规划的支出占俄罗斯联邦主体支出的比重（%）	90	93（2018 年完成）
10 个预算保障水平最低联邦主体的保障能力提升幅度（%）	150	171（2019 年完成）
在共同管辖事权中，属于联邦主体的行政权、控制权、监督权和许可权所占比重（%）	50	40（2019 年完成）

注：2020 年执行数据尚未公开。

资料来源：根据 2017 年 3 月 31 日俄罗斯联邦第 373 号命令整理。

从表 2-3 可发现，俄罗斯国家规划"发展联邦关系，为建立高效和负责任的地区和地方财政管理创造条件"提出的 2020 年考核指标，绝大多数都已在 2019 年及以前年度完成，仅有部分指标任务尚未完成，例如共同管辖事权比重未完成，一般性预算支付规模不超过 40% 和 40% 的联邦主体个数，还需进一步努力。

（二）推行一般性转移支付协议

2017 年 12 月 30 日，俄罗斯发布联邦政府第 1701 号法令《关于向俄罗斯联邦主体提供发展社会经济和改善公共财政状况援助的协议》，根据该协议，自 2018 年 1 月 1 日起，希望在 2018 年获得均衡预算保障水平一般性转移支付

的联邦主体，须由其最高负责人就地区社会经济发展和公共财政改善联邦援助事宜与财政部签署协议。

该协议由联邦主体最高负责人签署后于 2018 年 2 月 1 日前提交给财政部。财政部不得迟于 2018 年 2 月 15 日签署协议。如果俄罗斯联邦主体不希望在 2018 年接受一般性转移支付，须在 2018 年 1 月 10 日前将正式拒绝函提交财政部。

获得一般性转移支付补贴的俄罗斯联邦主体政府需要履行协议提出的相关义务，主要包括：（1）根据财政部建议在 2018 年 8 月 1 日前对联邦主体政府和地方政府提供的税收优惠（降低税率）的有效性进行评估；（2）在 2018 年 8 月 15 日前向财政部提交评估结果；（3）在 2018 年 9 月 15 日前与财政部达成协议，取消无效的税收优惠（降低税率）；（4）确保联邦主体政府 2018 年预算中税收和非税收入比 2017 年提高；（5）与 2017 年相比，2018 年联邦主体经济发展指数改善，固定资产投资规模提高，中小企业平均雇员人数在总就业人口中所占比重增加，在就业服务部门登记的失业人数减少；（6）如果 2018 年 1 月 1 日前，联邦主体债务规模超过联邦主体预算收入的 70%，或最近 3 年中有 2 年来自联邦预算的一般性转移支付占联邦主体预算的比重超过 40%，联邦主体提出协议签署申请时，需要满按照相关要求提交详尽的资料，以供财政部审查；（7）接受补贴的俄罗斯联邦主体政府最高负责人，须自 2018 年 4 月起每季度向财政部提交一次义务执行情况报告。如果联邦主体政府未能履行相关义务，则需要削减其未来年度 5% 以内的一般性转移支付，最高不超过该联邦主体政府 2018 年 5% 的税收和非税收入。

除此之外，签署协议的联邦主体政府还须遵循规定的预算赤字和债务限额要求，保障宪法规定的支出义务履行，保障联邦总统关于提高政府员工工资等方面命令的执行。

（三）共同筹资协议的准备与实施

2019—2020 年，俄罗斯继续实施政府间财政关系改革，其优先方向为支持俄罗斯联邦主体社会经济发展，扩大联邦主体收入基数，保持预算的稳定性，提高转移支付的透明度和可预测性。在继续完善相关法律法规框架的基础上，俄罗斯又实施了以下方面的创新：

（1）将不遵守预算赤字、债务限额的责任承担者，由地区财政部门转为地区主要负责人，使相关责任由较为宏观的部门责任转化为具体的个人责任。

（2）实施"横向转移支付"，促进地区间合作与一体化。

（3）限制专项转移支付规模，能以其他形式提供的，尽量采取其他形式提供。

（4）强化国家项目实施周期内对保障国家项目实施的相关地区项目进行转移支付再分配的可能性。

（5）缩短向联邦主体预算提供特殊转移支付协议签署的期限（从下一个财政年度的 2 月 15 日提前到 1 月 1 日）。

（6）确定其他转移支付分配与协议签订截止日期（至下一年 1 月 1 日前或预算法修正案通过后 30 天内）。

（7）确定待分配其他转移支付最高限额（计划期第一年为 5%，第二年为 10%）。

（8）各地区应尽力以自有资金为共同筹资事项提供资金保障。

（9）确定国家项目实施周期内共同筹资特殊转移支付统一限额，确定国家规划"农业综合发展"特殊转移支付共同筹资上限。

（10）在确定地区特殊转移支付时，应考虑地区 2025 年前经济专业化发展前景及预期人口规模。

（11）尽快发布俄罗斯联邦政府法令，规范超出当前实施期限的特殊转移支付的分配，以及计划期限外给予联邦主体特殊转移支付协议的签署。

（12）特殊转移支付协议签署的时间期限不得低于预算法规定的要求。

（13）确定俄罗斯联邦主体与地方自治政府签署特殊转移支付协议的时间期限（30 天），以及特殊转移支付协议批准期限（转移支付实施前一年的 12 月 1 日之前）。

总体来看，2014—2019 年俄罗斯实施的平衡联邦主体预算和限制债务增长的改革措施产生了良好的效果：（1）联邦主体国家债务减少到 21130 亿卢布（约为税收和非税收入总额的 22.5%）；（2）2018—2019 年联邦主体汇总预算执行出现了盈余，2018 年和 2019 年分别为 5103 亿卢布和 47 亿卢布。

（四）新冠肺炎疫情下的俄罗斯政府间财政关系

2020 年，新冠肺炎疫情对俄罗斯联邦主体预算收支产生了重大影响，各联邦主体税收和非税收收入都出现了明显下降。但危机对不同地区的影响不一，资源地区受影响幅度较大，大城市群相对较为稳定。

为帮助联邦主体抵御新冠肺炎疫情蔓延带来的经济困难，为地区创造稳定和均衡的预算条件，2020 年俄罗斯从以下几个方面对联邦主体预算予以资助：

（1）为弥补收入减少（3000 亿卢布）和新冠肺炎患者护理支出（682 亿卢布）提供额外转移支付。

（2）提高赤字和债务限额。

（3）将 2012 年和 2013 年发行的到期重组债务偿还期限推迟 2 年。

（4）延长 2017 年重组债务的还款期限。

（5）对于俄罗斯联邦主体 2019 年未能偿还，延期至 2020 年的部分预算贷款予以豁免。

（6）延长预算贷款补充预算账户余额的期限，从 90 天延长到 180 天。

（7）将 2020 年俄罗斯各联邦主体之间提供"横向预算贷款"的最长期限延长到 3 年。

（8）加快和简化专项转移支付的行政管理手续。

四、预算外社会保险基金改革与完善

（一）养老保险基金改革

俄罗斯长期面临少子高龄化的局面，即老年人口占比不断上升，劳动人口占比不断下降。根据俄罗斯联邦统计局最新预计，至 2036 年俄罗斯劳动人口比重将降至 54.2%，老年人口比重将达到 30%（见图 2-2）。

老年人口比重扩大以及劳动人口比重减小，使俄罗斯老年抚养比①不断攀

---

① 老年抚养比，指非劳动人口（60 或 65 岁以上老年人口）与适龄劳动人口（15—59 岁或 15—64 岁）的比值。在俄罗斯，一般将男 60 岁、女 55 岁以上人口与 16—59 岁男性和 16—54 岁女性劳动人口的比值称为老年抚养比。

（年）

2034	15.8	54.2	30.0
2030	16.1	54.5	29.4
	16.6	54.5	28.9
2026	17.4	54.3	28.3
	18.0	54.0	28.0
2022	18.5	53.8	27.7
	18.8	53.9	27.3
2018	18.9	54.0	26.9
	18.8	55.0	26.2
2014	18.5	56.0	25.5
	18.0	57.5	24.6
2010	17.2	59.3	23.5
	16.5	60.9	22.7
2006	16.2	61.6	22.2
	16.0	62.9	21.1
2002	16.5	62.9	20.5
	16.9	62.7	20.4
	18.2	61.3	20.5

0%　　20%　　40%　　60%　　80%　　100%

各年龄段人口比重

■ 0—15岁人口　　■ 16—59岁男性与16—54岁女性人口
■ 60岁以上男性与55岁以上女性人口

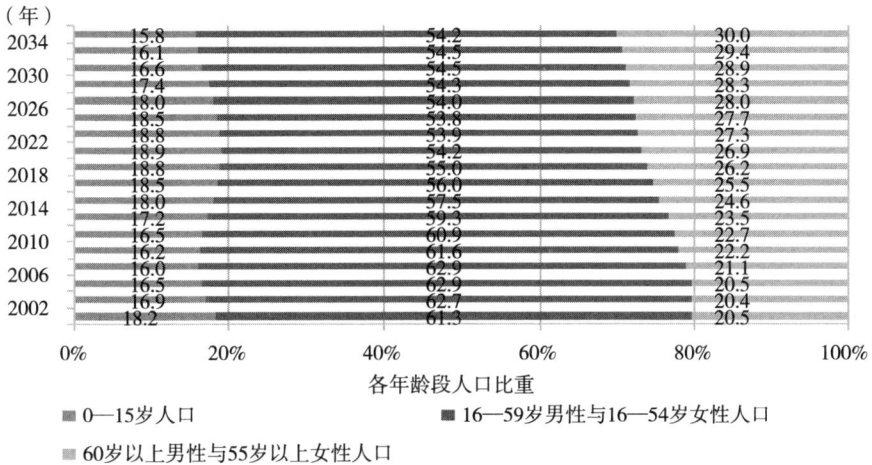

图 2-2　2002—2034 年俄罗斯人口老龄化及趋势

资料来源：俄罗斯联邦统计局，http://www.gks.ru/。

升。正常情况下，一个社会老年抚养比为 22% 时，不会对社会各方产生过大的压力，即大约四个劳动力供养一位老年人。而俄罗斯 2015 年老年抚养比即为 41.2%，供养一位老年人的劳动人口数约为 2.5 人。据预测，至 2030 年，俄罗斯的老年抚养比将达到 52.2%，届时不到 2 名就业人口将赡养 1 名退休人口（见表 2-4）。

表 2-4　2005—2030 年俄罗斯老龄化及年龄分布情况　　单位:%

	老年抚养比	老龄化率	年龄分布	
			60—69 岁	70 岁以上
2005 年	32.6	17.4	51.1	48.9
2010 年	36.0	18.2	45.4	54.6
2015 年	41.2	19.9	54.0	46.0
2020 年	44.7	22.3	56.2	43.8
2025 年	51.0	24.3	53.2	46.8
2030 年	52.2	24.9	47.0	53.0

资料来源：俄罗斯联邦统计局，http://www.gks.ru/。

怎样有效处理这一难题？对此，世界银行提出的方案是延迟俄罗斯人口的退休年龄，即由男性60岁、女性55岁提高到男性65岁、女性60岁。但是，普京并不赞同这一提议，其在2007年国情咨文中表示，俄罗斯养老基金在2012—2030年期间出现赤字的现象是可预见的，但如果俄罗斯及时采取必要措施，俄罗斯养老保障制度就不会出现危机。因此，俄罗斯没有提高退休年龄的必要。

现实是残酷无情的。为减少养老基金赤字，俄罗斯2010年将强制性养老保险费率提升至26%，但企业劳动成本随之增加，社会各界强烈抵制，政府不得不于2012年将费率下调至22%。22%的养老保险费率显然完全不足以保障俄罗斯养老基金的支出。2050年俄罗斯以此费率能够提供的养老金替代率将降至22%，不到世界平均水平的一半。为此，需要更大量的联邦预算转移支付。但现实问题是，2012年后因经济步入下行空间，以及西方制裁和国际石油价格暴跌，俄罗斯财政状况极不乐观，连续六年出现巨额财政赤字，联邦财政支出压力巨大，已无法负担对养老基金庞大的转移支付。为此，俄罗斯不得不于2018年推出延迟退休政策。

俄罗斯于2019年开始实施延迟退休政策，期望到2031年联邦政府不再需要为弥补养老基金缺口而发放补贴。[1] 此外，2018年11月俄罗斯颁布的联邦法律《俄罗斯2019—2021年联邦养老基金预算》（第432—Ф3号）也明确规定，俄罗斯联邦预算向养老基金发放的转移支付金额不得超过联邦增值税收入的1.17%。

1. 延迟公务员退休年龄

俄罗斯公务员延迟退休政策将分阶段进行。2022年之前，俄罗斯公务员退休年龄每年延长0.5岁，此后，每年延长1岁。直至2028年，俄罗斯男性公务员退休年龄延长至65岁；至2034年，女性公务员退休年龄延迟到63岁（见表2-5）。此外，有资格获得永久俄罗斯国家养老金的公务员工作年限也在增加，从2016年开始（15年），工作年限每年增长6个月，直至2026年达到20年。

---

① 童伟、马胜楠：《俄罗斯政府稳定运营的财税基础：规模与结构》，《欧亚经济》2019年第1期。

表 2-5 俄罗斯公务员延迟退休年龄的过渡阶段

性别	出生年份	退休条件		
		年龄	年份	缴费年限
女性	1962（上半年）	55.5	2017（下半年）	8
	1962（下半年）	55.5	2018（上半年）	9
	1963	56	2019	10
	1964（上半年）	56.5	2020（下半年）	11
	1964（下半年）	56.5	2021（上半年）	12
	1965	57	2022	15
	1966	58	2024	15
	1967	59	2026	15
	1968	60	2028	15
	1969	61	2030	15
	1970	62	2032	15
	1971	63	2034	15
男性	1957（上半年）	60.5	2017（下半年）	8
	1957（下半年）	60.5	2018（上半年）	9
	1958	61	2019	10
	1959（上半年）	61.5	2020（下半年）	11
	1959（下半年）	61.5	2021（上半年）	12
	1960	62	2022	13
	1961	63	2024	15
	1962	64	2026	15
	1963	65	2028	15

资料来源：俄罗斯联邦养老基金官方网站，http://www.pfrf.ru/。

2. 延迟企业职工退休年龄

最初，俄罗斯提出的企业职工延迟退休方案是：将男性职工退休年龄从60岁延至65岁，女性职工退休年龄由55岁延至63岁，即按照公务员延迟退休的标准延迟企业职工的退休年龄。消息一出，立即引发俄罗斯民众的强烈反对，俄罗斯劳工联合会在网上征集签名，超过250万人参与签名活动，纷纷表示反对延迟退休。面对民众的抗议，俄罗斯不得不修改退休年龄，将女性的最终退休年龄改为 60 岁。2018 年 10 月 3 日，普京签署总统令，修改后的延迟退休方案获得通过。

与俄罗斯公务员的过渡阶段相似，延迟企业职工退休年龄也将在 10 年过渡期内分阶段进行。至 2028 年，俄罗斯职工的退休年龄将分别延迟 5 岁，男性延迟到 65 岁，女性延迟到 60 岁（见表 2-6）。在俄罗斯实行这一新政策的前两年内，在 2019 年和 2020 年退休的职工可享受适应期的特殊福利，即在新的退休年龄（女性为 55.5 岁、男性为 60.5 岁）到来之前的六个月，提前预约养老金。

表 2-6　俄罗斯退休职工延迟退休年龄的过渡阶段

性别	出生年份	退休条件		
		年龄	年份	缴费年限
女性	1964（上半年）	55.5	2019（下半年）	10
	1964（下半年）	55.5	2020（上半年）	11
	1965（上半年）	56.5	2021（下半年）	12
	1965（下半年）	56.5	2022（上半年）	13
	1966	58	2024	15
	1967	59	2026	15
	1968	60	2028	15
男性	1959（上半年）	60.5	2019（下半年）	10
	1959（下半年）	60.5	2020（上半年）	11
	1960（上半年）	61.5	2021（下半年）	12
	1960（下半年）	61.5	2022（上半年）	13
	1961	63	2024	15
	1962	64	2026	15
	1963	65	2028	15

资料来源：俄罗斯联邦养老基金官方网站，http：//www.pfrf.ru/。

3. 加强各群体养老权益的保障力度

为减缓延迟退休对劳动者福利和情绪的冲击，俄罗斯进一步加强保障民众的养老金权益，包括提升养老金水平、对于特殊行业的职工不实行延迟退休政策，以及保障即将退休职工的各项权益落实。

（1）提升退休人员养老金发放标准。

在延迟退休年龄的同时，俄罗斯计划逐步提高居民的养老金发放水平。自
2019 年起，俄罗斯居民的养老金平均每月增加 1000 卢布。其中，无正式工作
的居民养老金水平达到每年 1.2 万卢布，有工作的居民养老金水平为每年
1.54 万卢布。俄罗斯确定 2020 年的养老金指数为 106.6%，这一指数略高于
2019 年的通货膨胀率，即从 2020 年 1 月 1 日开始，每位退休人员领取的实际
养老金都为本应得到的数额乘以 106.6%，由于每人的养老金数额不同，因此
每个人养老金的增长量都不同，具体见表 2-7。

表 2-7　2020 年 1 月 1 日起俄罗斯养老金提升水平　　单位：卢布

指数化前的养老金数额	指数化后的养老金数额	养老金变化量
7000	7462	+462
8000	8528	+528
9000	9594	+594
10000	10660	+660
11000	11726	+726
12000	12792	+792
13000	13858	+858
14000	14924	+924
15000	15990	+990
16000	17056	+1056
17000	18122	+1122
18000	19188	+1188
19000	20254	+1254
20000	21320	+1320
21000	22386	+1386
22000	23452	+1452
23000	24518	+1518
24000	25584	+1584
25000	26650	+1650

续表

指数化前的养老金数额	指数化后的养老金数额	养老金变化量
26000	27716	+1716

资料来源：俄罗斯联邦养老基金官方网站，http：//www.pfrf.ru/。

（2）在有害条件下工作的职工退休年龄保持不变。

对于大多数有权提前退休的俄罗斯公民来说，延迟退休的政策对其没有太大影响，这类群体的退休年龄保持不变。这些公民的工作性质包括以下几类：在有害或极为危险的工作环境中工作的职工可以申请提前退休，且雇主按照特殊费率为其缴纳额外的养老保险金；由于不可抗力或者自身健康情况需要提前退休的人；曾遭遇核辐射或人为灾害的公民；从事飞行测试试验以及相关的研究人员。

（3）保障即将退休职工的各项权益。

为延缓延迟退休政策对劳动者带来的冲击，俄罗斯规定，对于即将退休的俄罗斯职工，保留其之前能够享受的退休前福利，包括免费购药、免交通费、修缮住房费用优惠、免征财产税和土地税等。自2019年起，俄罗斯还为即将退休的人提供与体检以及与就业有关的额外保障，例如雇主不能因年龄问题辞退或者拒绝雇用即将达到退休年龄的雇员，若违反这一规定，雇主须承担相应的刑事责任。同时，雇主还有义务每年都为即将退休的雇员提供免费体检，并且照常发放工资。享受这些福利的时期是在新的退休年龄到达的前五年，即从女性职工51岁、男性职工56岁时开始。

（二）医疗保险基金改革

1. 强化医疗保险基金与国家规划和国家项目的融合

为提高强制医疗保险基金的支出效益，俄罗斯不断加大基金与国家规划和国家项目的融合，将基金支出大力向国家规划和国家项目倾斜。2018年5月，普京提出了俄罗斯新的国家战略发展目标，并在"关于俄罗斯联邦至2024年发展的国家目标和战略任务"（以下简称"五月法令"）中提出明确的国家发展目标。

围绕"五月法令"，俄罗斯联邦政府于 2019 年 5 月发布"俄罗斯联邦 2024 年前国家目标达成统一计划"，该计划指出，国家发展目标是俄罗斯联邦政府 2024 年前的主要工作方向，保障这一方向实现的工具是国家规划，其中最为重要的实现工具则是国家项目。据此，俄罗斯对国家规划清单进行了进一步修正，2020 年 2 月 18 日公布了最新国家规划清单，共 5 大领域 46 项规划。

"卫生"成为新的国家规划之一，其战略目标十分明确：2024 年劳动适龄人口死亡率降低到每 10 万人 350 例；心血管疾病死亡率降低到每 10 万人 450 例；恶性肿瘤死亡率每降低到 10 万人 185 例；每千活产婴儿死亡率降低到 4.5‰。[①]

在"五月法令"中，俄罗斯还有针对性地提出了 12 项国家重点发展战略任务：人口、医疗、教育、住房和城市环境、生态、安全优质道路、提高劳动生产率和保障就业、科学、数字经济、文化、中小企业发展和个人创业支持、国际合作和出口。依据这一战略任务，俄罗斯提出设置国家项目予以充分保障的改革方略，与医疗卫生相关的"医疗"和"人口"成为国家优先发展项目。

俄罗斯国家优先发展项目"医疗"和"人口"的资金主要来自联邦强制医疗保险基金（约占 55.2%）、联邦主体预算（约占 30.5%），以及联邦预算（约占 14.3%）（见表 2-8）。

表 2-8　2018—2024 年俄罗斯"卫生"发展国家规划资金来源

单位：亿卢布

	合计	联邦预算	联邦强制医疗保险基金预算	联邦主体汇总预算	预算体系外资金
2018 年	33185	3111	19959	10134	0
2019 年	41114	5061	21920	14149	0.1
2020 年	45399	7612	23520	14282	0
2021 年	45587	6946	25030	13626	0

① Постановление Правительства РФ от 26 декабря 2017 г. N 1640 " Об утверждении государственной программы Российской Федерации " Развитие здравоохранения " С изменениями и дополнениями от 30 ноября 2019 г.

续表

	合计	联邦预算	联邦强制医疗保险基金预算	联邦主体汇总预算	预算体系外资金
2022 年	45204	7052	25030	13134	0
2023 年	44874	6651	25030	13208	0
2024 年	44756	6621	25029	13121	0
合计	300119	43054	165518	91654	0.1

资料来源：俄罗斯联邦政府令"关于批准俄罗斯联邦国家规划'卫生发展'"（2017 年 12 月 26 日第 1640 号），2019 年 11 月 30 日修订补充。

2. 加大对地方转移支付力度

近年来，随着俄罗斯政府对医疗卫生的日益重视，以及医疗卫生资源地区分布不平衡问题的凸显，俄罗斯不断加大医疗卫生领域专项转移支付力度，希望通过这一宏观调控方式引导医疗资源的重新配置，缩小地区医疗服务差距。

来自联邦预算的专项转移支付是俄罗斯强制医疗保险基金收入的重要来源之一，在俄罗斯医疗保障体系中发挥着不可或缺的支撑作用。由图 2-3 可以看出，近年来俄罗斯联邦一直在加大对地区强制医疗保险基金转移支付的力度，从 2012 年的 6406 亿卢布增加到 2022 年的 24978 亿卢布，增长近 2.9 倍，转移支付占联邦强制医疗保险基金总支出的比重也由 2012 年的 68.71%计划提高到 2022 年的 94.16%。

（三）俄罗斯社会保险基金改革

2018 年，俄罗斯在社会保险基金领域开展了大规模的直接付款改革。所谓直接付款，是指由地区社会保险基金机构直接向被保险人支付社会保险金，其目的在于改善被保险公民和保单持有人福利的领取状况。

俄罗斯"直接支付"改革试点开始于 2011 年，要求社会保险基金地区机构在法律规定的期限内针对因意外事故和职业病造成的暂时性残疾以及生育保险计算支付额度，并直接支付给被保险人，至 2020 年 7 月，已有 77 个联邦主体参加了"直接支付"试点项目。2021 年 1 月实现所有联邦主体的全覆盖。

2017 年 11 月 24 日，俄罗斯发布社会保险基金令《关于批准 2012—2019

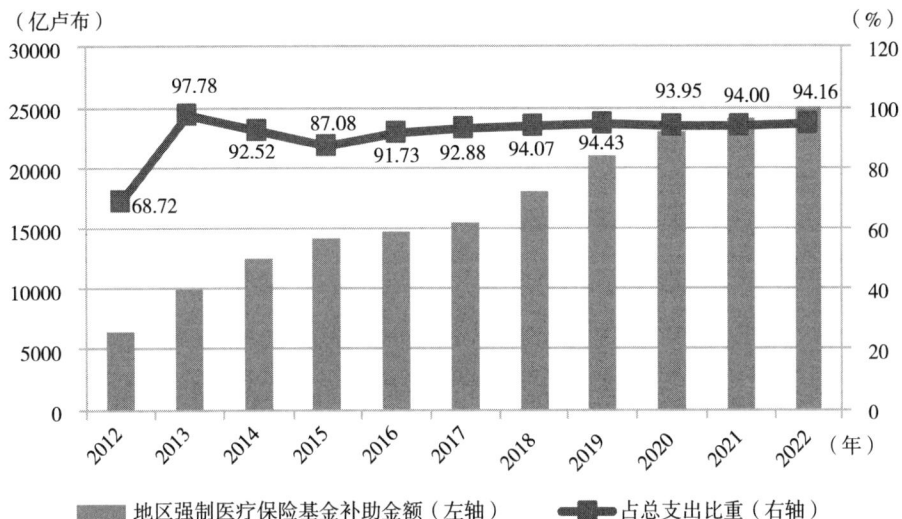

图 2-3　2012—2022 年俄罗斯联邦强制医疗保险基金中补助金情况

资料来源：俄罗斯历年联邦强制医疗保险基金预算执行说明和报告。

年间参与由俄罗斯联邦社会保险基金地区机构向因工伤和职业病临时残疾以及生育的保险人直接支付保险和其他付款试点项目的俄罗斯联邦主体支付保险及其他付款的文件形式》（第 578 号），以及《关于支付保险金所需信息登记表填写及批准程序》（第 579 号），再次明确了"直接支付"改革的相关要点，保险人在收到被保险人及其授权代表的申请，并确定保险金支付类型后，必须在自提交之日起 5 个日历日内，按照程序填写电子登记表，并将电子登记表发送给地区社会保险基金。

保险人自收到申请之日起 5 个工作日内未将信息提交地区社会保险基金或提交的信息不完整的，应在 5 个工作日内在遗失保险单中发送相关缺失信息。

地区社会保险基金机构自收到申请书之日起 10 个日历日之内，将临时丧失工作能力津贴、怀孕和分娩津贴、怀孕初期在医疗机构注册一次性津贴等打入申请书指定银行账户。每月托儿津贴的第一笔付款按照上述方式和时限支付，其后每月的保育津贴在每月的第 1 天到第 15 天之间支付。

第四节 普京第四任期前期俄罗斯财政 经济改革成效及其影响分析

自 2018 年起，俄罗斯财政经济形势不断好转，与此前两年相比已发生根本性的变化。正如俄罗斯联邦政府所指出的那样，俄罗斯国家财政已逐步摆脱西方制裁与国际石油价格暴跌带来的影响，再次开始拥有强有力的支付能力，外债依赖度极低，通货膨胀率持续下降，预算赤字保持在可控范围之内，对石油价格的依赖持续减轻，经济结构日趋优化，这些都为俄罗斯经济在 2018 年后的回升奠定了良好的基础。

一、财政经济运行状况逐步好转

2018 年普京开始其第四任期，在这一年俄罗斯经济也出现了较为明显的增长，GDP 增速提高到 2.3%。但较为遗憾的是，这一上升态势没能得到延续，2019 年俄罗斯经济发展出现小幅波动，GDP 增速减缓至 1.3%。2020 年，新冠肺炎疫情的全球肆虐对俄罗斯经济也产生了明显影响，俄罗斯经济增长同比下降 3.9%（见表 2-9 和图 2-4）。

表 2-9 2016—2020 年俄罗斯国内生产总值发展情况　　　　　单位:%

	2016 年	2017 年	2018 年	2019 年	2020 年
GDP 增速	0.3	1.6	2.3	1.3	-3.9

注释：2019 年俄罗斯统计局对 GDP 增长数据进行了调整，2015 年 GDP 增长情况由 -3.7% 调整为 -2.5%，2016 年由 -0.2% 调整为 0.3%，2017 年由 1.5% 调整为 1.6%。

资料来源：俄罗斯国家统计局，http：//www.roskazna.ru/reports/cb.html。

（一）俄罗斯联邦政府财政收入与支出

在历经 2016 年和 2017 年连续两年预算赤字后，2018—2019 年，俄罗斯联邦政府财政收支状况开始好转，收大于支，联邦预算处于稳定发展之中。2020 年，俄罗斯联邦财政预算出现了显著变化，财政收入因新冠肺炎疫情对国内外

（%）

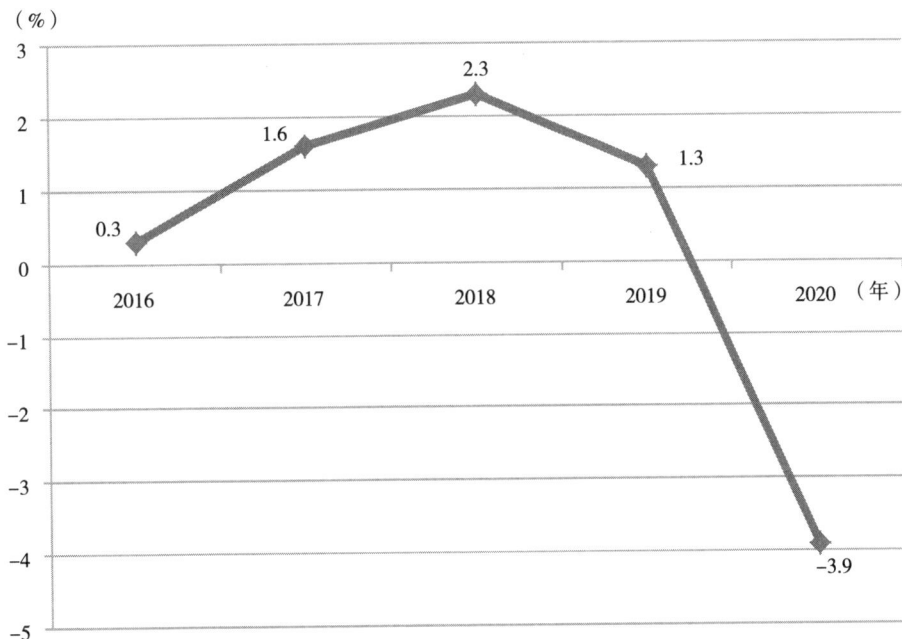

图 2-4　2016—2020 年俄罗斯国内生产总值发展情况

资料来源：俄罗斯国家统计局，http：//www.roskazna.ru/reports/cb.html。

需求和供给的抑制、油价下跌和全球经济增长放缓导致的俄罗斯出口下降而大幅度减少，而反危机措施的实施以及国家项目财政拨款的扩大使财政支出显著提高，俄罗斯联邦政府预算由盈余转为赤字（见表 2-10 和图 2-5）。

表 2-10　2016—2020 年俄罗斯联邦政府财政收支情况

单位：亿卢布

	财政收入	财政支出
2016 年	134600	164164
2017 年	150889	164203
2018 年	194544	167130
2019 年	201888	182145
2020 年	178524	237342

注：2016—2019 年为预算执行数，2020 年为预估数。

资料来源：俄罗斯国家统计局，http：//www.roskazna.ru/reports/cb.html。

（亿卢布）

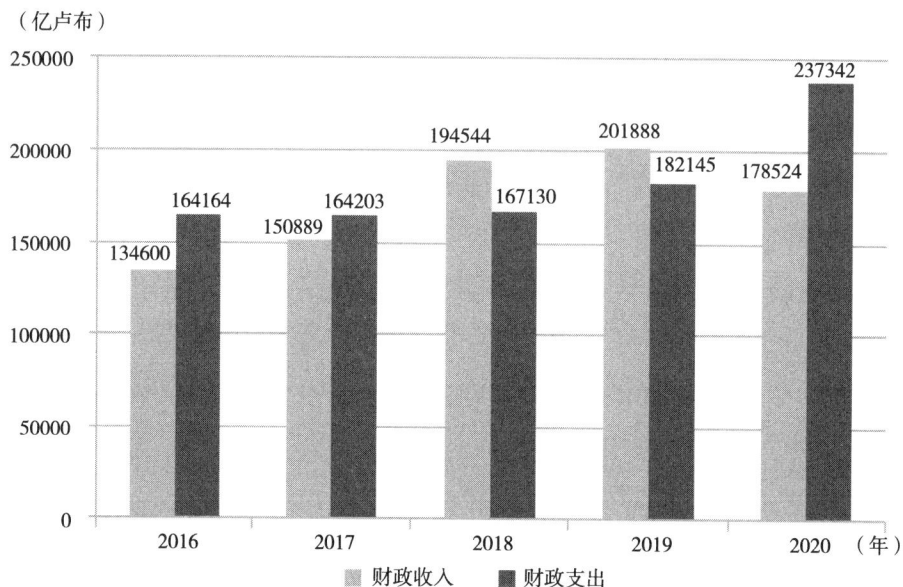

图 2-5　2016—2020 年联邦政府财政收支情况

资料来源：俄罗斯国家统计局，http：//www.roskazna.ru/reports/cb.html。

1. 俄罗斯联邦政府财政收入

2018—2019 年，俄罗斯联邦政府财政收入由 194544 亿卢布增长到 201888 亿卢布，增长了 3.8%。但受新冠肺炎疫情影响，2020 年俄罗斯联邦政府财政收入为 178524 亿卢布，与上年相比下降 11.6%（见表 2-11）。

表 2-11　2018—2020 年俄罗斯联邦政府财政收入规模及增长情况

	财政收入（亿卢布）	增长速度（%）
2018 年	194544	28.9
2019 年	201888	3.8
2020 年	178524	−11.6

资料来源：俄罗斯国家统计局，http：//www.roskazna.ru/reports/cb.html。

鉴于 2020 年俄罗斯联邦预算收入执行数据尚无法全面获得，可以用于分析的俄罗斯联邦政府财政收入以 2018 年和 2019 年为主。在 2019 年俄罗斯联邦政府财政收入中，规模最大的为增值税 70952 亿卢布，约为财政收入总额的

35.1%；居于第二位的是自然资源利用调节税费，2019 年收入 61731 亿卢布，约为联邦政府财政收入的 30.6%；居于第三位的是对外经济活动所得，2019 年该项收入 30177 亿卢布，约为联邦政府财政收入总额的 14.9%。与 2017 年相比，俄罗斯增值税收入、自然资源利用调节税费收入均因税率提升，所占比重明显提高，分别提高了 1 个百分点和 3.4 个百分点，对外经济活动所得则因关税税率下降明显减少，所占比重减少了 2.4 个百分点（见表 2-12）。

表 2-12　2018—2020 年俄罗斯联邦政府收入来源结构　单位：亿卢布

	2018 年	2019 年	2020 年
收入合计	194544	201888	178524
企业利润税	9955	11850	9876
增值税	60167	70952	68553
消费税	9570	6124	10187
自然资源利用调节税费	61069	61731	—
对外经济活动所得	37088	30177	—
国有资产所得	5518	8269	—
自然资源使用费	3442	4743	—
其他	7735	8042	—

注：2020 年部分税种收入暂无法获取。

资料来源：俄罗斯国家统计局，http：//www.roskazna.ru/reports/cb.html。

2. 俄罗斯联邦政府财政支出

2018—2020 年，俄罗斯联邦政府财政支出规模不断扩大，由 167130 亿卢布扩大到 237342 亿卢布，增长了 42.0%，年均增速 13.7%（见表 2-13）。

表 2-13　2018—2020 年俄罗斯联邦政府财政支出规模及增长情况

	财政支出（亿卢布）	增长速度（%）
2018 年	167130	1.8
2019 年	182145	9.0
2020 年	237342	30.3

资料来源：俄罗斯国家统计局，http：//www.roskazna.ru/reports/cb.html。

在俄罗斯联邦政府支出结构中，规模最大的项目依然为社会政策，2020年，俄罗斯联邦政府社会政策支出57671亿卢布，占全部联邦政府财政支出的24.3%；居于第二位的是全国性问题支出，占联邦政府支出的15.3%；居于第三位的是国防支出，占联邦政府支出的13.9%；国民经济支出为第四位，占联邦政府财政支出的13.3%。

2018—2020年俄罗斯联邦政府财政支出结构见表2-14。

表2-14　2018—2020年俄罗斯联邦政府财政支出结构　单位：亿卢布

	2018年	2019年	2020年
总计	167630	182145	237342
全国性问题	12571	13635	36391
国防	28270	29974	33089
国家安全和执法	19716	20832	23591
国民经济	24021	28270	31671
住房和公共设施	1488	2821	3840
环境保护	1160	1975	3017
教育	7726	8265	10112
文化影视	949	1224	1449
医疗	5373	7130	12647
社会政策	45818	48828	57671
体育	640	814	744
大众传媒	884	1035	1012
债务偿还	8060	7038	9025
转移支付	10954	10031	12903
其他	0	273	180

资料来源：俄罗斯国家统计局，http://www.roskazna.ru/reports/cb.html。

2018—2020年，随着联邦政府财政支出总体规模的扩大，俄罗斯联邦政府的各项财政支出规模均有所提升，但增长规模最大且引发占比明显变化的为全国性问题支出，3年间全国性问题支出累计扩大23820亿卢布，增长189.5%，占联邦政府财政支出的比重由7.5%上升到15.3%，扩大了104%，支出排名由 2018 年的第五位上升到 2020 年的第二位；占联邦政府财政支出的比重明显上升的支出领域还有环境保护、住房和公共设施以及医疗支出，占比分别提高了 85.7%、77.7% 和 65.7%；占比变化不明显的是教育、体育和大众传媒；债务偿还、国防、转移支付、国家安全和执法、国民经济以及社会政策的占比则都出现了不同程度的下降，分别下降了 20.8%、17.8%、16.9%、16.1%、7.0% 和 11.0%（见表 2-15）。

表 2-15　2018—2020 年俄罗斯联邦政府财政支出结构　　　　单位：%

	2018 年	2019 年	2020 年
总计	100	100	100
全国性问题	7.5	7.5	15.3
国防	16.9	16.5	13.9
国家安全和执法	11.8	11.4	9.9
国民经济	14.3	15.5	13.3
住房和公共设施	0.9	1.5	1.6
环境保护	0.7	1.1	1.3
教育	4.6	4.5	4.3
文化影视	0.6	0.7	0.6
医疗	3.2	3.9	5.3
社会政策	27.3	26.8	24.3
体育	0.4	0.4	0.3
大众传媒	0.5	0.6	0.4
债务偿还	4.8	3.9	3.8
转移支付	6.5	5.5	5.4
其他	0	0.2	0.3

资料来源：俄罗斯国家统计局，http：//www.roskazna.ru/reports/cb.html。

（二）俄罗斯联邦政府财政平衡

2018—2020 年，俄罗斯联邦政府在财政收入连续 2 年超过财政支出，实现财政盈余的情况下，因新冠肺炎疫情影响财政收入大幅度下降，但财政支出持续扩大，使联邦政府财政由预计的盈余转为赤字，2020 年俄罗斯联邦政府财政赤字58818亿卢布，相当于联邦财政收入的32.9%（见表2-16）。

表2-16 2018—2020年俄罗斯联邦政府财政盈余或赤字情况

单位：亿卢布

	财政收入	财政支出	盈余或赤字
2018年	194544	167630	26914
2019年	201888	182145	19743
2020年	178524	237342	−58818

资料来源：俄罗斯国家统计局，http://www.roskazna.ru/reports/cb.html。

（三）俄罗斯联邦国家债务

俄罗斯政府债务主要由内债和外债组成。2018—2020年，俄罗斯政府债务规模由137786亿卢布扩大到203986亿卢布，增长了48.0%，其占GDP的比重也由13.6%上升到19.1%，提高了40.4%（表2-17）。

表2-17 2018—2020年俄罗斯政府债务情况

	债务总额（亿卢布）	占GDP的比重（%）
2018年	137786	13.6
2019年	151337	14.3
2020年	203986	19.1

资料来源：俄罗斯国家统计局，http://www.roskazna.ru/reports/cb.html。

为保障国家经济安全，俄罗斯实施的是以内债取代外债的国家债务政策，使内债在债务总额中的比重不断上升。[①] 2011年后，俄罗斯这一债务发行政策并未发生实质性的改变，但外债占比却不断回升，逐步提高到2018年的24.3%。俄罗斯外债占比提升的原因并非因发行规模扩大，俄罗斯外债的规模长期保持在500亿美元左右。俄罗斯外债占比不断上升的主要原因在于卢布汇率下跌（见表2-18）。

[①] 童伟：《2012年俄罗斯财经研究报告》，经济科学出版社2012年版。

表 2-18　2018—2020 年俄罗斯联邦债务结构

	债务总额 （亿卢布）	内债 （亿卢布）	外债 （亿卢布）	内债占债务 总额的比重 （%）	外债占债务 总额的比重 （%）
2018 年	137786	104307	33479	75.7	24.3
2019 年	151337	116022	35315	76.7	23.3
2020 年	203986	154927	49059	75.9	24.1

资料来源：俄罗斯国家统计局，http：//www.roskazna.ru/reports/cb.html。

1. 俄罗斯政府内债结构

依照俄罗斯联邦《预算法典》规定，俄罗斯政府内债包括俄罗斯联邦国家有价证券券面额本金；俄罗斯联邦获得的贷款本金；俄罗斯联邦从其他级次预算获得的预算借款和贷款本金；俄罗斯联邦提供政府担保形成的债务，主要内债融资渠道为以本币发行的国家有价证券和提供的政府担保（见表 2-19）。

表 2-19　2018—2020 年俄罗斯联邦内债结构

	内债总额 （亿卢布）	国家有价债券 （亿卢布）	政府担保 （亿卢布）	国家有价债券 占比（%）	政府担保占比 （%）
2018 年	104307	83010	21297	79.6	20.4
2019 年	116022	93887	22135	80.9	19.1
2020 年	154927	139504	15423	90.0	10.0

资料来源：俄罗斯联邦财政部，http：//www1.minfin.ru/common/img/uploaded/library。

2. 俄罗斯政府外债

按照俄罗斯联邦《预算法典》规定，俄罗斯政府外债主要包括俄罗斯提供国家担保形成的债务；俄罗斯政府从外国政府、信贷机构、企业和国际金融组织获得的贷款本金。

2018—2020 年，因卢布汇率大幅度下降，使俄罗斯以卢布计量的外债规模明显扩大，由 33479 亿卢布扩大到 49059 亿卢布，增长了 46.5%，但以美元计量的政府外债规模变化并不明显，年底规模始终保持在 450 亿—550 亿美元之间（见表 2-20）。

表 2-20　2018—2020 年俄罗斯联邦外债结构（年底）　单位：亿美元

	2018 年	2019 年	2020 年
政府外债总计	488	491	543
对外债务	382	366	411
国家担保	106	125	132

资料来源：俄罗斯联邦财政部，http：//www1. minfin. ru/common/img/uploaded/library。

（四）俄罗斯储备基金和国家福利基金

俄罗斯于 2004 年开设稳定基金，其意在于将超额石油收入储备起来，增强政府的宏观调控能力及抵御外部危机侵袭的能力。2008 年 2 月，俄稳定基金被拆分为储备基金和国家福利基金两个部分。储备基金被指定用于熨平经济波动，弥补财政赤字，国家福利基金则主要用于养老保障及代际公平。

在 2009 年金融危机、2015 年西方制裁及国际石油价格暴跌之时，俄罗斯国家储备基金和国家福利基金都发挥了积极作用。2009 年，俄罗斯从储备基金和国家福利基金中支出 4.1 万亿卢布，用以弥补财政赤字、实施积极的财政政策。在 2015—2016 年俄罗斯反危机计划中，俄罗斯储备基金共支出 58935 亿卢布，为国家财政金融形势的稳定提供了强有力支撑。随着储备基金的不断抽取，使俄罗斯储备基金规模不断萎缩，2017 年俄罗斯储备基金占 GDP 的比重跌至历史最低水平，仅为 GDP 的 1%，已不足 1 万亿卢布。2017 年 7 月，俄罗斯《预算法典》规定，储备基金在资金耗尽后关停，此前上缴储备基金的油气收入后续直接缴入国家福利基金，与国家福利基金一并进行管理（见表 2-21）。

表 2-21　2008—2018 年俄罗斯储备基金运行情况

	规模（亿卢布）	占 GDP 比重（%）
2018 年 1 月 1 日	0.00	0.0
2017 年 12 月 1 日	9946	1.1
2017 年 1 月 1 日	9721	1.1
2016 年 1 月 1 日	36406	4.2
2015 年 1 月 1 日	49455	5.9

续表

	规模（亿卢布）	占 GDP 比重（%）
2014 年 1 月 1 日	28597	3.9
2013 年 1 月 1 日	18857	2.8
2012 年 1 月 1 日	8115	1.3
2011 年 1 月 1 日	7752	1.7
2010 年 1 月 1 日	18305	4.7
2009 年 1 月 1 日	40276	9.8
2008 年 1 月 1 日	30579	7.4

资料来源：俄罗斯联邦财政部，http：//www1.minfin.ru/common/img/uploaded/library。

截至 2020 年 12 月 1 日，俄罗斯国家福利基金约有 134570 亿卢布，占 GDP 的比重为 11.8%。俄罗斯国家福利基金在延续保障居民和养老水平功能的同时，还将承担起国家储备基金熨平经济波动、弥补财政赤字的职责（见表 2-22）。

表 2-22　2008—2020 年俄罗斯国家福利基金运行情况

	规模（亿卢布）	占 GDP 比重（%）
2020 年 12 月 1 日	134570	11.8
2020 年 1 月 1 日	77731	6.8
2019 年 1 月 1 日	40361	3.7
2018 年 1 月 1 日	37529	3.6
2017 年 1 月 1 日	43592	4.7
2016 年 1 月 1 日	52272	6.1
2015 年 1 月 1 日	43881	5.3
2014 年 1 月 1 日	29006	4.0
2013 年 1 月 1 日	26906	4.0
2012 年 1 月 1 日	27944	4.6
2011 年 1 月 1 日	26955	5.8
2010 年 1 月 1 日	27690	7.1
2009 年 1 月 1 日	25845	6.3
2008 年 2 月 1 日	7833	1.9

资料来源：俄罗斯联邦财政部，http：//www1.minfin.ru/common/img/uploaded/library。

二、社会经济发展环境及条件趋于稳定

应该说，2018 年至 2020 年年初，即新冠肺炎疫情蔓延之前，俄罗斯财政经政策目标完成情况良好，最为重要的财政经济政策目标：通过保障经济发展速度、增强国家经济发展潜力，促进国民经济可持续增长的国家发展目标有序达成。

（一）可预期的财政条件逐步确立

依照俄罗斯《预算法典》相关规定，俄罗斯联邦政府需要在每年的 10 月 1 日前将 3 年期滚动预算提交国家杜马审议，在特殊情况下可以推迟，但最晚不得晚于当年的 11 月 1 日。2015 年和 2016 年，鉴于宏观经济形势不够明朗，国家经济状况不够良好，国际石油价格难以预期，俄罗斯联邦政府均向国家杜马提出了延期提交联邦预算草案的申请，都是踩在《预算法典》规定的最后期限，即 10 月底才向国家杜马提交政府预算草案的。而且在 2016 年，鉴于中长期宏观经济指数难以预测，俄罗斯中止实施已正常运转十余年的中期预算，重新回归到年度预算。2017 年，俄罗斯虽然恢复实施中期预算，但在编制联邦预算时，关于政府是否具有重新实施中期预算的能力、条件和基础，是回归中期预算还是继续实施年度预算，在俄罗斯国内还是存在较大的疑义和争议的。

但上述这些问题在编制 2018—2020 年预算时，都已不复存在。随着国内外社会经济形势的好转，以及可预期财政条件的逐步确立，俄罗斯联邦政府如期向国家杜马提交了《2018—2020 年联邦政府预算草案》，该预算顺利地通过了国家杜马和联邦会议的审查。

（二）实施新的预算规则，经济发展与石油价格相关性明显减弱

考虑到西方制裁还将持续，俄罗斯反危机措施也将延续，俄罗斯在实施 2018—2020 年联邦政府预算时，引入了新的预算规则，明确规定预算支出的设定需要遵循新的限制额度，即以高于 40 美元/桶获得的出售石油的预算收入，不再安排预算支出，全部进入国家储备体系，以使逐渐枯竭的国家储备重新充盈。

新的预算规则有助于抑制油气价格波动对预算、汇率和通货膨胀的影响，促使俄罗斯实现经济发展多样化，向非资源经济过渡。2018 年，油气收入占俄罗斯联邦预算收入的比重为 46.4%，2019 年该比重下降到 39.3%，2020 年进一步下降到 28.7%，三年间下降了 73.0%，达到俄罗斯近 20 年来的最低点，与 10 年前（2011 年）油气收入占联邦预算一半以上时的状况出现较大改变（见表 2-23）。

表 2-23　2018—2020 年俄罗斯油气收入规模及占比

	2018 年		2019 年		2020 年	
	规模（亿卢布）	占 GDP 比重（%）	规模（亿卢布）	占 GDP 比重（%）	规模（亿卢布）	占 GDP 比重（%）
预算收入	194544	18.7	201888	18.3	178524	16.7
油气收入	90178	8.7	79243	7.2	54404	4.8
非油气收入	104366	10.0	122646	11.1	108450	11.9

资料来源：根据俄罗斯 2018—2020 年中期预算测算。

俄罗斯油气收入降低的主要原因在于：油价下跌、欧佩克协议规定的产量下降、天气状况造成的天然气出口减少，以及欧洲国家防范新冠状病毒蔓延措施导致的经济活动下降等，这些都使俄罗斯矿产开采税收入大量减少。2020 年，俄罗斯油气收入与上年同期相比减少了大约 37.1%，约为 1.689 万亿卢布。此外，能源产品出口关税改革也使俄罗斯油气收入出现明显下降。2020 年，降低原油和油品出口税使俄罗斯与原油、天然气和石油产品出口关税有关的收入减少 9142 亿卢布，同比下降 53.6%。

而 2019 年开始实施的大规模财税改革，则使俄罗斯非油气收入出现明显上升。2019 年，俄罗斯实施增值税改革，将增值税税率由 18% 提高到 20%。增值税改革使俄罗斯非油气收入得以快速增长，2020 年俄罗斯增值税收入占俄罗斯联邦预算收入比重比改革前的 2018 年提高 23.5%（见表 2-24）。

表 2-24　2018—2020 年俄罗斯联邦预算收入结构占比　　单位:%

		2018 年	2019 年	2020 年
预算收入总计		100.00	100.00	100.00
油气收入	油气收入合计	46.40	39.30	28.70
	矿产资源开采税	31.02	29.51	21.56
	出口关税	15.38	9.79	7.14
非油气收入	非油气收入合计	53.60	60.70	71.30
	增值税	31.02	34.97	38.32
	企业利润税	5.35	6.01	5.39
	消费税	4.81	4.92	5.39
	其他	12.42	14.80	20.96

资料来源：根据俄罗斯 2018—2020 年中期预算测算。

三、结构性失衡和发展障碍逐步消除

（一）创造公平的竞争环境，减少影子经济

形成公平的竞争环境和营商环境，在不增加纳税人负担的同时提高税收征集率，是俄罗斯提高信息技术、扩大统一信息空间，改进预算收入管理的目标，这一目标的实现在 2018—2020 年得到有序推进。

（二）提升国有资产收益

为确保公平的竞争环境，提高国有资产管理质量，俄罗斯开始实施统一的国资公司利润上缴 50% 的政策。2020 年，俄罗斯联邦政府预算获得的这一收入大约为 6400 亿卢布（比 2017 年高出 40% 以上）。统一实施的利润上缴政策成为俄罗斯促进国有企业提高投资项目的质量，制定提高运营效率、强化财务管理的有效激励措施。

四、预算资金使用效益得以逐步提升

2019 年，在国际货币基金组织针对财政透明度的评价中，俄罗斯与芬兰和立陶宛一起位列前三。国际货币基金组织相关报告指出，俄罗斯在提高预算

过程的公开性、扩大预算报告的覆盖范围、深化预算报告的细化程度，尤其是披露有关预算风险及其原因等方面进步显著。

2019 年，俄罗斯联邦政府发布《提高 2019—2024 年预算支出效率框架》（2019 年 1 月 31 日第 117—p 号令），提出一系列政策措施，要求实施新的现代化手段与方法，提高预算效率，消除无效和不当预算支出。该法令的实施成效明显。

（一）实施预算支出审查制度

2019 年，俄罗斯对预算支出的 5 个领域进行了审查：（1）科研和民用研发支出；（2）联邦政府机构和国家预算外基金管理机构的物质和技术保障支出；（3）联邦法警资金总支配人支出；（4）民用工业领域国家规划支出；（5）自然资源利用和环境保护领域国家规划支出。上述各项预算支出审查结果都公开发布在俄罗斯联邦预算系统统一门户网站。

（二）建立税式支出核算、监督与评估系统

俄罗斯税式支出规模庞大，占 GDP 比重不断上升，2017—2020 年由 31443 亿卢布扩大到 40661 亿卢布，增长了 29.3%，相应地，其占 GDP 的比重也由 3.4% 上升到 3.8%。随着税式支出的不断扩大，俄罗斯一方面对税收优惠制度进行了全面清理，使 2020 年税式支出规模大幅度下降，同时，以立法的方式明确提出，要对以税收优惠、免税和减税等方式产生的税收、收费、关税和社会保险费支出开展核算、监督与评估。

俄罗斯 2017—2023 年税式支出规模见表 2-25。

表 2-25　2017—2023 年俄罗斯税式支出规模

	2017 年	2018 年	2019 年	2020 年	2021 年	2022 年	2023 年
税式支出总额（亿卢布）	31443	39396	46070	40661	44742	48819	50400
占 GDP 比重（%）	3.4	3.8	4.2	3.8	3.9	3.9	3.8
油气税式支出（亿卢布）	9891	16990	19541	13743	15425	17255	17426
矿物开采税（亿卢布）	8138	13467	12932	9702	11447	13163	13241
出口关税（亿卢布）	1689	3503	3068	1877	1990	1742	1711
超额收入税（亿卢布）	—	—	352	215	197	233	245

续表

	2017年	2018年	2019年	2020年	2021年	2022年	2023年
非油气税式支出（亿卢布）	21551	22406	26529	26918	29317	31564	32974
增值税（亿卢布）	12489	13641	16779	17179	18605	20040	20615
企业利润税（亿卢布）	788	1115	1334	1293	1411	1524	1633
社会保险费（亿卢布）	976	1182	804	776	1167	1271	1359
进口关税（亿卢布）	802	751	628	562	652	703	755
财产税（亿卢布）	3694	2413	3276	3367	3466	3710	3978
其他税收（亿卢布）	2802	3304	3708	3741	4016	4316	4632

资料来源：根据《俄罗斯2021—2023年中期预算》测算。

（三）集中国家监管保障职能

2019年，在预算会计和预算报告编制职能集中化草案框架基础上，俄罗斯通过了一系列相关法规，包括建立统一中心法规，确保相关职能由预算机构转移至集中预算核算（会计）机构法规。有13个联邦行政机关及其联邦主体机构，以及部分国库所属机构获得了该职权。

此外，俄罗斯还实施了扩大项目制原则、强化国库支持机制、发展合同制、提高联邦预算单一账户流动性管理效率等方面的改革。

五、新冠肺炎疫情逐步遏制，国家战略目标实现持续推进

如果说2018—2020年年初俄罗斯还是依照国家发展战略，按部就班实施既定的财政经济发展政策，2020年新冠肺炎疫情的全球蔓延，则使俄罗斯的财政经济政策出现新的变化，遏制病毒传播、保障社会稳定、促进经济复苏成为俄罗斯2020年财政经济政策的主要目标。

2020年新冠肺炎疫情蔓延，成为全球经济近几十年来面临的最艰巨、最严峻的挑战。在这一年，全球商品和资本市场急剧萎缩，世界经济出现第二次世界大战后前所未有的下降，这也对俄罗斯最为传统的出口产品"石油"产生了显著影响，"石油"的世界市场需求经历了现代历史上最大规模的下降。

为消除新冠肺炎疫情影响，俄罗斯实施了一系列财政经济政策，在保障社会稳定、促进经济快速恢复、国家潜在经济损失最小化，以及保障政治改革稳定推进等方面取得了明显成效。

（一）保障居民收入稳定，支持中小企业发展

为遏制新冠病毒的传播，在相当长一段时期，俄罗斯不少领域，包括政府部门的活动都受到严格限制，部分服务业也被迫中止，各类消费也因隔离措施的实施受到明显抑制（不论是自愿还是非自愿）。基于被迫中止活动的经济范围过大，需要政府干预的程度超出一般逆周期财政政策的实施范围，俄罗斯又引入了一系列反危机措施，以增强政府卫生防疫能力，避免社会陷入"营业收入减少——居民就业及收入减少——社会需求减少——营业收入减少"的恶性循环。

为此，俄罗斯采取了一系列加强卫生系统建设、保障居民收入稳定、支持中小企业发展、支持地区及预算外基金预算的财政经济政策措施，主要有：（1）保障非金融行业稳定。通过各类支持计划帮助被迫中止经营活动的企业降低财务损失，对在疫情中受到严重影响的企业进行无偿援助，对大中企业实施为期半年的无息工资贷款计划，保障每名员工每月 12130 卢布，受援企业须将就业率维持在 4 月 1 日水平的 90%，对骨干企业发放优惠贷款以补充其流动资金。（2）实施信用假期，公民和中小型企业可获得六个月的贷款和贷款延迟，包括消费贷款或抵押贷款。通过调整强制性还款的最后期限，以及扩大优惠融资计划支持范围，俄罗斯有效避免了大规模支付危机的出现。（3）保障对劳动力市场的控制。俄罗斯实施了一系列支持就业的补贴政策和企业信贷政策，将失业率控制在一定范围之内。2020 年，俄罗斯失业率由 4.6% 上升到 6.4%，虽然形势也不容乐观，但相比 2008—2009 年 9% 的失业率，显然已非俄罗斯历史上最困难的时期。（4）补贴居民收入。提高失业救济金（及其津贴）短期支付标准，向多子女家庭发放一次性补助，为有需求的多子女家庭提供额外补助等措施的实施，使俄罗斯居民收入得到有效保障，危机对俄罗斯居民收入的影响较为有限：2020 年俄罗斯工资总额增长幅度有所下降，但仍保持正增长（按实际价值计算同比增长 0.5%）。

总体来看，反危机政策的实施，使俄罗斯的经济收缩与其他国家相比程度更轻，复苏更为活跃。

（二）逆周期财政政策部分化解石油价格波动冲击

自 2017 年实施逆周期财政政策"预算规则"，世界石油价格对俄罗斯经济的影响开始受到明显抑制，为俄罗斯经济、财政和金融状况的可预测性创造了良好条件。而此次全球经济的大衰退更成为对俄罗斯逆周期财政政策抗压度的实力考验。

2020 年年初，欧佩克与以俄罗斯为首的非欧佩克产油国未能达成减产协议，引发国际油价暴跌。新冠肺炎疫情下各国控制病毒传播的隔离措施，使包括运输部门在内的关键行业对能源的需求大幅度减少，世界石油市场面临历史上最大规模的石油需求下降，国际油价的下跌因之进一步加剧。2020 年 4 月 20 日，纽约交易所原油期货跌破地板价，收于每桶 -37.63 美元。同期，俄产乌拉尔石油价格也出现明显波动，继 4 月 2 日跌至 1999 年 3 月以来最低水平 10.5 美元/桶后，4 月 20 日进一步跌至 -2 美元/桶。

但国际油价史无前例的暴跌给俄罗斯社会经济造成的影响并不严重：国家外汇和金融市场保持稳定，通货膨胀和通货膨胀预期在控制之中，没有逆稳定化的储蓄行为，银行部门的负债规模相对稳定。虽然油价在 2020 年夏季慢慢恢复到 40 美元/桶左右，此后一直在俄罗斯联邦预算盈亏平衡点附近徘徊，极大地减轻了俄罗斯财政经济的压力，但严格执行"预算规则"应该说对此也发挥了明显作用。预算规则的实施使俄罗斯对长期低油价具有较为充分的准备，也有效地"限制"了石油价格波动对俄罗斯国家经济以及联邦财政的影响。在俄罗斯 2019 年发布的《2020—2022 年预算、税收和关税的主要方向》中，就基于预算规则对国际油价降至 25—30 美元/桶时国家财政运转状况进行了全面预期，并做好了国际油价跌至 25—30 美元/桶的应对措施。

（三）强化国家福利基金逆周期调节作用

为了评估俄罗斯国家财政承受外部环境压力的能力，俄罗斯对联邦预算抵御国际能源价格的冲击规模和持续时间进行了压力测试。当国际原油销售价格在 3—5 年间保持在中位（25—30 美元/桶）时，俄罗斯损失的油气收入大约为 GDP 的 4%—11%（见表 2-26）。

表 2-26 不同石油冲击期限下俄罗斯联邦预算油气收入降幅评估（占 GDP 比重）

单位:%

乌拉尔石油价格	1 年	3 年	5 年	7 年	10 年
40 美元/桶	0	0	0	0	0
35 美元/桶	−0.7	−2.1	−3.3	−4.4	−5.7
30 美元/桶	−1.5	−4.4	−7.0	−9.3	−12.2
25 美元/桶	−2.3	−6.8	−10.8	−14.3	−18.7
20 美元/桶	−3.2	−9.3	−14.8	−19.5	−25.5
15 美元/桶	−4.2	−12.7	−20.1	−26.4	−33.9
10 美元/桶	−5.1	−15.5	−24.9	−33.0	−42.9

资料来源：俄罗斯 2021—2023 年预算政策。

　　依据俄罗斯 2036 年前社会经济发展基础预测方案，2021—2030 年俄罗斯乌拉尔石油价格将略高于预算编制基准价格，这使俄罗斯国家福利基金能够得到持续补充。到 2036 年，俄罗斯国家福利基金的基本规模将维持在 GDP 的 7.9% 左右，其中流动资产大约为 GDP 的 7%（见图 2-6）。

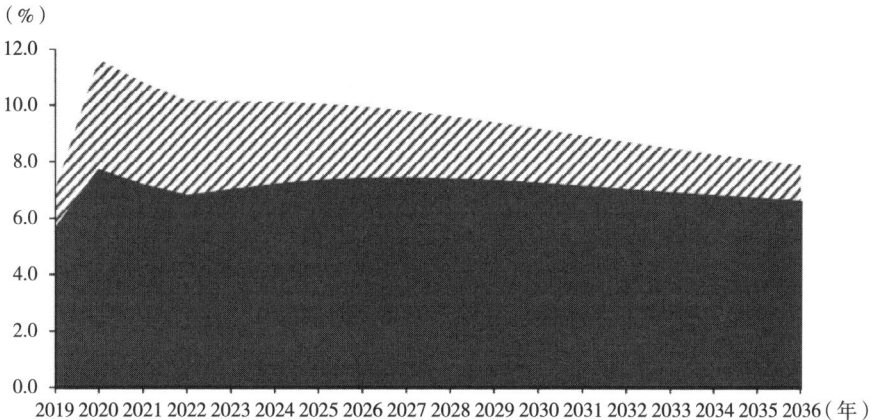

图 2-6 2019—2036 年俄罗斯国家福利基金占 GDP 比重

注：其中深色为流动资产，"深色+虚线"为总体规模。

资料来源：俄罗斯国家统计局，http://www.roskazna.ru/reports/cb.html。

　　根据上述预测，以国家福利基金的流动资产弥补预算缺口，保障国家义务履行和国家宏观经济和财政金融稳定，这一缺口规模对于俄罗斯国家福利基金来说是其能够胜任的。

事实上，2020 年俄罗斯国家福利基金不仅没有减少，实际规模还有所扩大：从年初的 77731 亿卢布增加到 134570 亿卢布，增长了 73.1%，占 GDP 的比重也由 6.8% 提升到 11.8%，增长了 73.5%。俄罗斯国家福利基金扩大的原因包括：转入 2019 年联邦预算盈余，购入的俄罗斯储蓄银行股票价值激增。

（四）明确预算支出优先战略，保障国家战略目标达成

全球新冠病毒的大流行迫使俄罗斯联邦政府对 2020 年预算政策进行调整，但实现国家战略目标仍然是反危机政策的关键任务。

与以前年度相比，俄罗斯 2020 年联邦政府财政支出结构发生了明显改变，部分支出明显提升，部分支出明显下降，但这些支出领域的升降绝大部分还是依照既有的改革方向继续实施的，仅有部分支出结构的调整是因新冠肺炎疫情导致的应急性支出扩大所致。

这点从俄罗斯联邦政府 2020 年财政支出的预算与执行情况的对比可明显发现：从预算层面来看，2020 年俄罗斯预期提升的联邦政府财政支出领域为环境保护、医疗和债务偿还，国防及国家安全和执法虽有所波动，但总体占比稳定，预期下降的是住房和公共设施、国民经济、转移支付以及社会政策。

突如其来的新冠肺炎疫情打乱了俄罗斯联邦政府的财政预算安排，使俄罗斯 2020 年联邦政府财政支出结构发生了较大变化，一是国防及国家安全和执法支出全面下降；二是环境保护、教育和债务偿还等方面支出由升转降；三是转移支付、住房和公共设施等方面支出由降转升。执行与预算没有发生方向性变化，依然保持下降态势的是国民经济和社会政策支出，依然保持上升态势的是医疗和全国性问题支出（见表 2-27）。

表 2-27 **2019 年、2020 年俄罗斯联邦政府财政支出情况对比**　　单位:%

	2019 年	2020 年预算	2020 年执行
总计	100.0	100.0	100.0
全国性问题	7.5	8.0	15.3
国防	16.5	15.8	13.9

续表

	2019 年	2020 年预算	2020 年执行
国家安全和执法	11.4	12.5	9.9
国民经济	15.5	13.6	13.3
住房和公共设施	1.5	1.3	1.6
环境保护	1.1	1.8	1.3
教育	4.5	4.7	4.3
文化影视	0.7	0.7	0.6
医疗	3.9	5.3	5.3
社会政策	26.8	25.7	24.3
体育	0.4	0.4	0.3
大众传媒	0.6	0.5	0.4
债务偿还	3.9	4.6	3.8
转移支付	5.5	5.1	5.4
其他	0.2	0.0	0.3

资料来源：俄罗斯国家统计局，http：//www.roskazna.ru/reports/cb.html。

从表 2-27 中可发现，提升医疗和全国性问题支出是俄罗斯预期的财政支出改革方向，这一支出改革方向即使在疫情影响下也得到了执行，但降低国防及安全支出则并非其原有之意，仅是因疫情影响不得已而为之。而国民经济和社会政策支出，则是俄罗斯计划降低支出领域，这一态势得到延续。

总体来看，俄罗斯 2020 年联邦政府预算支出结构的调整呈现出如下特点：一是国防及安全支出依然是俄罗斯联邦政府预算支出重点方向。二是医疗卫生已逐步成为俄罗斯联邦政府重点支出保障领域。三是即使在经济下行、社会稳定发展受到突发事件冲击的情况下，俄罗斯联邦政府依然秉持对经济进行有限干预的财政政策。四是俄罗斯最为重要的民生服务支出——社会政策支出保持下降态势，而这将对俄罗斯民生服务领域的发展产生显著影响。俄罗斯社会政策支出主要包括养老保障、给居民的社会服务和社会保障，以及对家庭和儿童保护，社会政策支出最高时曾经超过联邦政府财政支出的 30%。五是全国性问题支出大幅度提高，2020 年，俄罗斯联邦全国性问题支出大幅度提高的主要原因在于储备金支出提高，联邦政府储备金累计支出 2.31 万亿卢布，约为全国性问题支出总额的 63.4%，主要用于帮助国内经济抵御新冠肺炎疫情冲击以及实施疫情防控措施，即俄罗斯全国性问题支出大幅度提高并非因为政府管理成本增长，而是基于国家应急管理支出需要。①

---

① Счетная палата раскрыла тайны исполнения бюджета – 2020，https：//expert. ru/2020/11/9/schetnaya-palata -raskryila-tajnyi-ispolneniya-byudzheta-2020/？ ny ＝ ＆utm ＿ source ＝ yxnews&utm＿ medium＝desktop&utm＿ referrer＝https%3A%2F%2Fyandex. ru%2F.

第三章　普京第四任期后期俄罗斯
国家治理与财政经济发展

第一节　普京第四任期后期俄罗斯国家治理发展趋势

确保 2024 年最高权力的顺利过渡是普京政权的战略性目标。在普京第四任期的第一阶段，俄罗斯确立了"普京主义"的官方意识形态，拉开了政治制度变革和官僚机构调整的序幕，且经受住了全民投票和地方选举的考验。

2021 年俄罗斯国家杜马选举是普京第四任期的一个重要节点，也是修宪之后对俄罗斯当局的一次全面检验。新冠肺炎疫情不仅改变了俄罗斯大部分政治经济议程，更加深了普京政权的不确定性。提高执政合法性、稳定人心，尤其是保证执政团队的工作效率成为普京第四任期后期推行政治体制改革的重要方向。

一、普京第四任期后期俄罗斯的政治治理发展趋势

普京 2020 年推进的宪法改革，对于防止执政精英内部因"2024 问题"产生分裂起到了重要的稳定作用，普京重新获得了继续参选总统的机会。2020 年或可视为俄罗斯政治发展的一个转折点：疫情以及随之爆发的多次抗议活动破坏了普京在政治上逐渐退居二线的计划，迫使他强化了 2024 年后继续执政的选择。

（一）执政合法性风险加大

决定 21 世纪 20 年代俄罗斯政治走向的关键问题是，哪种政治力量能够最有效地应对不断增长的社会不满及对变革的要求？俄罗斯执政当局是否会采用

统一俄罗斯党的既有强制手段和战术，抑或是对其进行重新包装或命名，以使其适应新的政治现实？或是最终会涌现出新一代年轻而自信的政治家，随着新的变革推动者的崛起形成对现有政权的实质性挑战？

随着普京在政治体系中作用的淡化，俄罗斯政治体制的未来将越来越取决于精英内部冲突的解决方式，而这可能会成为俄罗斯国家命运推动的十字路口。

俄罗斯学者以及西方评论家普遍认为，普京未来的计划尚不明朗。① 在普京 2020 年 1 月首次提出修宪时，其目的在于启动权力的重新安排过程，即使 2024 年不参选，修订后的宪法也赋予普京对国家进行操控的强劲权力。在 2021 年度记者会上普京公开表示，没有确定是否参加 2024 年选举，修宪只是推迟但并没有解决普京之后俄罗斯的权力继承难题。

未来俄罗斯还可能迎来政党危机：公民要求提供更多的政治选择，而政权则正在寻求缩小可能的选择范围，并诉诸于强制性策略。以阿列克谢·纳瓦利内中毒事件为标志，俄罗斯对待政治反对派的态度已产生明显的转变。自 2011 年起，纳瓦利内便开始公开揭露国家机关尤其是统一俄罗斯党的腐败现象，纳瓦利内更因之成为 2012 年年初反对选举舞弊抗议活动的领导人之一。俄罗斯对纳瓦利内的惯用惩治措施是定罪或短时间监禁，但从 2020 年的中毒事件以及 2021 年的逮捕并被指控叛国等事件表明，俄罗斯当局正在改变策略，无限期监禁直至选举结束的可能性进一步增强。纳瓦利内不仅成为俄精英阶层的敌人，更对当局构成了挑战，他的"智能投票"策略鼓励选民支持除统一俄罗斯党以外的任何政党，显然会对统一俄罗斯党在 2021 年议会选举中获得多数席位造成明显威胁。

列瓦达中心数据显示，近年来反对派的这种方式已在地方选举中得到有效利用，至 2020 年年底统一俄罗斯党的支持率在民意调查中创下了 48% 的历史最低点。② 统一俄罗斯党虽然是俄罗斯的政权党，但不是真正意义上的执政党，虽然其具有突出的行政资源，但决策能力较弱，使其既需要承担执政阶层治理举

---

① 杨成：《普京的"2036 问题"》，《中国新闻周刊》2020 年 7 月 7 日。

② "Is Alexei Navalny a Serious Threat to the Kremlin?"，http：//country. eiu. com/article. aspx? articleid = 630650446.

措不力的政治后果，又不得不面对社会基础薄弱的现实。有趣的是，统一俄罗斯党的支持率下降并未带来反对派支持率的上升，俄罗斯国家杜马中三个最为主要的反对党：共产党、公正俄罗斯党和自由民主党的支持率依然停滞不前。

（二）街头政治风险逐步加大

在 21 世纪 20 年代，俄罗斯的街头政治将增加，将导致无序的多元主义。2021 年 1 月 23 日，纳瓦利内的被捕引发了俄罗斯主要大城市的大规模抗议游行，除目标一致地指向现政权外，还呈现出一些新的特征：如与防暴警察发生冲突，袭击警车等现象在当代俄罗斯的抗议活动中前所未有。活动组织者企图将抗议活动发展为常规活动，直至纳瓦利内被释放。①

但目前来看，纳瓦利内本人及抗议活动的影响力尚不足以引发政治局势的动荡，俄罗斯政府利用抗议者的暴力行径及其受到境外支持，使抗议活动失去了合法性。与此同时，部分抗议群体也并不完全同情或支持纳瓦利内，且纳瓦利内在城市外围和广大农村地区的影响力微弱。

即便如此，可以肯定的是，俄罗斯还会继续对选举过程实行严格控制，而这也将成为俄罗斯政治现代化的重要阻碍：一是此举会进一步加剧政府与公民之间的隔阂，削弱政府了解与安抚公众情绪的可能；二是将使选举丧失有效性，无法在投票箱上表达不满的老百姓可能会走上街头抗议。②

二、普京第四任期后期俄罗斯的社会治理发展趋势

普京第四任期开启至今，俄罗斯民众的不满情绪日益累积，所谓的"普京多数"③ 已表现出新的特征，已不再那么坚不可摧。普京之所以能在修宪投票中

---

① 巴乌诺夫：《近期俄罗斯抗议活动的新特点》，《欧亚新观察》2021 年 1 月 28 日。

② Sinikbkka Sarri, Stanislav Secrieru, *Russian Futures* 2030：*The Shape of Things to Come*, Luxembourg：Publications Office of the European Union, 2020.

③ 普京通过不同于西方自由主义民主的制度安排，克服了叶利钦时期俄罗斯转型的"制度陷阱"，摆脱了国家治理危机，满足了俄罗斯民众对于秩序、稳定和发展的期许，从而在俄罗斯形成了特殊的"普京多数"现象，构成了"普京主义"的社会基础。然而，俄罗斯经济的稳定发展催生了新中产阶级的兴起，选民结构的代际变化，以及互联网和社交网络的勃兴，逐渐消解了"普京主义"的正当性。随着一个与"普京多数"针锋相对的"去普京多数"群体的崛起，普京政权正面临着日趋严峻的挑战。

获得高票支持，很大程度上是因为其政治改革的内容与事关选民切身利益的经济和社会利益捆绑在一起。普京在汲取正当性的同时又迈入了新的正当性陷阱。

（1）全体投票虽得以通过，但它没有为俄罗斯政治制度注入新的活力和合法性。俄罗斯的此次投票并没有激发公民的热情，而更像是一种仪式，不能反映民众的真实意图。相反，它进一步削弱了联邦政府、地方政府和莫斯科市的声誉，因为健康数据正在被"编辑"、被"篡改"，以适应政治议程。尤其是索比亚宁决定在投票前解除隔离限制的做法，被认为是荒谬且完全不符合疫情防控要求的。列瓦达中心社会学家阿列克谢·列文森称："人民不喜欢隔离，但当他们明白隔离的结束并非医学需要，而是普京需要时，就会遭到人们的鄙视。"①

（2）俄罗斯政府在应对疫情方面没有"全力以赴"。生命健康本应是国家最重要的政治问题，但在疫情引起的灾难中，普京最为关心的是自己的政治议程，对内是宪法投票和政治控制，对外则更多地关注与西方的地缘政治对抗。② 民众指责总统在公共管理中的参与度下降，认为总统只是出现在各种屏幕上，设置众多的 KPI（关键绩效指标）来敦促地方行政长官控制流程、管理危机，但对于日常管理和长期目标却无所作为，例如面对像新冠肺炎疫情这样的全球性健康危机，普京虽下令员工带薪休假，却无法确保企业遵守执行，更无法使不断崩溃的医疗体系适应长期健康挑战。③

（3）因哈巴罗夫斯克边疆区州长被捕引发的抗议活动，展示了俄公民社会缓慢但可感知的崛起。富尔加尔被认为是一位高效率甚至富有爱心的地方行政长官，他的突然被捕引发了群体性愤怒。在俄罗斯，这种情况很少发生，因为地方行政长官经常被更换或被捕。此次事件则不同，它导致持续数月的大规模抗议活动，公众相对较高的同情度反映了对联邦政府的普遍不满。④

---

① 安德烈·科列斯尼科夫、丹尼斯·沃尔科夫：《卡内基专家盘点 2020 年俄罗斯政治》，《欧亚新观察》2020 年 12 月 18 日。

② Становая Т.，"Кризис-2020 и пять новых свойств российского режима"，https：//carnegie. ru/commentary/81975.

③ Fabian Burkhardt. The Institutionalization of Personalism？ The Presidency and the President after Putin's Constitutional Overhaul. DOI：10. 3929/ethz-b-000409840.

④ Становая Т.，"Кризис-2020 и пять новых свойств российского режима"，https：//carnegie. ru/commentary/81975.

列瓦达中心 2020 年 12 月 29 日对俄罗斯人的新年期待进行了调查，结果显示，60%的受访者希望 2021 年能变得更好，达到 2010 年以来的最高值，但其中只有 7%的受访者相信这一愿望可能实现，9%的受访者则认为会变得更糟，退回到 2015 年的水平。62%的受访者认为 2021 年是俄罗斯政治局势紧张的一年，71%的受访者预计 2021 年将是俄罗斯经济形势紧张的一年。① 另一项调查也显示，约一半的受访者认为 2020 年是俄罗斯最糟糕的一年，这是 20 世纪 90 年代以来的最高水平。②

三、普京第四任期后期俄罗斯的经济治理发展趋势

仅仅依靠保守主义倾向、福利国家政策和强势对外立场，国家是难以长期维持国家的稳定、发展与繁荣，以及被外部世界承认的大国地位的。国家政治改革的思路无论如何调整，始终需要建立在经济发展的基础之上，促进经济发展也因此成为普京第四任期后期需要解决的迫切问题。

（一）经济问题政治性加大经济发展困难

经济问题的政治性对于俄罗斯来说，在疫后时代具有更为重要的意义，只有重返可持续增长的轨道，俄罗斯才能获得更加扎实的民意基础，才能给俄罗斯的大国诉求提供强有力的支撑。西方学者认为，米舒斯京政府最初会获得公众信任，但这种积极形象可能会很快消失。因为造成俄罗斯经济停滞和人民生活水平恶化的真正原因不在于内阁的组织结构，而是其服务偏好。仅仅只是改革政府的组成结构，而不改变政府服务于政治精英的发展逻辑，是不太可能使政府在社会经济领域取得重大成就与突破的。③ 俄罗斯政府作为一个集体机构，内阁成员来自不同的利益集团，受到各种正式与非正式政治和经济参与者的影响。别洛乌索夫的扩张主义经济偏好与西卢阿诺夫和纳比乌琳娜的保守主

---

① Левада-Центр，" 2021 год：ожидания россиян "，https：//www. levada. ru/2020/12/31/2021-god-ozhidaniya- rossiyan/.

② Левада-Центр，" 2020 год：итоги "，https：//www. levada. ru/2020/12/29/2020-god-ito-gi/.

③ Maria Domanska，"Putin's January Games：'Succession of Power' on the Horizon"，DOI：10. 3929/ethz-b-000398331.

义倾向形成鲜明的对比，使俄罗斯的经济政策很难能够保持一致。①

（二）国家政策须更具有务实性与针对性

当前世界范围内的经济环境以及俄罗斯国内的经济环境，都不利于俄罗斯经济的快速复苏。疫情下的俄罗斯经济停顿已不是通常意义上的经济危机，在一系列反危机措施下，俄罗斯经济正在步入一种低系统风险、低活跃度的"双低"状态。

从国内情况看，俄罗斯居民消费力下降，企业投资能力和投资意愿不足，政府刺激和干预经济的财政资源受限。从外部条件来看，全球经济不景气加之拜登执政后美国制裁收紧，将限制俄罗斯的出口渠道和规模。② 因此，在 2024 年大选前的三年内，俄罗斯实现突破性发展的战略目标已经难以达成，开启新投资周期的计划也将被迫搁置。疫后经济反弹动力耗尽后的 2022 年，可能会成为俄罗斯经济最为困难的时期。

在此背景下，俄罗斯在经济领域的国家政策将更加具有务实性和针对性：

（1）调整国家发展目标和任务，避免其不佳的完成情况再一次影响政府绩效。2020 年 7 月 21 日，普京签署总统令，在融合"新五月命令"九大目标，剔除若干难以实现的目标，例如"成为世界五大经济体之一"之后，确定了俄罗斯最新国家发展目标，并将目标实现期限推迟到 2030 年，超出了当前政治精英的责任范围。

有专家称，"我们曾经设定的 GDP 增速目标是超过 5%，因为只有这一速度才能满足国民财富增长和经济现代化的最低要求。而现在，我们的政府比任何时候都要低调"③。这种做法虽然也是多重危机下的无奈之举，但也巧妙地降低了公民的经济预期。

（2）《俄罗斯联邦 2030 年前国家发展目标》在法律层面保障了政权的合

---

① Vladimir Gelman, "The New Russian Government and Old Russian Problems", DOI: 10.3929/ethz-b-000398331.

② 徐坡岭：《新冠疫情下俄罗斯经济重启的制约因素及前景分析》，《渤海大学学报（哲学社会科学版）》2020 年第 6 期。

③ Рустем Фаляхов, "Скромный план России: на что пойдут пять триллионов", https://www.gazeta.ru/business/2020/06/02/13104931.shtml.

法性。《俄罗斯联邦 2030 年前国家发展目标》更加突出人本主义，具有明显的社会性，巩固了普京此前做出的一系列社会承诺（包括最低工资法案、养老金指数化等）以及 2020 年 3 月联邦预算修正案中批准的长期社会义务。在《俄罗斯联邦 2030 年前国家发展目标》指引下，俄罗斯经济复苏计划中还涵盖了若干社会民生举措，强化了米舒斯京"社会型政府"的特征。

（3）俄罗斯政府在应对疫情过程中，浓墨重彩地描绘了其相对于西方国家经济的优越性。经济发展部部长德米特里·格里戈连科更是提出，疫情下俄罗斯经济首次超过德国，提前实现了世界第五大经济体的目标。俄罗斯领导层还会继续利用在此的数据优势，诸如远低于欧美发达国家的经济下滑幅度、充裕的主权基金和国家储备、低水平的国家债务等，引导舆论以获得更多支持。

（4）面对汹涌而来的第二波疫情，着眼于经济重启，俄罗斯官方多次表示不会再度进行全国性封锁。俄罗斯经济发展部发布的未来三年宏观经济预测也未考虑第二波疫情，以避免公众过度恐慌。俄罗斯各地区陆续重新出台限制措施，但多数是有关老年人群体远离工作和自我隔离的。联邦政府的"反新冠叙事"可归结为：第一波疫情已积累经验；医疗系统已基本适应；即使出现最坏的情况，俄罗斯医疗能力也是足够的。俄罗斯经济复苏计划将延续至 2021 年年底，也就是说，至少在国家杜马选举之前，俄政府将着力确保经济呈现出复苏态势。

第二节　普京第四任期后期俄罗斯财政经济政策目标

拟定中长期财政发展规划，确保财政经济政策与国家战略高度一致，充分体现财政对国家治理目标达成的支持与支撑，是俄罗斯财政经济管理的核心与重点。

一、普京第四任期后期俄罗斯面临的财政经济形势

2021—2024 年，俄罗斯财政经济发展面临的国际及国内环境日趋复杂，

不稳定性不确定性明显增加，新冠肺炎疫情影响广泛深远，对俄罗斯财政经济的长期可持续发展形成了严峻挑战。

（一）普京第四任期后期俄罗斯经济社会发展的外部环境

2020 年一季度，新冠肺炎疫情的快速蔓延对全球经济活动产生了巨大影响，据国际货币基金组织测算，2020 年一季度世界经济就面临了第二次世界大战后幅度最大的衰退，世界生产总值下降了近三成，从 1 月的-3.3%下降到 3 月的-4.9%。2020 年二季度是各国经济受创最为严重的时期，几乎世界前 20 国家的国内生产总值都出现了不同程度的下降。随着检疫措施的放松和政府支持力度的加强，2020 年夏季世界经济环境得到逐步改善，但随着秋冬第二波疫情的到来，全球经济在 2020 年年底再次陷入困境，进一步恢复的轨迹并不清晰。据判断，即使在 2021 年能够结束疫情，全球经济生产可能也无法恢复到 2019 年的水平，预计降低 6.5%（见图 3-1）。

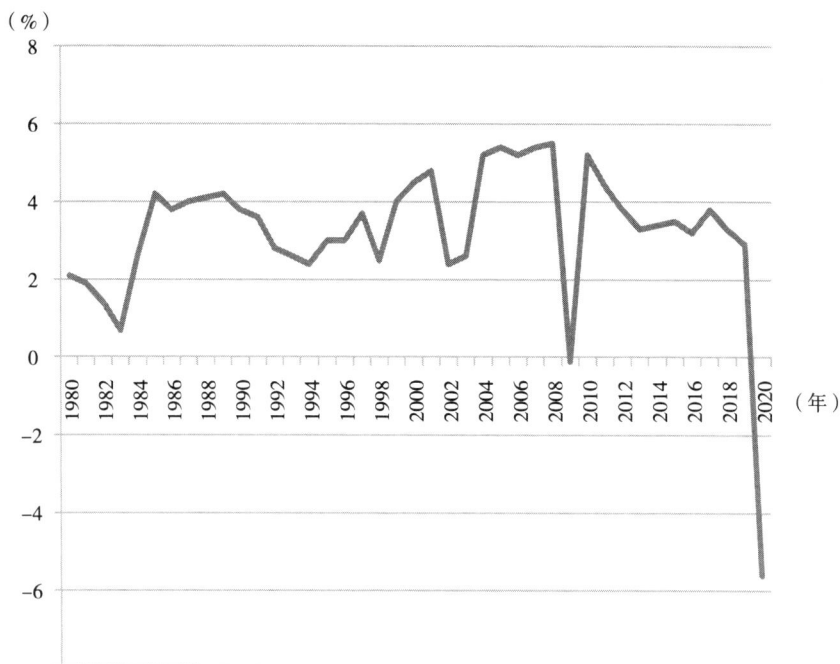

图 3-1　1980—2020 年全球生产总值增长情况

全球经济活动受到供应和需求两个方面的冲击：一方面，为防范疫情传播许多公司被迫中止活动，生产链破裂，据世界贸易组织统计，2020 年一季度世界贸易同比下降 3%，二季度全球贸易下降约 18.5%；另一方面，隔离措施也导致需求减少，使社会服务需求明显下降。此外，实业公司也因需求急剧下降、供应链中断和较高的不确定性而减少投资。

与经济活力下降相伴随的是就业率下降。尽管采取了多种支持劳动力市场的措施，国际劳工组织数据显示，2020 年二季度比 2019 年四季度全球工作时间减少了 14%，相当于减少了 4.8 亿个工作岗位。

全世界广泛的经济危机引起了各国政府和中央银行普遍反响，为支持居民和企业渡过难关，各国都采取了缓征或减征税收，扩大国家担保，增加预算支出的措施。世界主要国家用于支持经济和居民的直接财政支出大约为 5 万亿美元，考虑到税收延期、国家担保和准财政业务，总体支出超过 11 万亿美元。各国的财政扶持方式虽各不相同，但集中于三个方向：（1）加强卫生系统建设；（2）为最弱势居民和失业者提供保障；（3）支持企业和行业发展，包括延迟征税、降低税收负担，提供信贷担保和利息补贴，支持受影响最严重的行业，支持中小企业。

据国际货币基金组织统计，全球最关键的 20 个国家 2020 年都为财政赤字，包括一些预期盈余的国家也由盈余转为赤字。随财政赤字的扩大，2020—2021 年不仅发展中国家，就连发达国家，其债务占 GDP 的比重都会急剧上升，全球公共债务规模 2020 年将在 2019 年增长 1.6% 的基础上继续扩大18.7%，达到全球生产总值的 101.5%，再创历史最高水平。

（二）普京第四任期后期俄罗斯预期社会经济发展状况

俄罗斯 2021—2023 年社会经济发展预期构建的基础是基线方案。基线方案充分考虑了新冠肺炎疫情对经济的影响，以及俄罗斯联邦总统 2020 年 7 月 21 日发布的第 474 号令"2030 年前国家发展目标"的落实。

俄罗斯 2021—2023 年社会经济发展基线方案假定：

（1）从外部经济来说，2020 年全球 GDP 同比下降 4.0%—4.5%，全球生产链断裂，旅游、航空旅行、休闲和娱乐业活动受限会延缓全球经济复苏，"欧佩克+"协议使世界石油产量和石油市场价格趋于稳定（乌拉尔石油价格

45—48美元/桶），外部经济条件和卢布汇率相对稳定，美元兑卢布汇率保持在1美元兑72—74卢布，国外制裁还将持续。

（2）从内部经济来说，得益于2020年的反危机措施，俄罗斯避免了不利状况的扩大，全年GDP下降3.9%，好于其他国家。2021年，俄罗斯经济增长将会加速，经济复苏将有助于促进国家反危机计划的实施，促进就业和家庭收入提升、经济增长和结构性调整。从中期来看，俄罗斯GDP增长率将稳定在3.0%以上，促进国家项目实施，促进实现国家发展目标达成。

经济复苏将伴随劳动力市场行情的好转。到2021年年底，俄罗斯国内从业人数（根据国际劳工组织预计）将恢复到危机前2019年的水平（2021年平均7170万人）。2021年的平均失业率将为5.2%，到年底该指标将下降到5%以下，与自然失业率相当。2022—2023年，在劳动力市场适应新的条件后，俄罗斯失业率将降至4.7%和4.6%。

随着2021年经济活动和就业率的提升，预计俄罗斯的工资将同比增长2.2%，居民实际可支配收入增长3.0%，2022年至2023年将持续增长2.4%—2.5%。俄罗斯居民收入状况的改善将有助于消费需求的可持续增长，在2021年补偿性增长（零售和零售业同比增长5.1%和6.7%）之后，中期将保持每年增长2.8%—3.1%。

随着经济增长向投资拉动模式转换，俄罗斯私营部门的投资扩大将促使投资以超乎寻常的速度增长（2021—2023年分别增长3.9%、5.3%和5.1%），2022年"欧佩克+"协议的实施以及石油生产投资的恢复，将为俄罗斯加快投资带来额外贡献（见表3-1）。

表3-1　2020—2023年俄罗斯基线方案社会经济发展预测指数

	2020年	2021年	2022年	2023年
乌拉尔石油价格（美元/桶）	41.8	45.3	46.6	47.5
美元兑卢布汇率（年均）	71.2	72.4	73.1	73.8
GDP（万亿卢布）	107.0	115.5	124.2	132.8
GDP增速（%）	3.9	3.3	3.4	3.0
固定资产投资增长（%）	6.6	3.9	5.3	5.1

续表

	2020 年	2021 年	2022 年	2023 年
居民实际可支配收入增长（%）	3.0	3.0	2.4	2.5
消费价格指数（%）	3.8	3.7	4.0	4.0
进口货物（亿卢布）	3213	3546	3817	4031
出口货物（亿卢布）	2352	2499	2673	2847

资料来源：根据俄罗斯 2021—2023 年中期预算数据测算。

二、普京第四任期后期俄罗斯财政经济发展目标

2021—2024 年，俄罗斯将财政经济发展的政策目标确定为抵御新冠肺炎疫情蔓延，促进经济复苏；促进经济结构转型，保障国家目标达成。

（一）抵御新冠疫情蔓延，促进经济复苏

2020 年，虽然非油气收入减少，但俄罗斯依然大规模增加反危机政策支出，使俄罗斯联邦预算赤字不断扩大，大约达到 GDP 的 3.2%（如果不考虑出售俄罗斯储蓄银行股份的一次性收入，联邦预算结构性赤字超过 GDP 的 4.2%）。反危机措施在非预算部门支出需求急剧下降时有力地支撑了俄罗斯国内经济发展，减缓了生产规模的下降，促使经济得到尽快复苏。在非预算部门信贷需求下降的情况下，俄罗斯联邦预算赤字主要通过国家债务的形式予以弥补。

2021 年，俄罗斯财政政策将继续保持反周期政策方向，同时，为后疫情时期的经济复苏向居民和行业提供临时性反危机资金。俄罗斯仅用于向国家反危机计划额外划拨，用于恢复就业、促进居民收入增长、经济结构转变的财政支出将达 GDP 的 1.1%。为此，2021 年俄罗斯联邦预算赤字将增长至 GDP 的 1.3%（不包括出售部分俄罗斯储蓄银行股份而获得的部分利润，赤字将达 GDP 的 1.45%），赤字将通过额外发行的国家债务予以弥补。俄罗斯财政赤字产生的原因除预算支出扩大外，石油生产受限，石油和天然气收入下降也是重要的引至原因。

在其后几年中，随着经济的逐步复苏、财政政策的正常化，2022 年俄罗

斯将依照"预算规则"将预算赤字控制在5850亿卢布。正常化的财政政策将有助于保持稳定的经济和金融状况，持续低位的实际利率也将有利于私人投资的增长。由此，俄罗斯2022年正常化后的联邦预算支出将略高于新冠肺炎疫情前制定的预算支出水平，2021年和2022年俄罗斯联邦预算支出将分别占到GDP的18.6%和17.6%（2020—2022年联邦预算法（第52号）确定的是GDP的17.6%和17.4%）。鉴于2020年及2021年政府债务的额外增加，俄罗斯2022年的国家债务水平将达GDP的20%，在国家债务规模正常化后将保持这一水平，以控制国家债务风险，使中长期利率处于较低水平。

（二）促进经济结构转型

1. 保障国家目标的达成

虽然疫情的全球蔓延在短期内带来的挑战极为严峻，但财政政策还必须面向国家的中长期可持续均衡发展。为实现国家发展目标做出贡献，仍然是俄罗斯联邦政府制定财政政策的关键。2020年7月21日发布的第474号俄罗斯联邦总统令《俄罗斯联邦2030年前国家发展目标》在保持国家长期发展政策方向不变的同时，扩大了国家战略规划的视野。《俄罗斯联邦2030年前国家发展目标》使俄罗斯联邦财政预算政策发生了结构性改变，例如税收体制结构改变，以及支出（包含税收支出）结构改变和支出效率提升。

2. 开展税制结构调整

2021—2023年，俄罗斯税收政策的主要改革将集中于税收公平性的发展，主要包括：减少针对中小企业劳动力的直接税，提高石油生产税收优惠实施效率，提高矿物开采收入分配的公平性，降低收入税的累进程度。

（1）将针对中小企业的社会保险缴费费率从30%降低到15%，相当于减轻30%针对劳动力的税负，总税负（包括保险费、增值税、财产税、所得税和特殊制度）减轻了11%。社会保险缴费费率下降不仅有利于减少中小企业的税收负担，还会极大地促进中小企业走出"灰色经济"，据估计，俄罗斯中小企业每年灰色工资收入约为5万亿卢布。

（2）提高石油生产税收优惠的效率，在对2006—2020年石油生产和出口的税收支出有效性进行系统评估基础上，建议取消转为课征超额收入税的资源枯竭油田的税收优惠，取消黏性/高黏性油的生产和出口税收优惠，为新开发油田提供税收优惠。

（3）提高资源收入分配的公平性。针对收益水平高于国外或俄罗斯其他固体矿物的部分固体矿物，提高其开采税税率。

（4）降低应税收入的累进水平，包括：根据修订的《避免过境运输中的双重征税协定》条款，将企业利润税中的过境运输收入扣除率提高到15%（包括塞浦路斯、马耳他、卢森堡、荷兰），对有保障居民的被动收入，即超过100万卢布的银行存款和债券课征13%的利息税。

3. 保障预算支出对国家战略优先性的支持

俄罗斯以总统国情咨文提出的国家发展目标为导向，明确联邦预算支出的优先保障方向：国家项目和国家规划的实施。2021—2023年，俄罗斯联邦预算用于国家项目实施的支出大幅增长，2021年预计比2020年增加15.9%，三年累计提高38.7%（见表3-2）。

表 3-2　2020—2023 年俄罗斯联邦预算支出优先方向　　单位：亿卢布

	2020 年	2021 年	2022 年	2023 年
总统咨文支出	6694	10482	10875	12344
3—7 岁儿童月补贴	1697	2938	2953	2968
社会领域合同	70	263	263	263
母亲资本（国家项目"人口"）	4283	4433	4803	5800
小学生的热餐	221	404	428	559
学校的额外场地（国家项目"人口"）	60	393	378	704
儿童艺术学校的现代化	16	31	30	30
课堂管理费	247	750	750	750
给社会经济不发达地区的财政援助	100	100	100	100
初级医疗部门现代化	0	900	900	900
投资税收扣除激励措施	—	270	270	270
国家项目支出	21905	22458	26086	27805
人口	7353	7425	7624	8559
卫生	3067	2432	2511	2121

续表

	2020 年	2021 年	2022 年	2023 年
教育	1322	1716	1557	1846
住房和城市环境	1189	1026	1257	1784
生态	720	1080	1319	1403
安全和高质量的公路	1490	1174	340	263
劳动生产率和就业	52	64	69	72
科学	457	549	763	978
数字经济	1134	1502	2111	1907
文化	161	217	243	251
中小企业和企业创新	648	563	610	787
国际合作和出口	693	975	2060	1930
骨干基础设施全面现代化和扩张计划	3618	3734	5622	5904
优先方向支出合计	24256	28114	31780	33645

资料来源：根据俄罗斯 2021—203 年中期预算测算。

（1）体面、高效和成功的企业经营。

促进国家经济发展是俄罗斯最为基础的国家发展目标，是改进居民生活质量、实现其他国家目标的基础。为此，需要提高包括中小企业在内的就业水平，提高固定资产投资的质量和规模，增强企业竞争力并积极参与到全球贸易之中。

①俄罗斯经济的多样化发展和提高经济活动积极性，与促进中小企业就业密切相关（国家项目"支持中小企业和个人创新"）。为促进中小企业发展，俄罗斯实施了一系列税收优惠，例如，降低中小企业社会保险费率，将专利税制的适用范围扩大到当前采用统一视同收入税的企业，将新注册生产、社会、科学以及居民日常服务方面个人企业的"免税期"延长至 2024 年，专利税制和简化税制的税率均为零，使用税控收银机的简化税制纳税人免除提交纳税申报表义务。

②实施广泛的财税政策的目的是促进固定资产投资水平的增长。俄罗斯在此领域的财税政策有：对原材料的消费税实行税收扣除，促进石油化工生产的

新设施的投入使用，根据与俄罗斯联邦政府达成的协议转向新的投资税收优惠程序。

③增强俄罗斯企业全球贸易竞争力和参与度，为此，需要推进企业竞争力提升规划，建立面向出口企业的统一数字平台"俄罗斯出口中心"，建立灵活的支持出口的金融工具，放宽外汇管制领域立法，积极发展离岸经济，修订《避免双重征税协定》，避免"过境"所得税缴纳，推进有关国际自动交换信息的立法，提高财务数据交换的效率，解决数字货币征税及其流通税收监管的问题。

（2）数字化转型。

为了更积极地利用新技术优势，实现经济和社会领域关键部门的"数字化"（包括医疗、教育和公共管理），为国内高科技公司发展创造条件，增强IT 行业在国际业务的吸引力，俄罗斯在数字化转型方面计划采取一系列措施：扩大税收优惠政策，将社会保险费率从 14% 降低到 7.6%，将企业利润税税率降低至 3%，取消外国软件销售的增值税优惠。建立基于数字经济的法律法规体系，建立以本国技术为主、具有全球竞争力的数据传输、加工和存储的基础设施，建立以本国技术为主的"端到端"数字技术，建立包括优惠贷款、风险融资的综合财务管理数字平台，建立公共行政和公共服务数字平台，建立国家和地方财产销售电子交易程序，向以电子方法交付和保存国家和地方合同执行报告和证明文件过渡。

（3）保护人口及人民的健康。

确保人口可持续发展，人均预期寿命延长到 78 岁（见图 3-2），贫困水平减少一半，是俄罗斯 2021—2023 年最为重要的国家战略发展目标之一。为促进生育率提高，俄罗斯计划实施的主要措施有：提高母亲资本规划的资助金额，扩大实施范围，生育第一个孩子的家庭就可获得规划资助（从 2020 年开始）；完善第一个孩子生育/领养后的每月补助发放机制；对家庭第三个子女（及其后子女）3 岁前每月发放补贴；向有 3—7 岁儿童的多子女贫困家庭每月发放补贴；为低龄儿童的父母工作创造条件，提供职业培训和再培训服务；为 3 岁以下儿童提供更多学前教育学位；保护居民生殖健康，提高怀孕、分娩和新生婴儿医疗服务的可获得性和服务质量，提高体外受精技术效率；提高多子

女家庭住房负担能力，2 个及以上子女家庭购买新建住房时可获得 6% 的优惠
抵押贷款，2019—2022 年生育第三个及以上子女家庭可获得一次性 45 万卢布
贷款补助。

（%）

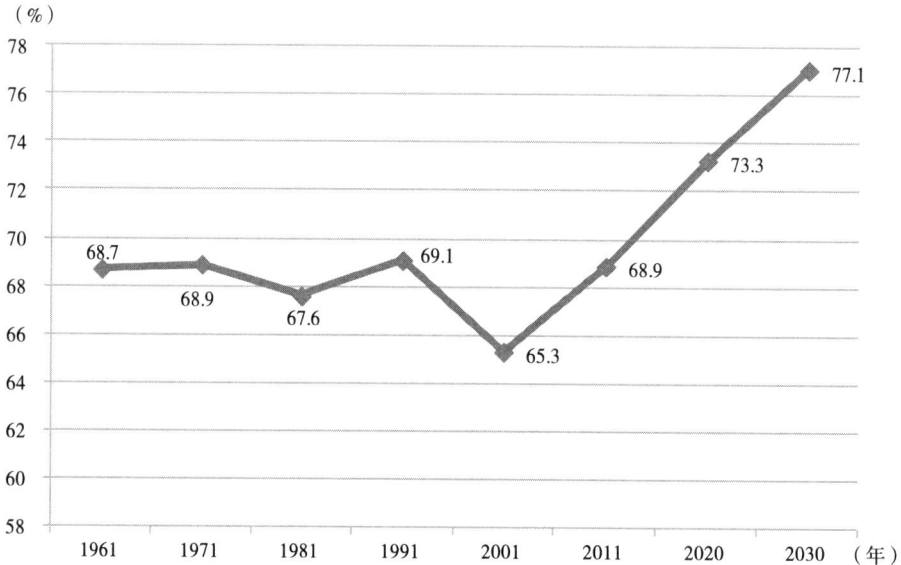

图 3-2　1961—2030 年俄罗斯人均预期寿命

资料来源：俄罗斯 2021—2023 年中期预算。

　　为降低死亡率，提高医疗质量和可及性，俄罗斯计划开展以下活动：提倡
健康的生活方式，阻止有害健康的消费（包括吸烟）；改善对循环系统、恶性
肿瘤患者以及儿童的医疗服务；提高初级医疗卫生服务的可及性和质量，包括
疾病的预防、诊断和早期发现；改善医疗基础设施（包括难以到达的和人口
稀少的地区）；为医院和诊所配备现代医疗设备，建造和重建儿童医院；实现
医疗卫生管理数字化，包括远程医疗、电子医疗文件和电子预约系统；发展高
科技医疗，早期系统诊断和远程监控患者的健康状况；建立流行病长期监测、
预警系统；为老年人提供医疗和社会援助，并创造有利的医疗条件；为重症及
慢性病儿童提供医疗援助。

　　在减少贫困、提高居民收入方面，俄罗斯认为，在国家经济波动较大的情
况下，不断提高居民劳动收入，同时将通货膨胀率维持在较低水平，是保障居

民实际收入稳定增长的基础。为此，国家政策应集中于帮助最弱势群体，包括养老金领取者（通过锚定养老金与通货膨胀速度之间的关系），低薪工人和其他陷入生活困境的低收入公民。

为确保低薪工人的工资增长，俄罗斯计划改变最低工资水平计算方法，将最低工资水平的计算方法调整为上一年工资中位数的42%，且不低于最低生活保障水平。2021年，俄罗斯最低工资水平将提高到12792卢布，比2020年高5.5%。

为向低收入公民提供务实高效的帮助，俄罗斯拟在公平性、针对性和需求性的原则上对社会援助体系进行现代化改造，包括建立完整的公民福利监督系统。

俄罗斯推动国家减贫目标实现的主要方法是扩大急需领域的社会援助。例如，对低收入家庭的每月补贴计划（包括针对3岁以下儿童的补贴和针对3—7岁儿童的补贴）覆盖了350多万户家庭，涵盖一半以上贫穷人口。2021—2023年，俄罗斯联邦预算对此的补贴每年将超过4000亿卢布，相当于低收入公民一半以上的现金缺口（2019年为7216亿卢布）。这种针对实际需求提供财政补贴的方式，可为减贫做出意义的贡献。

为保障公民才能的实现和发展，俄罗斯设置了专门的国家项目"自我实现和发展"，其目标是保障俄罗斯的普通教育和科学研究水平进入世界前十强国家。为构建高效的天才儿童、青年的识别、支持和促进发展系统，俄罗斯计划广泛提供如下领域支持：在学生人数增加的地区提供更多的普通教育学位；对儿童音乐学校和艺术学校进行维修、重建和设备更新；通过教育基金支持天才儿童发展；为小学生提供免费热餐；为课堂管理每月支付津贴；扩大本科和专科的录取规模，包括扩大医学专业的针对性培训。

为构建舒适安全的生活环境，有必要改善市民的生活条件，提高城市环境质量。为此，俄罗斯计划实施如下政策：通过专门的抵押计划增强居民获得抵押贷款的可能性；开发个人住房建筑市场；解决"问题领域"，包括简化程序；减少不适宜居住和应急房屋的数量；确保建房者能够从第三方托管机构获得融资；促进未使用（使用效率低下）联邦土地的流通并建造房屋；支持工程和运输基础设施的建设；增加公共空间的舒适度；消除交通道路的"瓶颈"。

4. 提高预算资金的使用效率

2021—2023 年，俄罗斯将继续实施 2019 年发布的《关于提高 2019—2024 年预算支出效率的概念》，该文件具有较强的指导意义，既有助于在短期内带来立竿见影的效果，从长期来看也具有促进预算支出总体效率提升的战略意义。

（1）实施国家规划，发展项目制管理原则。

为了进一步促进国家规划体系和项目制管理原则发展，2021 年，俄罗斯计划发布政府令"俄罗斯联邦国家规划管理体系"，制定国家规划和国家（联邦）项目同步管理方法。

为扩大国家项目的规模，需要明确联邦和地区相关项目的工作计划，设立详细的结果目标，明确项目执行负责人（有关合同签署人），详细说明政府部门用于国家项目的固定资产投资的采购信息。

（2）开展预算支出审查。

2020 年，俄罗斯针对 5 个领域开展了预算支出审查：用于执行农业和渔业领域国家规划的支出；能源部门实施国家规划的支出；支持发展机构和国有公司的支出；建立信息基础设施和数字技术的支出；为预算单位提供其他用途的补贴支出。

2021—2023 年，俄罗斯还将继续实施预算支出审查，通过详细分析各个领域的支出来识别和比较不同预算方案的经济性。

（3）评估税式支出效率。

为建立统一的税式支出核算、监督和评估体系，俄罗斯计划建立统一的财务安全信息系统，以确保全面反映相应的税收支出。同时完善税式支出的评估方法，确保税式支出评估的有效性。税式支出效率评估的目的在于：查看税收优惠政策是否存在如下问题：税式支出是否符合国家规划的目标；需求度有否偏低；对国家规划目标及指标的实现有无重大贡献；是否具有以更低的成本实现国家规划目标的可能；有否出现负的预算效应，即无法在可预见的未来实现自负盈亏。

税式支出的评估方法为：评估税收支出的可行性，即评估税式支出是否符合国家规划的目标，提供的优惠是符合需求；评估税式支出的有效性，即评估税式支出对国家规划目标及指标的实现是否做出应有的贡献，是否促进主体的自我发展。

（4）发展合同制。

为简化和优化国家采购程序，俄罗斯计划全面修改有关程序，包括：优化招投标供应商的竞争数量，减少到不低于 3 个，减少对采购通知和文件的要求，放宽职业资格和技术资格要求，优化联合招标和拍卖程序，改进集中采购规定。

（5）提升预算公开的积极主动性。

提升预算公开性的主要措施有：扩展《预算法草案》包含的信息统计表清单，根据国际预算合作组织的要求改变数据核算方法。

为发展预算主动性，2021—2024 年，俄罗斯计划制定并推出国家规划预算编制创新机制，向所有参与者免费提供培训和与创新项目相关的信息。

三、普京第四任期后期俄罗斯财政经济发展指数

（一）联邦预算

2020 年，虽然非油气收入大幅度减少，依靠扩大联邦预算赤字，俄罗斯实施了大规模反危机计划，使俄罗斯在非预算部门支出急剧下降时期依然保持了对经济的适度需求，促进了经济活动的尽早恢复。

2021 年，考虑到还将继续实施经济复苏和反危机措施，俄罗斯联邦预算赤字还将进一步扩大。2022 年及其后年份联邦预算赤字将依照《预算规则》设定，这将有利于经济活动的复苏，确保财政政策正常化，也将有助于维持投资者对当前宏观经济政策的信心，以及非预算部门财政资源的可获得性（见表 3-3）。

表 3-3　2021—2023 年俄罗斯联邦预算基本情况

	2021 年	2022 年	2023 年
收入（亿卢布）	187651	206375	222627

续表

	2021 年	2022 年	2023 年
油气收入	59872	68843	74898
非油气收入	127779	137532	147729
支出（亿卢布）	215201	218850	236713
赤字或盈余（亿卢布）	-27550	-12475	-14086
收入（占 GDP 比重,%）	16.3	16.6	16.7
油气收入	5.2	5.5	5.6
非油气收入	11.1	11.1	11.1
支出（占 GDP 比重,%）	18.6	17.6	17.8
赤字或盈余（占 GDP 比重,%）	-2.3	-1.0	-1.1

资料来源：俄罗斯 2021—2023 年中期预算。

（二）联邦预算收入

俄罗斯联邦政府预算收入在 2020 年因新冠肺炎疫情蔓延及石油价格下跌出现明显下降之后，预计 2021—2023 年会逐步回升，其占 GDP 的比重会也会逐步恢复。

2021—2023 年，俄罗斯联邦政府预算收入预计由 187651 亿卢布提高到222627 亿卢布，提高 18.6%，在俄罗斯联邦政府预算中，非油气收入的结构和规模一般来说较为稳定，2020 年俄联邦预算非油气收入占 GDP 比重激增至11.9%，是因为俄罗斯银行出售了储蓄银行的股份，如果不考虑这部分收入，2020 年俄罗斯联邦预算收入中非油气收入占 GDP 的比重为 10.9%。2021—2023 年，俄罗斯联邦预算非油气收入占 GDP 的比重将稳定在 11.1%左右。

2020 年，随着经济活动减少，应税进口减少，以及对部分受影响行业的企业延期征税，俄罗斯增值税收入占 GDP 的比重下降至 6.4%。2021—2023年，随着课税基础的恢复，俄罗斯增值税收入占 GDP 的比重在将逐步提升到6.6%—6.7%的水平。除此之外，2021—2023 年，国有公司净利润 50%上缴政策的实施，会增加来自国有公司的股息收入，非油气收入规模也会因之提高。

导致俄罗斯联邦政府 2021—2023 年预算收入扩大的还有：额外收入税课

征系数调整；提供给石油和天然气部门税收优惠的改变；针对一系列其他矿物（矿石、黑色和有色金属矿石）的矿物开采税税率提高；烟草制品消费税率提高；个人所得税向高收入人群课征累进税率，针对存款和利息课征个人所得税（额外所得计入联邦预算收入）；《避免双重征税协定》的更改带来的企业利润税课征的改变等。

上述符合预算政策目标和任务的改革措施，不仅从财政税收的角度来看具有积极的作用，也将有助于消除障碍，带来积极的经济结构变化，促进经济均衡发展（见表3-4）。

表3-4　2021—2023年俄罗斯联邦预算收入　　单位：亿卢布

	2021年	2022年	2023年
收入	187651	206375	222627
油气收入	59872	68843	74898
非油气收入	127779	137532	147729
流转税（增值税、消费税、进口关税）	93411	99890	106990
所得税	12578	14533	15552
来自海外投资的企业利润税	1397	1507	1629
高收入个人所得税	600	1641	1715
利息	4421	7543	9134
其他	17369	15566	16053

资料来源：俄罗斯2021—2023年中期预算。

（三）联邦预算支出

在编制2021—2023年联邦政府预算支出时，俄罗斯认为，2021年的联邦政府预算支出需要考虑新冠肺炎疫情防控的额外支出，2022年后随着经济社会生活的常态化，联邦政府预算支出将严格依照预算规则编制。

2021年和2022年俄罗斯联邦政府预算支出的编制基础是2019年12月2日批准的《关于2020—2022年联邦中期预算》（第380号联邦法律），2023年俄罗斯联邦政府预算支出的编制基础则是依据第380号联邦法律确定的2022年联邦政府预算支出相关内容。

在确定俄罗斯联邦政府基本预算支出时须考虑以下因素：（1）在社会经济发展宏观预测基础上确定的通货膨胀水平（消费者价格增长指数），2021 年3.7%，2022 年 4.0%，2023 年 4.0%。（2）军人工资和薪金的增长：每年 10月 1 日起对军事人员货币津贴实行指数化提升，2021 年为 4%，2022 年为 4%，2023 年为 4%；从 10 月 1 日起对工资实行指数化提升，2022 年为 4%，2023 年为 4%。（3）根据俄罗斯联邦 2012 年 5 月 7 日第 597 号总统令《关于实施国家社会政策的措施》以及 2012 年 12 月 28 日第 1688 号总统令《关于保护孤儿和无父母照管儿童的国家政策实施的一些措施》，从每年 1 月 1 日起根据宏观预测提高部分领域，如医疗保健、居民社会保障、教育、文化和科学等员工名义月均工资的增长水平（2021 年 5.9%，2022 年 6.2%，2023 年 6.6%），以保障这些领域员工工资水平达到的平均水平。（4）依据宏观预测确定的美元兑卢布的年平均汇率，2021 年为 72.4 卢布兑 1 美元，2022 年为 73.1 卢布兑 1 美元，2023 年为 73.8 卢布兑 1 美元。（5）指数化提升后的社会福利、养老金规模。（6）部分政策措施实施导致的预算支出减少规模。（7）第 380 号联邦法律批准的具有"延续性"的支出义务。（8）俄罗斯联邦总统 2020 年 1 月 15日向联邦议会所做国情咨文提出的支出领域。（9）联邦预算提供的国家预算外基金转移支付。（10）根据俄罗斯联邦《预算法典》第 179 条确定的联邦公路基金支出。（11）相关的联邦预算收入规模。（12）需要偿还的俄罗斯联邦国家债务。（13）国家项目执行资金需求。（14）联邦预算合并清单及预算分类程序改变带来的相应变化。（15）为促进国家发展目标实现，俄罗斯总统国情咨文提出的 2021—2023 年联邦预算支出优先方向。

2021—2023 年，俄罗斯联邦政府预算支出预计由 215201 亿卢布提高到236714 亿卢布，提高 10%，其中，增长速度最快的为支出领域债务偿还，预计提高 33.8%；居于第二位的是住房和公共设施，预计提高 29.5%；居于第三位的是环境保护，预计提高 14.0%。增长规模最大的支出领域为社会政策，预计扩大 4794 亿卢布；居于第二位的是债务偿还，预计扩大 4071 亿卢布；居于第三位的是国防，预计扩大 1443 亿卢布。

在总体支出不断提升的情况下，俄罗斯部分领域的支出出现下降，下降速度最快的支出领域为体育,预计下降 17.5%;第二位是文化影视,预计下降 10.0%;第三位是转移支付,预计下降 7.4%。下降规模最大的支出领域为国民经济,预计减少 2069 亿卢布;第二位是转移支付,预计减少 788 亿卢布;第三位是医疗卫生,预计减少 285 亿卢布。

从上述俄罗斯联邦政府预算支出结构变化可发现,2021—2023 年,俄罗斯重点支出领域为总统提出的国家发展战略优先方向:民生服务、国防和国家安全,以及国家债务的偿还。与此同时,俄罗斯还将进一步减少国民经济领域支出,减轻政府对经济领域的干预。

2021—2023 年俄罗斯联邦政府预算支出见表 3-5。

表 3-5 2021—2023 年俄罗斯联邦政府预算支出结构 单位:亿卢布

	2021 年	2022 年	2023 年
总计	215201	218850	236714
全国性问题	15828	14585	16172
国防	31132	32317	32575
国家安全和执法	24567	24089	25445
国民经济	33266	30042	31197
住房和公共设施	3222	2961	4173
环境保护	3357	3581	3827
教育	10827	10521	10948
文化影视	1351	1250	1216
医疗	11294	11348	11009
社会政策	55945	57621	60739
体育	653	638	539
大众传媒	1028	1022	1024
债务偿还	12039	13651	16110
转移支付	10692	9715	9904
有条件批准支出	—	5471	11836
其他	0	38	0

资料来源:2021—2023 年中期预算。

1. 国家规划

2021—2023 年,俄罗斯 5 个方向共计 45 项国家规划获得批准,只有国家规划"俄罗斯联邦动员准备"未获批准。2021 年，俄罗斯国家规划公开部分的预算为 134773 亿卢布，2022 年为 139377 亿卢布，2023 年为 148151 亿卢布，分别占俄罗斯联邦政府预算支出总额的 73.6%、76.8% 和 77.0%。

与 2020 年 2 月俄罗斯议会批准的调整后预算法相比，俄罗斯 2021—2023 年国家规划的预算要高出原定计划，2021 年国家规划预算比计划高出 4490 亿卢布，扩大了 3.4%；2022 年比计划高出 771 亿卢布，增加了 0.6%；2023 年俄罗斯国家规划预算将进一步提高，比 2022 年增加 8775 亿卢布，提高了 6.3%。

2021—2023 年，俄罗斯国家规划的主要支出方向仍为五大类："提高生活质量"（10 项国家规划），"经济创新和现代化"（19 项国家规划），"保障国家安全"（7 项国家规划），"平衡区域发展"（6 项国家规划），"建设高效国家"（3 项国家规划）（见表 3-6）。

表 3-6　2021—2023 年俄罗斯国家规划预算　　　　单位：亿卢布

	2021 年	2022 年	2023 年
国家规划预算（公开部分）（共 45 项）	134773	139377	148151
1. 提高生活质量（10 项）	39244	39125	41132
2. 经济创新与现代化（19 项）	37269	40335	41067
3. 保障国家安全（7 项）	26803	27475	30037
4. 平衡地区发展（6 项）	11083	11245	12152
5. 建设高效国家（3 项）	20374	21197	23763
占预算支出比重（%）			
国家规划预算（公开部分）（共 45 项）	73.6	76.8	77.0
1. 提高生活质量（10 项）	29.1	28.1	27.8
2. 经济创新与现代化（19 项）	27.7	28.9	27.7
3. 保障国家安全（7 项）	19.9	19.7	20.3
4. 平衡地区发展（6 项）	8.2	8.1	8.2
5. 建设高效国家（3 项）	15.1	15.2	16.0

资料来源：Об утверждении перечня государственных программ Российской Федерации（с изменениями на 18 Октября 2020 года），Правительство Российской Федерации от 11 ноября 2010 года No 1950-р。

2021—2023 年，在俄罗斯五大国家规划支出方向中，有 3 个方向的预算规模发生了调整，预算增长幅度最大的方向为"建设高效国家"，2021 年增加2457 亿卢布，2022 年增加 1912 亿卢布，2023 年增加 2566 亿卢布。该方向预算增加的原因在于追加了偿还俄罗斯联邦国家债务的预算，以及 2021 年增加俄罗斯政府储备金 984 亿卢布，使国家规划"管理国家财政和调节金融市场"的预算大幅度提高，2021 年提高 1668 亿卢布，2022 年提高 2094 亿卢布，2023 年提高 2458 亿卢布。

在俄罗斯 45 项国家规划中，有 18 项国家规划的预算出现了一定幅度的增长。增长幅度最大的国家规划为"促进人口就业"，2021 年俄罗斯国家规划"促进人口就业"预算将增加 682 亿卢布，比计划提高近 1 倍，2022 年预算进一步增加 245 亿卢布，提高 35.8%。国家规划"促进人口就业"预算规模扩大的原因在于《为失业公民提供社会补贴和优化失业救济金发放程序和标准》政策的实施，以及失业人数的不断增多。

俄罗斯国家规划"发展核工业综合体"2021 年的预算比计划增加 325 亿卢布，提高 31.2%。国家规划"发展核工业综合体"预算扩大的原因在于：获得了用于建设液化天然气终端和稳定的气态冷凝物的 255 亿卢布额外补助，以及 2021—2023 年根据俄罗斯联邦总统令《关于发展俄罗斯联邦原子能领域技术、工艺和研究》（2020 年 4 月第 270 号），为国家规划"俄罗斯联邦原子能技术、工艺和研究"实施的配套工程拨款 210 亿卢布。

2021 年，俄罗斯国家规划"发展北高加索地区"预算比计划增长 27.8%，国家规划"管理国家财政和调节金融市场"预算比计划提高 17.8%，国家规划"信息社会"预算比计划提高 5.1%。

与此同时，俄罗斯还有 24 项国家规划（公开部分）的预算拨款出现了一定幅度的减少。2021 年，预算拨款大幅减少的国家规划为"发展交通系统"，比计划减少了 905 亿卢布，减少近 8.0%，2022 年还将进一步减少 1181 亿卢布，减少约 9.2%。

2021—2023 年，俄罗斯预算拨款没有发生变化的国家规划是"国防工业发展"。

需要指出的是，在近年来批准的俄罗斯国家规划中存在一个明显的特征，即大幅精简国家规划的绩效评价指标数量。2015 年，俄罗斯批准的 39 项国家规划累计含有 2016 项绩效评价指标，2016 年批准的 41 项国家规划累计含有 2553 项绩效评价指标，2017 年批准的 40 项国家规划的绩效评价指标减少到 2269 项，有 600 余项绩效评价指标被排除，其中国家规划方向"经济创新和现代化"被削减的绩效评价指标占到总削减数的 62.6%，"提高生活质量"被削减的绩效评价指标占到总削减数的 26.7%。在俄罗斯 2018 年批准的 40 项国家规划中，其绩效评价指标进一步减并到 2067 项，2019 年批准的 42 项国家规划的绩效评价指标仅 2100 项。

这一趋势在 2021—2023 年国家规划的批复中得到延续，2021 年俄罗斯 45 项国家规划的绩效评价指标为 1496 项，2022 年为 1479 项，2023 年为 1485 项。相比 2020 年，俄罗斯 2021—2023 年国家规划绩效评价指标数量的大幅度减少，原因之一是在于指标体系的进一步精炼与提高，同时也在于部分国家规划项目执行期的结束。

2. 国家项目

2021—2023 年，俄罗斯国家项目预算进一步提高，2021 年预算 22457 亿卢布，比上年提高 2.5%，2022 年预算 26086 亿卢布，比上年增加 16.2%，2023 年预算 27805 亿卢布，比上年增加 6.6%，3 年累计提高 23.8%。其中，包含人口、卫生、教育、文化等国家项目在内的人力资本类国家项目的预算普遍提高，约占国家项目资金总额的 47.8%，远高于经济发展类（39.6%）及生活环境类（12.6%）国家项目的资金规模。这与国家项目设计初期预定的支出结构发生了明显改变，国家项目在 2018 年建立之初，人力资本、生活环境和经济发展占国家项目总预算的比重分别为 22.2%、38.5% 和 39.3%，人力资本支出是其中规模最小、占比最低的领域。2021—2023 年，俄罗斯国家项目人力资本的支出占比比计划提高 115.3%，这充分反映了俄罗斯国家发展战略的方向性改变，即预算支出大力向民生服务、向人力资本投资倾斜（见表 3-7）。

表 3-7　俄罗斯 2021—2023 年国家项目　　　　　单位：亿卢布

名称	2021 年	2022 年	2023 年
国家项目	22457	26086	27805
人力资本（4 个项目，36502 亿卢布）			
卫生	2432	2511	2121
教育	1716	1557	1846
人口	7425	7624	8559
文化	217	243	251
舒适的生活环境（3 个项目，9646 亿卢布）			
安全优质公路	1174	340	263
住房和城市环境	1026	1257	1784
生态环境保护	1080	1319	1403
经济发展（6 个项目，30200 亿卢布）			
科学	549	763	978
中小企业和个人创业支持	563	610	787
劳动生产率和就业支持	64	69	72
数字经济	1502	2111	1907
国际合作与出口	975	2060	1930
2024 年前大型基础设施现代化和扩建综合计划	3734	5622	5904

资料来源：Об утверждении перечня государственных программ Российской Федерации（с изменениями на 18 Октября 2020 года），Правительство Российской Федерации от 11 ноября 2010 года No 1950-p.

（四）联邦预算赤字弥补

为继续实施反危机措施，为部分居民、行业和经济领域提供临时性救助，2021 年，俄罗斯联邦政府预算赤字还将保持在较高水平。从 2022 年开始，恢复依据"预算规则"确定联邦政府预算赤字规模，使国家债务负担保持在一个较为稳定的水平之上。

2021—2023 年，俄罗斯联邦政府预算赤字将逐步减少，由 27550 亿卢布减少到 14086 亿卢布，减少 48.9%。俄罗斯联邦政府预算赤字将主要依靠国内债务发行予以弥补。

2020—2023年俄罗斯联邦政府预算赤字弥补来源见表3-8。

表3-8　2020—2023年俄罗斯联邦政府预算赤字弥补来源

单位：亿卢布

	2020年	2021年	2022年	2023年
总计	47093	27550	12475	14086
国内赤字弥补来源	49770	27382	13912	16279
国家福利基金	3421	950	38	38
国家有价证券	45007	26816	20561	24009
私有化	118	36	36	33
预算贷款	84	544	584	461
补充特别账户（额外的油气收入）	0	0	-7027	-7873
其他	1140	-964	-280	-389
国外赤字弥补来源	-2677	-168	-1438	-2193
债务	-993	-2560	-429	-131
国家贷款	-1669	-2346	-1838	-1975
其他	-15	-45	-29	-86

资料来源：2020—2023年中期预算。

（五）国家债务

2021—2023年，俄罗斯国家债务预期由235528亿卢布提高到284074亿卢布，提高20.6%，占GDP的比重相应地由20.4%提高到21.4%，提高4.9%。

2020—2023年俄罗斯国家债务情况见表3-9。

表3-9　2020—2023年俄罗斯国家债务情况

	2020年	2021年	2022年	2023年
国家债务规模（亿卢布）	203986	235528	258839	284074
国家债务占GDP比重（%）	19.1	20.4	20.8	21.4

资料来源：2021—2023年中期预算。

2021—2023年，俄罗斯依然实施的是以内债取代外债的国家债务政策，使内债规模不断扩大，在债务总额中的比重也继续攀升，由2021年的77.8%

逐步提高到 2023 年的 80.8%，外债规模相应地由占比 22.2% 下降到 19.2%。

2020—2023 年俄罗斯国家债务结构见表 3-10。

表 3-10　2020—2023 年俄罗斯国家债务结构

	2020 年	2021 年	2022 年	2023 年
国家债务（亿卢布）	203986	235528	258839	284074
内债（亿卢布）	154927	183153	205192	229469
外债（亿卢布）	49059	52375	53647	54605
内债（占国家债务比重,%）	75.9	77.8	79.3	80.8
外债（占国家债务比重,%）	24.1	22.2	20.7	19.2

资料来源：2020—2023 年中期预算。

2021—2023 年，俄罗斯政府内债预计由 183153 亿卢布提高到 229469 亿卢布，提高 25.3%，其中，有价证券规模预计由 167430 亿卢布提高到 213146 亿卢布，提高 27.3%，占总额的比重相应地由 91.4% 提高 92.9%，提高 1.5 个百分点；政府担保计由 15723 亿卢布提高到 16323 亿卢布，提高 3.8%，降低的增长速度使其占总额的比重持续下降，由 8.6% 下降到 7.1%，减少 17.4%。

2020—2023 年俄罗斯政府内债情况见表 3-11。

表 3-11　2020—2023 年俄罗斯政府内债情况

	2020 年	2021 年	2022 年	2023 年
内债（亿卢布）	154927	183153	205192	229469
有价证券（亿卢布）	139504	167430	189169	213146
政府担保（亿卢布）	15423	15723	16023	16323
有价证券（占比,%）	90.0	91.4	92.2	92.9
政府担保（占比,%）	10.0	8.6	7.8	7.1

资料来源：2020—2023 年中期预算。

2021—2023 年，俄罗斯政府外债预计由 52375 亿卢布提高到 54605 亿卢布，提高 3.0%，其中，政府借债预计由 32159 亿卢布提高到 33110 亿卢布，提高 3.0%，占总额的比重由 61.4% 减少到 60.6%，减少 1.3%；国家担保预

计由 20216 亿卢布提高到 21495 亿卢布，提高 6.3%，占总额的比重由 38.6%
提高到 39.4%，提高 2.1%。

2020—2023 年俄罗斯政府外债情况见表 3-12。

表 3-12 2020—2023 年俄罗斯政府外债情况

	2020 年	2021 年	2022 年	2023 年
外债（亿卢布）	49059	52375	53646	54605
政府借债（亿卢布）	29590	32159	32851	33110
国家担保（亿卢布）	19469	20216	20795	21495
政府借债（占比,%）	60.3	61.4	61.2	60.6
国家担保（占比,%）	39.7	38.6	38.8	39.4

资料来源：2021—2023 年中期预算。

（六）国家福利基金

2021—2023 年，俄罗斯国家福利基金年初规模预期由 124475 亿卢布提高
到 126382 亿卢布，提高幅度不高，仅 1.5%，使其占 GDP 的比重出现一定幅
度下降，由 10.8% 下降到 9.5%，下降 12.0%。

2021 年，基于石油价格预期维持低位运行，同时，还需要从国家福利基金
调用一部分资金弥补预算赤字，使该年国家福利基金进出大抵平衡，年底与年初
规模无太大变化，全年仅增长 0.3%。2022 年，预计石油价格将有所提升，联邦
政府预算平衡状况出现改变，预算赤字大幅度减少，且主要由政府债务予以弥
补，使该年的国家福利基金规模有所扩大，全年扩大 1509 亿卢布，增长 1.2%。
2023 年，随着国家经济的进一步复苏，俄罗斯国家福利基金的状况将进一步好
转，全年净增 8362 亿卢布，占 GDP 的比重由 9.5% 提高到 10.1%，提高 6.3%。

2020—2023 年俄罗斯国家福利基金情况见表 3-13。

表 3-13 2020—2023 年俄罗斯国家福利基金情况　　单位：亿卢布

	2020 年	2021 年	2022 年	2023 年
国家福利基金（年初规模）（亿卢布）	77731	124475	124873	126382
储备资产（俄罗斯联邦中央银行账户）	61378	81970	82382	84021

续表

	2020 年	2021 年	2022 年	2023 年
其他资产	16353	42505	42491	42362
国家福利基金（年底规模）（亿卢布）	124475	124873	126382	134744
储备资产（俄罗斯联邦中央银行账户）	81970	82382	84021	92527
其他资产	42505	42491	42362	42218
国家福利基金（年初规模）（占 GDP 比重,%）	7.3	10.8	10.1	9.5
储备资产（俄罗斯联邦中央银行账户）	5.8	7.1	6.7	6.3
其他资产	1.5	3.7	3.4	3.2
国家福利基金（年底规模）（占 GDP 比重,%）	11.6	10.8	10.2	10.1
储备资产（俄罗斯联邦中央银行账户）	7.6	7.1	6.8	7.0
其他资产	4.0	3.7	3.4	3.1

资料来源：2021—2023 年中期预算。

（七）政府间财政关系

1. 进一步完善平衡地区发展的国家规划

2021—2024 年，"发展联邦关系，为建立高效和负责任的地区和地方财政管理创造条件"依然是俄罗斯调节政府间财政关系最为重要的国家规划，该国家规划的执行责任部门仍然是财政部，但协同部门除司法部外，还添加了经济发展部。

2021—2024 年，俄罗斯国家规划"发展联邦关系，为建立高效和负责任的地区和地方财政管理创造条件"预算总额 38000 亿卢布，规划发展目标及发展任务与 2020 年相同，依然为"促进俄罗斯联邦主体预算可持续发展，提高俄罗斯联邦主体及地方财政管理质量"和"改善俄罗斯联邦预算体系财政资源的分配和再分配机制；缩小联邦主体间预算保障水平差距，促进俄罗斯联邦主体及地方预算间平衡；提高俄罗斯联邦主体和地方财政管理效率；完善各级政府间支出权限的划分"。

与 2020 年发生较为明显变化的是，该国家规划的考核指标出现了明显调整。考核指标由 8 项缩减为 5 项，原指标 3、指标 4、指标 7 和指标 8 得以保留，原指标 1、指标 2、指标 5 和指标 6 被删除，新添加了指标"预算保障水平超出均等标准的俄罗斯联邦主体数量"（见表 3-14）。

表 3-14　2024 年国家规划"发展联邦关系，为建立高效和负责任的地区和
地方财政管理创造条件"考核指标

	指标	考核值
1	预算保障水平超出均等标准的俄罗斯联邦主体数量	16
2	在近三个财政年度中有两个财政年度的一般性转移支付的规模超过自有预算的 40% 的联邦主体的数量	6
3	逾期支付信贷债务在俄罗斯联邦主体预算支出中所占比重	0.12%
4	10 个预算保障水平最低联邦主体的保障能力提升速度	170%
5	在共同管辖事权中，属于联邦主体的行政权、控制权、监督权和许可权所占比重	50

资料来源：根据 2020 年 12 月 26 日俄罗斯联邦第 1848 号命令整理。

2. 转移支付占比逐步下降

考虑到需要帮助联邦主体进一步控制新冠肺炎疫情影响，逐步实现经济复苏，2021—2023 年，俄罗斯联邦预算还将向联邦主体政府实施一定规模的转移支付。基于俄罗斯联邦主体预算收入不断扩大，而转移支付规模相对稳定，2021—2023 年间，转移支付占俄罗斯联邦主体预算收入的比重呈下降态势，由 19.9% 下降至 17.9%，下降 2 个百分点（见表 3-15）。

表 3-15　2021—2023 年俄罗斯联邦主体预算收入　　单位：亿卢布

	2021 年	2022 年	2023 年
预算收入	143480	150360	160200
自有收入	114983	122724	131381
转移支付	28497	27636	28819
支出	147615	152565	160484
赤字	-4136	-2205	-284

资料来源：根据 2021—2023 年俄罗斯联邦预算政策整理。

2021—2023 年，在俄罗斯联邦主体各类转移支付收入中，规模最大且增幅最快的是专项转移支付，由 9761 亿卢布增长到 10705 亿卢布，增长 9.7%，

占转移支付总额的比重由 34.2% 提高到 37.1%；其次为一般性转移支付，由 8965 亿卢布增长到 9251 亿卢布，增长 3.2%，占转移支付总额的比重由 31.4% 提高到 32.1%；特殊转移支付和其他转移支付规模则出现了一定幅度的减少，分别减少 3.8% 和 17.7%，所占比重也分别由 20.7% 和 13.5% 下降到 17.7% 和 11.0%（见表 3-16）。

表 3-16　2021—2023 年俄罗斯联邦主体预算收入　　　单位：亿卢布

	2021 年	2022 年	2023 年
转移支付	28497	27636	28819
一般性转移支付	8965	9118	9251
专项转移支付	9761	9659	10705
特殊转移支付	5910	5583	5686
其他转移支付	3859	3276	3177

资料来源：根据 2021—2023 年俄罗斯联邦预算政策整理。

3. 各类转移支付细目公开程度不断提高

为强化联邦主体预算收入的可预期性，提高转移支付资金的透明度，减少转移支付资金分配的灰色地带和自由裁量空间，俄罗斯将 2021—2023 年一般性转移支付和专项转移支付的分配情况全部公开在财政部网站。

以一般性转移支付为例，表 3-17 为俄罗斯各联邦主体享受一般性转移支付的计算表。

表 3-17　2023 年俄罗斯一般性转移支付计算情况

地区	税收潜力系数（%）	预算支出系数（%）	补贴前预算保障能力（%）	第一阶段分配（千卢布）	第二阶段分配（千卢布）	预算法确定补贴规模（千卢布）	转移支付后保障水平（%）
别尔城区	0.832	0.847	0.982	235860	163194	996957	0.993
布良斯克州	0.479	0.895	0.535	8353462	4155534	13382003	0.719
弗拉基米尔州	0.659	0.893	0.738	3152500	2734491	6134292	0.812
沃罗涅日州	0.683	0.837	0.816	3549148	3051759	7974041	0.876

续表

地区	税收潜力系数（%）	预算支出系数（%）	补贴前预算保障能力（%）	第一阶段分配（千卢布）	第二阶段分配（千卢布）	预算法确定补贴规模（千卢布）	转移支付后保障水平（%）
……							
莫斯科	2.778	0.943	2.946				2.946
加里宁格勒地区	0.794	0.886	0.896	934322	750080	2741233	0.940
圣彼得堡	1.720	0.821	2.095				2.095
……							
马加丹州	3.141	4.586	0.685	2023224	1746880	4492566	0.787
萨哈林州	2.791	2.028	1.377				1.377
犹太自治区	0.750	1.327	0.566	1271293	813801	1974805	0.703
楚科特自治区	5.801	11.856	0.489	638702	2026129	12782544	0.801

资料来源：根据俄罗斯财政部网站数据整理。

2021—2023年，俄罗斯联邦预算专项转移支付主要集中于：水生物资源保护、动物资源保护、国家民事行为登记、联邦主体间走失儿童和孤儿运送、文化遗产保护、狩猎资源保护和利用，以及医疗和教育领域。表3-18体现了俄罗斯2021年各联邦主体享受专项转移支付的情况。

表3-18　2021年俄罗斯各联邦主体专项转移支付情况

单位：10万卢布

地区	水生物资源保护	动物资源保护	国家民事行为登记	联邦主体间走失儿童、孤儿运送	文化遗产保护	狩猎资源保护和利用	医疗	教育	合计
别尔城区	27.5	98.6	68792.9	482.8	5979.2	9157.1	1304.6	11479.1	97321.8
布良斯克州	42.7	45.2	67217.0	116.0	4284.5	10775.7	1350.0	9390.1	93221.2
弗拉基米尔州	36.8	82.1	65759.6	40.0	6114.2	10577.0	1890.3	9235.4	93735.4

续表

地区	水生物资源保护	动物资源保护	国家民事行为登记	联邦主体间走失儿童、孤儿运送	文化遗产保护	狩猎资源保护和利用	医疗	教育	合计
沃罗涅日州	113.7	106.8	121739.0	40.1	8459.3	13721.4	1980.2	15758.3	61918.8
……									
莫斯科	0.0	61.6	331042.0	4881.0	52864.3	8083.8	10192.5	29383.5	436508.7
加里宁格勒州	81.0	60.2	46094.7	0.0	1640.8	6599.9	1849.1	5820.1	62145.8
圣彼得堡	0.0	61.6	155792.2	6299.8	58957.6	0.0	3497.2	21743.5	246351.9
……									
马加丹州	692.7	109.5	21190.2	148.6	174.5	24979.2	1277.3	4982.1	53554.1
萨哈林州	367.3	98.6	52136.5	0.0	708.3	10941.8	1573.2	5334.7	71160.4
犹太自治区	55.1	109.5	13823.5	237.5	102.0	6899.7	1143.8	4154.3	26525.4
楚科特自治区	1041.1	109.5	19031.7	0.0	1248.7	16862.6	1606.5	5582.5	45482.6

资料来源：根据俄罗斯财政部网站数据整理。

（八）国家预算外基金

1. 养老基金

俄罗斯养老基金预算收入是根据 22%基本保险费率和 10%超限额保险费率测算所得。每年的养老保险超限额收入标准依照相应财政年度预计的平均工资确定，并按照一定的通货膨胀系数提升，2021 年为 146.5 万卢布，2022 年为 156.5 万卢布，2023 年为 166 万卢布。

在计算预算收入时，须考虑 2021—2023 年社会保险基金的各类影响因素。例如，退休年龄提高，养老金指数化调整，以及自 2021 年 1 月 1 日起向非工作养老金领取者支付的养老金调整。非工作养老金领取者的养老金指数化规模为 2021 年 6.3%，2022 年 5.9%，在 2023 年 5.6%，其平均规模为 2021 年 17443 卢布，2022 年 18369 卢布，2023 年 19294 卢布。

2021—2022 年，俄罗斯养老基金支出大于收入，预算赤字 2021 年为 5352 亿卢布，2022 年为 1481 亿卢布，将由养老基金预算账户余额弥补。2023 年，俄罗斯养老基金将实现收支预算平衡（见表 3-19）。

表 3-19　2019—2023 年俄罗斯养老基金预算　　单位：亿卢布

	2019 年	2020 年	2021 年	2022 年	2023 年
收入	87202	103760	90323	99181	104677
转移支付	33071	47076	33446	38971	40270
联邦政府	33038	47032	33410	38932	40229
联邦主体预算	33	44	36	39	41
自有收入	54131	56684	56877	60210	64407
支出	85643	96928	95675	100662	104677
赤字或盈余	1559	6832	−5352	−1481	0

资料来源：根据俄罗斯财政部网站数据整理。

2. 社会保险基金

在假定社会保险基金立法不发生明显变化的基础上，俄罗斯依据每人每年不超过保险费限额的工资收入计算社会保险基金预算收入，2021 年的工资收入限额为 99.6 万卢布，2022 年为 102.6 万卢布，2023 年依照工资变动幅度计算。针对工伤和职业病的社会保险，采用按经济活动类型划分的平均保险费率计算。

俄罗斯联邦预算对社会保险基金的转移支付包括：补偿与降低保险费率有关的收入损失；向因辐射事故和核试验暴露于辐射中的在职居民支付补贴，对临时性伤残和生育有关社会保险法规定的补贴；向残疾人提供的康复服务，包括制造和修理假肢—矫形产品；对公民暂时丧失工作能力的补贴；生育津贴；为在职父母（监护人、受托人）支付的额外假期补贴，以照顾残疾儿童补贴；向居民提供国家社会救助，包括支付疗养费，前往治疗地点和返回的城际交通费用；孕妇在怀孕、分娩和产后的医疗费用，以及在孩子出生后第一年的预防性体检费用等（见表 3-20）。

表 3-20 2019—2023 年社会保险基金预算 单位：亿卢布

	2019 年	2020 年	2021 年	2022 年	2023 年
收入	7706	8231	8157	9225	9843
转移支付	568	765	1547	1613	1683
联邦政府	428	598	1414	1484	1561
强制医疗保险基金	140	167	133	129	122
自有收入	7138	7466	6610	7612	8160
支出	7381	7996	8333	8631	8932
赤字或盈余	325	235	-176	594	911

资料来源：根据俄罗斯财政部网站数据整理。

3. 医疗保险基金

俄罗斯联邦强制性医疗保险基金预算编制的政策基础为相关法律依据，例如俄罗斯联邦总统令《关于俄罗斯联邦 2024 年前国家发展目标和战略任务》（2018 年 5 月 7 日第 204 号）、《关于俄罗斯联邦 2025 年卫生发展战略》（2019 年 6 月 6 日第 254 号）、《关于实施国家社会政策的措施》（2012 年 5 月 7 日第 597 号），以及根据联邦法律《关于保护俄罗斯联邦公民健康的基础》（2010 年 11 月 29 日第 326 号和 2017 年 12 月 26 日第 1640 号）和《关于俄罗斯联邦强制医疗保险》（2011 年 11 月 21 日第 323 号）年批准的国家规划"医疗"。

2021—2023 年，为保障强制医疗保险基金的平衡，加强财务稳定性，将基金组织管理权限下放给联邦主体创造条件，增强医疗服务的可及性与服务质量，促进高科技医疗稳步发展，提高基金支出效率，俄罗斯希望通过提高在职人员强制医疗保费收入以及自联邦预算的转移支付，来增加强制医疗保险基金预算收入。俄罗斯联邦强制医疗保险联邦基金预算中收入增加的另一个原因是，自雇公民参与经济活动并由他们按照程序支付的医疗保险费提高（见表 3-21）。

表 3-21 2019—2023 年医疗保险基金预算 单位：亿卢布

	2019 年	2020 年	2021 年	2022 年	2023 年
收入	21240	23672	25338	26565	27988

续表

	2019 年	2020 年	2021 年	2022 年	2023 年
基金收费	20430	21199	22370	23591	24992
联邦政府转移支付	790	2467	2931	2935	2955
利息等	20	6	37	39	41
支出	21867	23686	25454	26580	27988
赤字或盈余	−627	−14	−116	−15	0

资料来源：根据俄罗斯财政部网站数据整理。

第三节 普京第四任期后期俄罗斯财政经济
对国家治理体系完善的支撑

财政收入结构不断改进，逐步摆脱对油气收入的依赖，大力推进规划预算，强化财政政策对国家发展战略的鼎力支撑，高度重视财政透明度建设，财政支出效率不断提升，俄罗斯财政经济领域的上述改革，可为普京第四任期后期俄罗斯政治改革及国家治理体系的完善提供有力支撑。

一、财政收入结构不断改进，逐步摆脱对油气收入的依赖

油气收入是俄罗斯财政收入的重要来源，同时也是导致俄罗斯陷入资源诅咒陷阱的根源。尽管俄罗斯早就意识到，单纯依靠油气出口并非长久之计，但高昂的国际油价，唾手可得的丰厚收入使其摆脱油气依赖的动力严重不足。2015年后国际油价的暴跌，令俄油气收入锐减，财政收入损失严重，俄罗斯不得不正视这一问题，积极着手相关改革，一是通过调整油气税收课征方式、课征税率、课征对象，降低油气税收占比，优化财政收入结构；二是实施预算规则，构建财政收入与国际石油价格隔离机制，保障联邦财政收入的长期稳定。

应该说，从当前的情况来看，俄罗斯针对财政收入结构的改革取得了较为理想的效果，财政收入结构不断改进，已逐步摆脱对油气收入的依赖，使财政对国家治理的支撑作用得以较好发挥。

（一）俄罗斯油气收入改革背景

俄罗斯联邦财政收入具有典型的资源型特征，约一半以上的财政收入来自与资源相关的税收和收费。资源在给俄罗斯财政带来丰厚收入的同时，也使其具有极大的不稳定性。通常情况下，俄油气收入与联邦财政收入呈同向变动：油气收入高则财政收入上升，油气收入低则财政收入下降。

2008—2014 年，俄罗斯油气收入由 4.4 亿卢布提高到 7.4 万亿卢布，增长 68%。同期，俄联邦财政收入由 9.3 万亿卢布上升至 14.5 万亿卢布，增长 56%。油气收入的快速增长使油气收入占俄联邦财政收入的比重不断上升，由 2008 年的 47% 上升至 2014 年的 51%。其间，受国际油价下跌影响，2009 年俄油气收入降至 3 万亿卢布，比上年减少 32%，俄联邦财政收入也因之减少 1.4 万亿卢布，降至 7.3 万亿卢布，降幅达 21%。

2015 年，受欧美制裁以及全球油气供给关系等因素影响，国际石油价格再度大幅下跌，由 110 美元/桶下跌至 50 美元/桶，并于 2016 年 3 月一度下跌至 30 美元/桶，使以资源出口为主要来源的俄罗斯联邦财政收入再度蒙受较大损失，由 2014 年的 14.5 亿卢布降至 2016 年的 13.5 亿卢布。

面对财政收入的大幅度下降，俄罗斯联邦政府不得不根据石油价格的变动，对联邦预算进行多次调整，政府预算收入一再压缩，预算赤字不断扩大，由最初占 GDP 的 0.5% 提高到占 GDP 的 4% 以上（见图 3-3）。

对资源的依赖使俄罗斯联邦财政收入的长期可持续稳定发展面临严峻挑战。其一，鉴于国际油价的极度不稳定，俄罗斯联邦预算收入的大幅度波动，再加之国际石油长期价格难以预期，使需要充分考虑各项中长期因素的俄罗斯中期预算难以稳定发展。其二，丰富的资源储备是保障俄罗斯联邦财政收入稳定和可持续发展的重要前提，但资源储量本身的有限性显然会对资源型财政的长期稳定与可持续性带到极大的影响，这就促使俄罗斯政府必须在资源尚未枯竭之前，考虑如何解决资源型财政困境，保障资源型财政的可持续与稳定发展。其三，资源的开采还涉及代际公平，这也会对财政的长期可持续发展构成威胁。其四，丰厚的资源收入也易使国家经济具有明显的资源型结构特征，导致国家产业结构单一，经济发展不平衡，缺乏发展其他经济门类及开展产业结

（亿卢布）

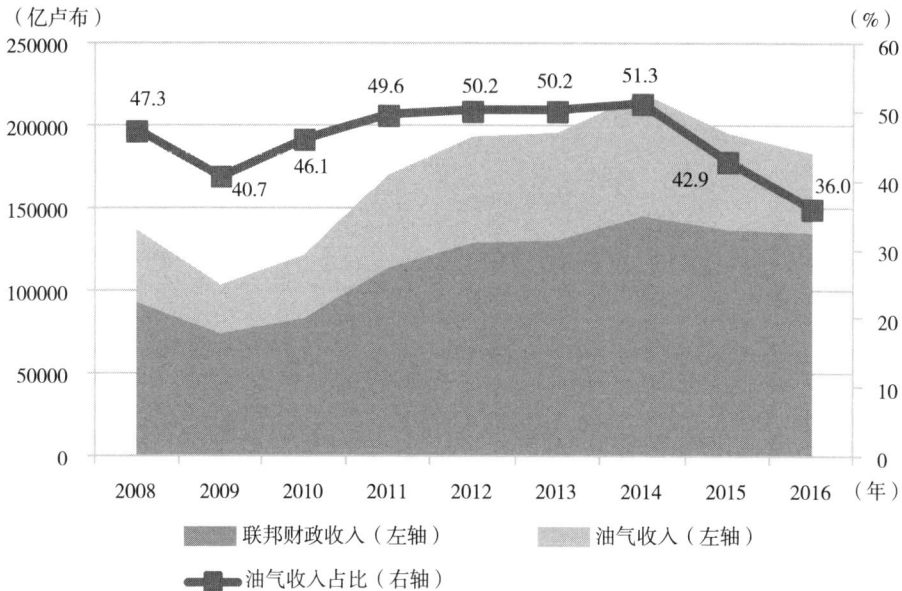

图 3-3　2008—2016 年油气收入占俄罗斯联邦财政收入的比重
资料来源：根据俄罗斯国库网站数据整理，http：//www.roskazna.ru/。

构改革与优化的动力，而这也是俄罗斯联邦经济发展面临的一大困境与难题。

俄罗斯政府必须正视资源型财政的困境，并设法解决资源型财政带来的隐患和问题。有鉴于此，俄罗斯联邦政府及社会各界十分关注资源型财政的稳定发展以及长期可持续性，并为此进行了大量有针对性的探索与改革，如改革资源税课税方式，实施新的预算规则等。

（二）改革资源税课税方式

俄罗斯油气收入由矿产资源开采税和出口关税组成①，其中矿产资源开采税②

---

①　该划分依据来自俄罗斯联邦预算分类，俄罗斯财政部按照油气收入（нефтегазовые доходы）与非油气收入（Ненефтегазовые доходы）两个类别制定俄罗斯联邦预算收入。俄罗斯财政部、国库、统计局网站均按此标准公布统计数据。

②　矿产资源开采税隶属于自然资源使用税费。其中，自然资源使用税费由四部分构成：矿产资源开采税（Налог на добычу полезных ископаемых）、根据产品分成协议缴纳的矿产资源开采固定费用（Регулярные платежи за добычу полезных ископаемых（роялти）при выполнении соглашений о разделе продукции）、水税（Водный налог）、使用动植物和水生动植物费（Сборы за пользование объектами животного мира и за пользов）。矿产资源开采税占自然资源使用税费的97%以上，而后三者（根据产品分成协议缴纳的矿产资源开采固定费用、水税、使用动植物和水生动植物费）总和占比不足 3%。

对石油、可燃天然气、凝析气进行课征，出口关税对原油、天然气、石油制品进行课征。

在油气收入改革的过程中，俄罗斯政府采取的措施是：主动让利出口关税收入，转为依靠国内可控的矿产资源开采税收入。巩固矿产资源开采税的地位主要在于削弱油气收入的波动，保障俄罗斯联邦财政收入的稳定。由于出口关税收入受国际石油价格和出口量的直接影响，国际石油与出口量会出现周期性波动，不同年份间，俄罗斯出口关税收入的波动较大，而矿产资源开采税则主要取决于本国制定的税率和开采量，这两个因素可控性更大。因此，相较出口关税收入来说，矿产资源开采税的收入更为稳定。

除此之外，巩固矿产资源开采税，还可在石油生产方面对石油企业进行引导，利用矿产资源开采税中的税收优惠，鼓励石油企业提高技术，对老矿区或开采难度较大的产区进行深度开发，提高资源的利用效率。为此，俄罗斯将资源税课征方面的改革集中于两个方面：一是提高矿产资源开采税税率，扩大资源税收入来源；二是降低出口关税，减少国际石油价格对俄罗斯联邦财政收入的影响。

1. 矿产资源开采税改革

在俄罗斯矿产资源开采税当中，对石油课征的矿产资源开采税收入占比最高，约占矿产资源开采税收入的 90%，天然气矿产资源开采税收入约占矿产资源开采税收入的 10%。

石油开采量与石油的矿产资源开采税税率是决定俄罗斯石油矿产资源开采税收入的两大主要因素：一方面，石油的矿产资源开采税税率不断提高；另一方面，石油开采量也呈逐年提高的态势，使俄罗斯石油矿产资源开采税规模逐年上升，由 2005 年的 7565 亿卢布上升到 25234 亿卢布，增幅达 2.3 倍。2005—2015 年矿产资源开采税相关收入详见表 3-22。

表 3-22　2005—2015 年俄罗斯矿产资源开采税收入及其他相关变量

	石油的矿产资源开采税税率（卢布/吨）	石油开采量（亿吨）	石油的矿产资源开采税收入（亿卢布）	矿产资源开采税收入（亿卢布）
2005 年	1653.68	4.75	7565	8599

续表

	石油的矿产资源开采税税率（卢布/吨）	石油开采量（亿吨）	石油的矿产资源开采税收入（亿卢布）	矿产资源开采税收入（亿卢布）
2006 年	1977.68	4.86	10384	11623
2007 年	2111.76	4.97	10709	11974
2008 年	2949.76	4.94	15716	17080
2009 年	1944.16	5.01	9343	10538
2010 年	2547.52	5.12	12668	14063
2011 年	3620.16	5.19	18458	20425
2012 年	4103.20	5.26	21326	24594
2013 年	4286.40	5.22	21902	25758
2014 年	4890.56	5.26	24636	29049
2015 年	5515.20	5.34	25234	29386

数据来源：根据俄罗斯国库网站数据整理，http：//www.roskazna.ru/。

在国际油价长期低位徘徊，绿色产业革命导致全球石油需求量不断萎缩的背景下，俄罗斯政府将稳定政府财政收入，摆脱政府财政收入对国际油价依赖的改革路径确定为：提升针对国内油气产品税收的课征，逐步降低出口油气产品的课税，即从出口关税的课征转向对矿产资源开采税的课征，利用增长的矿产资源开采税收入弥补因出口关税收入下降导致的俄联邦财政收入不足。

对于俄罗斯政府来说，提高石油的矿产资源开采税税率可以扩大矿产资源开采税收入规模，有益于俄联邦财政收入的稳定，但对于石油企业而言，却部分地加重了它们的税负。据俄罗斯七家主要石油公司[①]称，调高石油的矿产资源开采税税率，将造成各家石油公司的税负上升，平均每家公司的税负约上升 10%。

由此，俄罗斯财政部提出的提高矿产资源开采税税率改革方案遭到石油行

---

① 七家石油公司指 Роснефть（俄罗斯石油公司）、ЛУКойл（卢克石油公司）、Сургутнефтегаз（苏尔古特石油天然气股份公司）、Газпром（俄罗斯天然气工业股份公司）、Татнефть（鞑靼石油公司）、Башнефть（巴什石油股份公司）、Русснефть（卢斯石油公司），这 7 家公司集中了俄罗斯近 90% 的石油产量。

业的一致反对，甚至在政府部门内部也引发了争议（见表 3-23）。

表 3-23　提高矿产资源开采税税率的支持方与反对方

支持方及其代表		反对方及其代表	
俄罗斯财政部	俄罗斯财政部副部长 谢尔盖·沙塔洛夫	俄罗斯能源部	俄罗斯能源部部长 亚历山大·诺瓦克
		俄罗斯自然资源部	俄罗斯自然资源部部长 谢尔盖·顿斯基
俄罗斯总统	弗拉基米尔·普京	俄罗斯经济与发展部	经济发展部副部长 尼古拉·巴图佐夫
俄罗斯副总理	阿尔卡济·德沃尔科维奇	七大石油公司	Роснефть，ЛУКойл， Сургутнефтегаз， Газпром，Татнефть， Башнефть，Русснефть

　　为平息提高矿产资源开采税税率的争议，俄罗斯暂时搁置这一改革方案，转而开始实施超额收入税。超额收入税是指扣除开采成本之后，对所获石油收入征收增值税，预计税率在 50% 左右。超额收入税实行分阶段课税，初期税率低[①]，有助于保障新产区在开采初期的正常运行。在新产区进入成熟期后，再相应提高税负，弥补第一阶段税收的损失。这种课征形式体现了税收制度的灵活性，以及税收制度对新开采油田的扶植力度，由此，对于实行新税种，俄罗斯的石油企业并未强烈反对。

　　超额收入税根据主要石油产区分为四类税率，并进行有差别征收：第一类如东西伯利亚新产区——税率小于 5%；第二类具体产区暂未确定，但将给予出口关税方面的税收优惠；第三类如西西伯利亚成熟产区——税率在 10%—18% 之间（对于一年内产量未超过 1500 万吨的产区，根据公司的实际申请情况进行确定）；第四类如西西伯利亚新产区——若每年产出不超过 5000 万吨，税率小于 5%。

　　超额收入税的课征使降低石油出口关税不再成为石油税制改革当中的绊脚石，也为后期提高石油矿物开采税税率奠定了基础。

[①]　据测算，初期的超额利润税的税负低于现行矿产资源开采税与出口关税的总税负。

2. 出口关税改革

除矿产资源开采税外，构成俄罗斯油气收入的另一部分为石油天然气出口关税收入。油气出口关税收入是俄油气收入的主要来源，2014 年以前占油气收入的比重一直超过 60%，使俄罗斯油气收入深受国际石油价格的影响，进而影响俄罗斯政府财政收入的稳定。2018 年，俄罗斯政府决定自 2019 年开始逐年降低原油和油品出口税，逐年同步提高石油开采税。

鉴于石油在俄罗斯的经济发展和外交中有着举足轻重的作用，此次石油行业税费调整对俄罗斯的影响也是多方面的，而且从整体和长期发展来看，积极影响远超过负面影响。一是新税制增加了政府收入，同时减少了财政负担。虽然此次改革中增加的开采税率和减少的出口税率大小相同，但由于税基不同，政府实际的税收收入是增加的。预计此次改革能在未来 6 年内为政府新增 200亿—250 亿美元的财政收入。根据伍德麦肯锡以油价为基础的估算结果，新税收方案会在 2019—2024 年期间为俄罗斯政府提供 1120 亿美元的额外收入。虽然预期数据差异较大，但基本认识是一致的，即新的税收方案有助于增加政府财政收入，有利于俄罗斯"经济复苏计划"的实施。在 2017 年以前，俄罗斯政府往往需要对炼厂进行补贴，以帮助其进行技术和设备升级，出口税率统一后，炼厂会更加主动地进行设备升级，政府补贴大幅减少。二是提高了俄罗斯石油和油品以及相关公司的竞争力。取消出口关税后，俄罗斯原油和油品在国际市场上的成本优势会更明显，有利于提升俄罗斯在石油市场的影响力。三是解决了欧亚经济联盟低关税造成的俄罗斯石油出口税收损失。

（三）不断修订预算规则

预算规则是指在预算编制过程中，通过对预算支出、预算收入、预算赤字或盈余、政府债务的设定规模进行一定的限定，以实现国家的宏观调控政策。

在编制 2018—2020 年联邦政府预算时，俄罗斯采用了新的预算规则，当国际油价超过 40 美元/桶时，高于 40 美元的油气收入上缴国家福利基金，且该数额以每年 2% 的增速实行指数化提升，例如 2020 年为 42.4 美元/桶，2023年为 45 美元/桶。

俄罗斯设定新的预算规则的目标在于：（1）降低联邦预算与石油价格的

相关性，确保所有国家义务的履行不受短期/中期油价波动抑或原材料超长周期的影响；（2）形成可预期的宏观经济条件，确保经济可持续增长；（3）支持俄罗斯银行通货膨胀目标制的实施。

新预算规则的实施，对于抑制油气价格波动的影响，促使俄罗斯经济发展向非资源经济过渡产生了积极效用。2018年，油气收入占俄罗斯联邦预算收入的比重为46.4%，2019年该比重下降到39.3%，2020年进一步下降到28.7%，三年间下降了73.0%，达到俄罗斯近20年来的最低点，与10年前（2011年）油气收入占联邦预算一半以上时的状况出现了明显改变。

二、规划预算强化财政政策与国家战略的有机结合

向规划预算过渡是俄罗斯中期预算改革的重点发展方向。俄罗斯规划预算的最早形态为国家优先发展项目。2005年，普京指出，政府有责任在与人民生活息息相关的教育、健康和住房领域兴建国家优先发展项目，以提高俄罗斯公民生活质量。由此，教育项目、健康项目和住房项目被列入2006年的联邦预算中，其后又加入了农业发展项目，为此还成立了专门的总统委员会，监督这些项目的落实和实施。

（一）国家优先发展项目

1. 国家优先发展项目"教育"

国家优先发展项目"教育"的核心是提供高质量教育，为俄罗斯经济发展培养有专业技能的人才，建设符合创新发展的教育制度，提高教育质量和普及率，发展职业教育，建立高效的教育服务市场，提高教育领域的投资吸引力，从而最终提高俄罗斯人力资源的质量。主要支出方向为：

（1）对积极推进教育创新规划的中小学和大学，给予国家支持；

（2）每年给全国10000名优秀中小学教师每人10万卢布的奖励；

（3）鼓励利用现代信息教学技术。例如，在2年内让所有不能上网的学校都能进入互联网；

（4）构建本国高校体系，培养综合性人才，建立新型商业学校体系，培养世界水平的管理人才；

（5）对创新性的、有特殊才能和有天才的年轻人给予国家支持；

（6）为应征服役和按合同服役的现役军人兴建100所教育中心（初级职业教育）；

（7）为班主任每月发放额外津贴。

2. 国家优先发展项目"医疗"

国家优先发展项目"医疗"希望通过向居民提供相应的医疗服务、发展现代医学科学和技术，以及提高医务工作人员工资等方式，来改善居民的健康状况、提高医疗服务的水平和质量、预防流行疾病传播。

"医疗"项目的支出主要用于解决门诊医生（全国约56%）和公共医疗机构（家庭）医生（不到4000人）人数严重不足的问题。其途径就是提高公共医疗机构、社区医生、护士，以及急救医生和护士的工资：医生的工资平均提高10000卢布，护士的工资平均提高5000卢布。

国家优先发展项目"医疗"有相当一部分资金还被用于：①购买现代化医疗设备，改善就医的最初环节——门诊部门的医疗条件；②发展医疗航空业，改善难以到达地区的医疗救护条件；③兴建高技术医疗中心；④向居民提供高技术医疗救助。各种费用高昂的手术可获得政府预算补贴，补贴限额依不同地区而定。获得免费高技术医疗服务的病人因此得以大幅度提高。

3. 国家优先发展项目"住房"

国家优先发展项目"为俄罗斯公民提供买得起且舒适的住房"起源于联邦"住房"专项规划。要扩大公民既买得起又舒适的住房供应，就需要同时刺激住房市场上需求和供给两个方面。其途径一为发放抵押贷款刺激需求，二为通过降低建设费用刺激供给。

该项目还对年轻家庭和农村居民予以特殊关注。在年轻家庭购买或兴建自用房，以及为获得住房抵押贷款交付首付时，可获得相当于标准房屋价值40%的联邦补贴，农村的年轻专家可获得50%的补贴。

4. 国家优先发展项目"发展农工综合体"

设定"农工综合体"为国家优先发展项目的最初设想是基于对国家经济安全的考虑，特别是粮食安全——以本国产品逐步替代进口农产品，为未来的农业综合发展创造条件。因此,国家优先项目"发展农工综合体"的主要发展方向为:降低对进口粮食的依赖,提高本国农业生产的效率,加强畜牧业发展,促进小规模经营和向农村年轻专家提供买得起的住房。

(1)加快畜牧业发展,保证牲畜喂养水平稳定。肉产量应提高7%,奶产量应提高4.5%,鱼类产品的产量应提高4%。

(2)促进小型农工综合体的发展。

(3)为农村年轻专家提供买得起的住房。

为保障国家项目战略目标的达成,俄罗斯投入了大量财政资金。以国家优先发展项目"医疗"为例,2006—2008年,俄罗斯用于国家优先发展项目"医疗"的财政资金由789.8亿卢布逐步提高到1458亿卢布,增长了近85%,三年合计投入3560亿卢布,是俄罗斯同期四个国家优先发展项目中资金规模最大、增长速度最快的项目。相应地,其实施结果也最为显著:向上万家初级医疗机构提供了4.2万套诊断设备(X射线、超声波、内窥镜等),这些机构约有半数以上是第一次获得此类设备,大大缩短了患者等待检查的时间;为医疗机构配备了13000多辆装有特殊医疗设备的救护车,70%以上的救护车得到更新,急救车到达抢救地点的时间从35分钟缩短到25分钟;各类疫苗广泛投入使用,许多危险的流行病,如白喉、乙型肝炎、麻疹、腮腺炎、风疹、百日咳等的发病率大大降低;配备高科技设备的医疗机构不断增多,享受高科技医疗服务的患者人数增长了四倍以上。

为巩固国家在公共卫生领域取得的成绩,进一步增进俄罗斯公民的健康水平,2009—2012年俄罗斯国家优先发展项目"医疗"获得的财政拨款进一步扩大,4年累计6768亿卢布,同比增长近1倍。经过连续多年的努力,俄罗斯公共卫生服务得到进一步改善,医务人员平均工资提高2.6倍,5.3万名医生得到培训,8万名HIV患者和2万多名病毒性肝炎患者得到治疗,结核病死亡率降低3.6%,预防性体检查出的早期疾病患者超过1000万人,产前诊断设备不断现代化,母婴死亡率进一步降低,生育率不断提高,俄罗斯人口数量自独立后首次由降转升,反映出一种难得的积极态势,人均预期寿命由2005年的65.4岁延长到2012年的70.3岁,提高了4.9岁。

（二）规划预算的实施

2010 年，时任总理的普京提出了俄罗斯预算改革的进一步设想：全面推进规划预算①。在联邦政府的直接领导下，俄罗斯自 2011 年起开始实施"国家规划"预算管理改革。

俄罗斯国家规划的前期准备工作量极其庞大，国家规划的编制虽由某一政府部门具体负责，但往往需要多个部门协同。例如，国家规划"卫生"的主管部门为俄罗斯卫生部，但参与部门有俄罗斯农业部、教育部、建设部、卫生检疫局、原子能国家委员会、俄罗斯联邦慈善基金会、社会保险基金委员会、联邦强制医疗保险基金委员会等部门，使国家规划的起草与协调需要 9 个月乃至更长的时间。为此，俄罗斯不得不采取渐进的方式，成熟一个批准一个，在 2011—2012 年先后批准了五大领域 42 项国家规划，原有的国家优先发展项目也并入相应的国家规划之中，例如，国家优先发展项目"医疗"就并入国家规划"卫生"之中。

根据向规划预算过渡的原则，2011 年，俄罗斯联邦政府的预算支出按五大领域设立了 42 项国家规划，总规模超过联邦预算支出的 90%。

（三）国家项目的发展

为准确反映国家战略及民生需求，俄罗斯规划预算须聚焦国计民生问题并及时调整。2018 年 5 月，俄罗斯总统普京发布《关于俄罗斯联邦 2024 年前国家发展目标和战略任务》（即"五月法令"），俄罗斯随即依照新的国家发展目标对国家规划进行了重新定位，设置了新的 46 项国家规划。

"五月法令"还有针对性地提出了人口、医疗、教育、住房等 12 项国家战略任务②，并明确指出，国家战略任务的实现方式是国家项目，国家将投入 25.7 万亿卢布用于国家项目的实施。对于俄罗斯来说，25.7 万亿卢布是极为

---

① 2010 年 6 月，俄罗斯联邦政府颁布《关于批准 2012 年前提高俄罗斯联邦政府预算支出效率规划》，2010 年 8 月，进一步发布联邦政府令《关于批准俄罗斯联邦国家规划制定、实施和评估的程序》。

② 俄罗斯 2019—2024 年国家重点发展战略任务主要包含人口、医疗、教育、住房、生态、道路、就业、科学、文化、企业发展、数字经济、国际合作等 12 个方面。2024 年前"大型基础设施现代化和扩展综合计划"也被纳入其中，使俄罗斯 2019—2024 年国家项目达到 13 项。

庞大的支出规模，2019 年俄罗斯国家财政支出总额 31.7 万亿卢布，这意味着，俄罗斯每年要拿出全国近 13.5% 的财政资金用于国家项目的实施，这样一种财政资金的配置也充分体现了俄罗斯对国家项目的支持决心。俄罗斯国家优先发展项目也自此正式更名为国家项目。

（四）俄罗斯规划预算的改革成效——以医疗卫生领域为例

以国家战略助推相关领域支出快速增长，以顶层设计保障国家规划、国家项目的顺利实施，以国家规划、国家项目有针对性地解决公共服务领域的重点难点问题，以绩效管理保障国家规划和国家项目的有效实现，是俄罗斯规划预算的改革与发展特点。

1. 以顶层设计保障国家规划、国家项目的顺利实施

俄罗斯《预算法典》规定，国家规划、国家项目须经联邦政府审批，并经议会审查批准后方可开始实施。俄罗斯国家规划、国家项目严格的编制与审批流程，确保了每一国家规划、国家项目目标详尽、任务明确、成本可靠、可操作性强。除此之外，俄罗斯还筹建了最高层级的领导机构，先后成立了国家优先发展项目总统委员会（2005—2011 年）、国家优先项目和人口政策总统委员会（2012—2016 年）、战略发展和国家项目总统委员会（2016 年至今），以从顶层设计的角度审查国家规划和国家项目的任务目标和实施方案，从宏观层面确保了国家规划、国家项目的顺利实施。这种顶层设计的思想与理念对于统筹协调国内外多方资源，化解各部门各领域矛盾与冲突，消除重复投入与低效支出，解决公共卫生领域国计民生重大问题，具有明显优势。

2. 以国家规划、国家项目有针对性地解决相关领域的重点难点问题

以公共卫生领域为例，为解决公共卫生领域面临的突出问题，俄罗斯采取了以国家规划进行总体保障与宏观定位，以国家项目及其子项目进行针对性解决的管理模式。如为解决人力资源短缺问题，俄罗斯在国家项目"医疗"下设立"保障高水平医疗人才"联邦项目，拨款 1661 亿卢布，用于培养医疗卫生人才，缓解医疗机构人员短缺；为改善初级医疗机构条件，俄罗斯拨款 625 亿卢布，设立"发展初级医疗卫生保健系统"联邦项目，用于改进全俄医疗救护系统，扩大医疗机构建筑面积，更新初级医疗机构设施设备，减少公民就

诊排队等待时间；为解决卫生防疫基础薄弱问题，俄罗斯设立"预防和控制重大社会传染病""基础医学，中继医学和个性化医学发展"等联邦项目，拨款 988 亿卢布，用于改善流行病学状况，扩大预防接种覆盖人群，为 HIV 患者、结核病患者等提供医疗服务。虽然国家规划"卫生"仅为俄罗斯 46 项国家规划之一，但其下辖的国家项目"医疗"与"人口"却占俄罗斯国家项目数量的 15.4%，国家项目资金的 18.8%。这种战略任务布局、国家项目安排以及预算资金投入力度，都充分体现了俄罗斯对公共卫生领域发展的高度重视。

3. 以绩效管理保障国家规划和国家项目的有效实现

良好的预算绩效管理应涵盖目标管理、过程管理、结果评价及其应用等方面。为此，俄罗斯设计了覆盖预算周期全过程的预算绩效管理体系，有效保障了国家规划预期结果的顺利实现。

（1）明确绩效目标，奠定预算绩效管理基础。

绩效目标明确、契约基础扎实正是俄罗斯国家规划及国家项目实施的一大特征，俄罗斯每一国家规划、国家项目都设立了明确的绩效目标，例如国家规划"卫生"的绩效目标为"劳动适龄人口死亡率降低到每 10 万人 350 例；心血管疾病死亡率每 10 万人 450 例；恶性肿瘤死亡率每 10 万人 185 例；每千活产婴儿死亡率降低到 4.5‰"。国家项目"人口"的绩效目标为"人口出生率提高到 1.753，人均预期寿命延长到 78 岁"。为使宏观层面的绩效目标能够对国家规划、国家项目的实施具有现实指导意义，俄罗斯在绩效目标之下，还设置了更为清晰、明确的绩效指标，使国家规划、国家项目的实施结果可操作、可实现、可考核、可衡量。此外，还通过《俄罗斯联邦卫生部 2019 年至 2024 年活动计划》，对国家项目中每一绩效目标的实施方向、保障措施、项目负责人、考核依据、进度安排、预期效果予以详细规定。例如，针对"人均预期寿命延长到 78 岁"这一绩效目标确定了 12 项具体细化的绩效指标，并对每一指标在 2019—2024 年每一年度应该完成的任务、匹配的资金进行了详尽说明。明确的绩效目标和绩效指标不仅有助于俄罗斯卫生部门树立绩效管理思想，还促使俄罗斯卫生部门不断强化前期准备工作，充分了解国家项目意欲达成的目标、目标达成的最优路径以及切合实际的资金投入规模与投入方式，使公共卫生预算投入的科学性和有效性得到明显增强，国家项目实施的质量与效果得以明显提升。

（2）广泛开展绩效评价，全面公开评价结果。

俄罗斯对国家规划、国家项目实行绩效管理，每年由财政部对各国家规划、国家项目进行绩效评价，以查看各国家规划、国家项目的任务完成进度、完成质量，预算执行情况以及规划目标实现程度，并进行综合打分排队。例如，俄罗斯国家规划"卫生"2019 年绩效评价结果为：部门规划执行效率 77.3 分，实施方案执行效率 72.3 分，预算执行 94.9 分，部门履职效率 100分，国家规划目标实现程度 93.4 分，在公开绩效评价结果的 37 项国家规划①中排第 19 名。与绩效评价分数同时公开的还有各国家规划、国家项目的绩效评价相关资料，所涉内容十分详尽，包含国家规划（项目）的检查表、未完成名单、完成情况分析报告、预算执行情况表、绩效评价检查信息、绩效评价指标体系、绩效评价等级、绩效评价报告、绩效评价分析报告、绩效评价情况总结、绩效评价得分、联邦主体国家规划（项目）实施情况绩效评价报告等。通过上述材料，俄罗斯财政部对每一国家规划（项目）的具体完成情况、任务未完成原因进行全面剖析。此外，针对国家规划"卫生"的绩效评价，财政部还报告了 269 个控制点（即细化的二级评价指标）的完成情况，其中，241 个控制点已完成（227 个控制点按时完成，14 个控制点在截止期后完成），28 个控制点尚未完成，并分析了控制点未能完成的原因。这种扎实推进的绩效评价充分发挥了绩效评价的激励约束作用，增强了卫生部门的支出责任和绩效意识，对于推动国家规划及国家项目总体目标顺利实现，提高公共卫生服务质量与服务水平，提升居民对公共卫生服务的满意度具有良好的促进作用。

（3）健全激励约束机制，强化公开问责。

与此同时，俄罗斯国家规划和国家项目还采用了国际通行的问责机制——部门责任人制。俄罗斯每个国家规划、国家项目都有清晰明确的责任

---

① "增强国家国防""保障国家安全""对外政治活动"等国家规划因涉密，绩效评价结果未公布。

人，例如国家项目"医疗"的负责人为卫生部长斯科沃索娃，项目执行负责人为卫生部副部长霍罗娃；国家项目"人口"的负责人为劳动与社会保障部部长托皮林，项目执行负责人为劳动与社会保障部第一副部长沃夫琴科。这种以个人为主体的绩效问责机制，打破了传统的以部门为责任主体的弊端，将问责对象由宏观抽象的部门——集体责任制，转化为具象明确的个体，使问责具有了真正的可能性和威慑力。国家项目的责任人要签订规划（项目）责任书，不仅要对规划（项目）任务的完成情况负责，还要对有效并符合道德地利用公共资源负责，违约要承担相应的处罚。此外，俄罗斯还通过国家规划及国家项目内容的全面公开强化责任约束。按照《预算法典》规定，俄罗斯每一国家规划、国家项目的相关材料都须在联邦政府网站及时公开，规划及项目的责任人、规划及项目的绩效目标、预期结果、预算规模、实施内容、实施方案、绩效评价方法、评价依据等在联邦政府网站均可查询。俄罗斯财政部对每一国家规划、国家项目开展的绩效评价结果也都公布在联邦政府网站上，预算的全面公开成为确保国家规划、国家项目高质量完成的最好监督与控制手段。

三、明确事权划分，完善转移支付，保障各级政府有效运行

苏联解体后，俄罗斯各地方纷纷发表"独立宣言"，要求以主权国家身份加入俄罗斯，并宣称地方法律效力高于联邦。此时，俄联邦政府不仅未予及时制止，为了在政治博弈中取得地方势力的支持，甚或纵容地方侵占联邦主权，叶利钦的名言"你们能拿走多少主权就拿走多少"，使地方扩大主权的欲望无限膨胀。地方自由立法，地方法规与国家宪法和联邦法律相违背，使俄罗斯的统一与稳定受到极大威胁。

在政治放权的同时，俄罗斯还将独立管辖地方经济与社会发展的权限赋予了地方：地方政府有权独立开展对外经济活动，有权建立新的经济管理部门，地方预算独立，享有与联邦同等权利。全面开放财权，将涉及地方税费的所有权限全部赋予地方，地方税费的立法权、征收管理权、政策调整权等均被划归地方。

在市场机制缺失、监督机制乏力的情况下，这一举措的后果是极其严重并具有灾难性的。不受任何约束与制约的地方政府开始疯狂敛财，一时间俄罗斯各级地方税费暴增。过多过滥的税费加剧了税收秩序的混乱，加重了企业和居民的负担，成为真正的"死亡税率"，严重侵蚀了联邦税基，使联邦税费收入进一步下降。

"所有中央集权的瓦解一定始自中央税收来源的枯竭。"在俄罗斯这样的前车之鉴并不鲜见，苏联解体很重要的一个原因就在于中央财政收入占比逐年下降，国库空虚，中央政府对国家政治经济的控制力被严重削弱。而在此时，俄罗斯联邦政府也面临着同样的威胁：失去财力支撑与财权制约的联邦政府，也随之失去了对地方政府的掌控与约束，地方分离主义、民族分裂主义和经济分立主义重新抬头，国家的统一与稳定受到严重威胁，使俄罗斯"面临沦为世界二、三流国家的危险"。

要在俄罗斯这样一个民族众多、幅员辽阔的国家实现政治稳定、经济增长，就必须加强联邦权威，建立一套完整的国家宏观调控体系，加大国家对经济和社会总体进程的影响。然而，国家宏观调控体系的建立需要以强大的财力为依托，这就使保障国家财力的税收成为俄罗斯强国梦实现的关键。为此，普京将税制改革作为维护俄罗斯国家经济安全、保护国家领土完整的任务提上议事日程。

（一）以立法确立联邦政府财政权威

加紧制定新的税收法规，《税法典》赋予了俄联邦广泛的税收立法权，除拥有联邦税的税收立法权外，其他各级税收的设立也要遵循联邦法律。同时，《税法典》还强调指出，法典所列税种详尽无遗、不可增补，税收的立法权（包括征收的税种、税率、征税条件和税收分配等）统一收归联邦议会。同时，《税法典》还对地方政府的税收权限予以了严格限定：各级地方政府必须服从联邦政府的税收政策和法令，只有地方税种的税率，可由地方在联邦规定的范围内进行调节。

税收权限及税收收入向联邦的归集，使俄联邦财政收入迅速提高，财力的快速提升使俄联邦对地方政府的掌控能力得到有效增强。

财力的集聚虽然有助于联邦控制力的提升，但其负面影响也随之显现：地方财政自主能力大幅下降；地方经济发展动力欠缺；地区间经济社会发展差异进一步加剧，最高及最低公共服务保障水平差距明显。

财政收入能力的有限促使俄地方政府寻找一些非正式手段增加本级收入，如建立预算外基金、拖欠支出、不按规定比例上缴税收、希望通过谈判单边提高联邦财政援助、从地方银行大量举债等。这一系列状况不仅扭曲了平等竞争条件，恶化了税收环境，破坏了财经纪律，纵容了贪腐，还极大地降低了预算的可预见性及透明度，加大了联邦对地方财政的监控难度，危害了国家财政体系的健全。贫富差距过大的地方财政状况则进一步激发了地区分裂主义和地方恐怖主义行为。为此，俄联邦政府一方面加紧完善政府间支出责任的划分，另一方面紧急修订对地方政府的转移支付制度。

（二）配合财权集聚上收部分支出责任

为配合财政收入向联邦的集聚，俄罗斯除将负责全国性公共服务的支出责任划归联邦，还将与地方密切相关，但地方政府无力独自承担或需要跨地区解决的一些支出责任，也归属于联邦或由联邦政府担负起主要的支出责任，如对工业、建筑、煤水电、农业、通信运输等领域的支持；对居民的社会保障；环境与生态保护；发展基础设施；保障联邦关系和民族关系正常发展；开展公共教育等。

除此之外，俄罗斯还将部分原属于地方政府的支出责任上收到联邦政府，如对老战士和残疾人社会保障支出，征兵支出，军人和国家公务员补贴，地质勘探、大型水利设施建设支出等。

通过明晰事权，上收部分支出责任，俄罗斯基本构建起各级政府财权与事权大致相当的财政体制。

（三）强化转移支付资金使用责任，提升转移支付支出效率

在俄罗斯政府间财政关系改革中有一个非常关键性的举措为：将不遵守预算赤字、债务限额的责任承担者，由地区财政部门转为地区主要负责人，使相关责任由较为宏观的部门责任转化为具体的个人责任。这种以个人为主体的责任机制打破了传统的以机构为主体责任机制的弊端，使问责更具有威慑力，对于提升转移支付的严肃性、规范性，以及促进转移支付质量的全面提升具有重要的推动作用。

（四）公开各类转移支付规模，规范转移支付支出模式

为提高转移支付资金的透明度，减少转移支付资金分配的不确定造成的地方财政困难及腐败空间，俄罗斯将 2021—2023 年一般性转移支付和专项转移支付的分配情况全部公开，最大限度地遏制了"跑部钱进"现象的出现。

四、重视财政透明度建设，支出效率不断提升

一个没有预算的政府是"看不见的政府"，一个"看不见的政府"不可能是负责任的政府。有了预算但不公开，也仍然是一个"看不见的政府"。政府预算是反映政府活动的重要窗口，也是公众了解政府活动、监督政府正确使用财政资金、评判政府活动成效的主要依据。因此，政府预算的整个过程必须是公开透明的，预算信息也须向公众全面公开。

在俄罗斯，政府预算公开起始于 2005 年。在这一年，俄罗斯开始向民众说明什么是政府预算。其后，《俄罗斯预算指南——2006》《俄罗斯 2004—2007 年公开预算：神话与预算》这两本书的先后出版，使民众对政府预算的内容、编制及审批方式、预算执行及结果绩效评价有了更加清晰的了解，使预算公开不仅成为政府推行与关注的大事，也成为社会各界关心与热议的话题。

（一）俄罗斯预算公开的目标

对于俄罗斯预算公开的目标，在俄罗斯总统普京 2013 年的预算咨文中有很明确的表述。普京指出，预算公开是俄罗斯预算政策的优先发展方向，保障预算过程向全社会公开、透明，是俄罗斯政府未来中长期发展任务。"俄罗斯预算公开应以保障每一公民都能较容易地获取预算信息，全社会都能了解国家预算政策的目标、任务和方向，全社会都能了解国家预算支出及其取得的结果为目标。俄罗斯预算公开的最终目的是增强全社会对国家制度的信任。"

（二）俄罗斯预算公开的方法与途径

俄罗斯通过如下方法实施政府预算公开：一是研制切实可行且易于理解的

政府预算报告模式，同时引入公民预算；二是搭建国家统一预算网络信息平台，建立预算信息资源数据库，实现预算信息共享；三是积极推动地方政府预算公开，强化对地方政府预算公开活动的考评；四是强化国家规划绩效评价；五是广泛吸引公民预算参与。

1. 编制《公民预算》

在很多国家都编制有针对民众的《公民预算》，为此，在俄罗斯也开始编制简明易懂、可信度高的《公民预算》，即以公民易懂的语言对预算过程进行讲解；说明预算编制所需的主要宏观经济指数；一般的公共预算收入和支出；主要类别的预算收入和支出；国家和地方规划预算支出，俄罗斯联邦分类预算支出，预算赤字弥补来源；以及预算支出执行结果等。

《公民预算》在向立法机构提交预算草案和预算执行报告的同时发布。

2. 建立统一的预算体系平台

信息化是俄罗斯预算公开的主要途径之一。为此，俄罗斯于 2012 年 1 月 1 日开通了官方网站 http：//www. bus. gov. ru.。该网站全面发布关于俄罗斯联邦预算体系各级预算及国家预算外基金的预决算数据；公开政府部门的财务活动及财务状况，以及资产和负债情况，计划和实际工作结果；国家和地方规划的支出情况；地方政府完成国家和地方任务的基本情况；国家和地方政府不动产和特殊有价证券管理、经营情况。

俄罗斯还设立了国家统一的预算体系公开平台——"电子预算"。所有对联邦和地方预算感兴趣者都可从此网站获取相关预算信息，例如预算法律法规，预算执行过程信息，国家大型采购信息，国家和地方合同的执行信息，国家和地方服务的规模与质量，预算工作计划，预算咨询委员会、工作小组和专家组的组成及其主要工作，全俄统一预算分类跨部门工作研究小组的组成及主要工作，俄罗斯联邦统一预算体系平台资料，俄罗斯联邦预算债务信息，联邦和地方服务收费信息等。

3. 对各联邦主体的预算公开活动进行调查和评级

为加快地方预算公开的发展进程，提高各级政府预算公开的积极性，俄罗斯财政部多次对联邦主体进行大范围预算公开调查，要求各地区填写预算公开信息调查表。调查表的主要内容有：

（1）联邦主体是否研究编制"公民预算"？

（2）"公民预算"在何时编制？

（3）"公民预算"涵盖哪些主要内容？

（4）地方政府通过哪些方法与手段发布"公民的预算"？

（5）是否在地方政府层级（区县）开展预算公开实践？

（6）联邦主体是否有预算公开网络平台？

（7）"预算公开"网络平台提供哪些信息？

（8）是否在联邦主体开展预算法草案公开讨论？

（9）公开讨论预算法草案中的哪些问题？

4. 每年对国家规划的执行效率进行评估

由于国家规划资金占全部国家预算资金的一半以上，对国家规划预算资金的监督与管理就变得尤其重要。为此，俄罗斯将对国家规划的执行效率评估置于预算公开的首要位置，规定由俄罗斯联邦国家规划执行负责人编制"俄罗斯联邦国家规划"执行情况和效率评估年度报告；由俄罗斯联邦财政部针对国家规划的实施开展第三方绩效评价；由俄罗斯联邦政府会议根据俄罗斯联邦政府决议，对俄罗斯联邦国家规划执行负责人提交的"俄罗斯联邦国家规划"部门执行报告进行抽样审查；由俄罗斯经济发展部编制和提交俄罗斯联邦国家规划执行情况和效率评估年度总报告，与联邦预算执行报告一起提交国家杜马。

（1）公开审查俄罗斯联邦国家规划草案和执行报告。在新的俄罗斯联邦国家规划草案、俄罗斯联邦国家规划变更草案提交俄罗斯联邦政府批准前，应经过俄罗斯联邦政府公共事务委员会的充分讨论；向国家杜马提交俄罗斯联邦国家规划执行报告；由俄罗斯联邦审计署对俄罗斯联邦国家规划的执行、俄罗斯联邦国家规划变更草案做出最终评价结论；由政府公开活动协调委员会会议对俄罗斯联邦国家规划执行责任人报告进行审查；根据联邦政府"法规草案及其公开讨论结果信息披露程序"对新的俄罗斯联邦国家规划进行公开讨论；制定独立调查程序，包括参与者的权利、责任、时间、期限，以及对调查结果和组织程序的要求，并依据该程序开展调查。

（2）每年对联邦国家规划的执行情况进行评估，同时评估国家规划编制与执行的公开程度，例如对规划计划、执行质量和激励措施进行评估和（或）评级的公开情况。

（3）国家规划的编制与执行的社会参与。俄罗斯国家规划的编制与执行应吸引俄罗斯联邦公共事务局、联邦政府公共事务委员会、学者及所有感兴趣者的广泛参与。为此，需做到：确立社会组织在俄罗斯联邦国家规划评估中的地位；建立社会组织参与俄罗斯联邦国家规划评估的制度环境；确立社会组织参与俄罗斯联邦国家规划筹备和执行监督的原则；建立社会组织参与俄罗斯联邦国家规划评估的信息系统。

5. 组织公民参与预算过程

公民参与预算过程意味着预算草案编制信息公开、规范。为此，相关部门应在互联网上公开预算草案的编制信息，以及社会讨论的过程及结果；在互联网上统一公布预算草案及其公开讨论结果信息；联邦政府应利用各种方式对预算草案进行公开咨询；国家规划的起草者联邦政府有义务在互联网上公布公开咨询与讨论结果，确立联邦主体层面公共财政管理及公开讨论结果披露程序。

（三）俄罗斯预算公开的内容

在政府预算公开方面，俄政府需要向社会公布的文件有：3 年期国家宏观经济发展预期指数，国家预算政策及税收政策，中期政府预算、国家规划预算和预算外基金预算，国家稳定基金（包括储备基金，国民财富基金）预算以及政府财务报告等。

（四）俄罗斯预算公开的细化程度

俄罗斯对各类预算文件公开的程度有明确要求，例如在俄罗斯财政部发布的俄罗斯联邦预算体系预算执行公开信息清单中，就有对各项公开信息在公开程度方面有具体要求，详见表 3-24。

表3-24 俄罗斯联邦预算体系预算执行公开信息清单

序号	类别	方向	内容
1	关于预算或联邦预算执行信息	预算执行业务报告	现金流报告（联邦预算：收入按类、款，支出按类、款，赤字弥补来源按类、款、项、目编制）
2		每月预算执行报告	预算执行报告（ф.0503117）（联邦预算）
3			现金流报告（联邦预算：收入、支出、赤字弥补来源按类款编制）
4		预算执行季度报告	联邦预算执行报告（ф.0507011）
5			联邦收入和支出执行报告（ф.0507017）
6			联邦预算资金获得者法定义务完成情况（ф.0507024）
7		年度预算执行报告	联邦预算执行报告（ф.0507011）
8			俄罗斯联邦政府储备基金和俄罗斯联邦总统储备基金资金利用情况报告（ф.0507012）
9			联邦预算平衡表（ф.0507019）
10			财务报告（联邦预算）（ф.0507020）
11			联邦预算资金获得者法定义务完成情况（ф.0507024）
12			现金流报告（联邦预算）（ф.0507060）
13	预算或联邦主体和地方政府预算执行情况		俄罗斯联邦主体汇总预算和国家地区预算外基金执行报告（ф.0503317）
14			俄罗斯联邦主体汇总预算和国家地区预算外基金平衡表（ф.0503320）
15			俄罗斯联邦主体汇总预算执行结果（ф.0503321）
16			俄罗斯联邦主体现金流汇总报告（ф.0503323）
17			俄罗斯联邦主体汇总预算收入和国家预算外基金预算收入信息（收入按类款，预算赤字弥补来源按类、款、项编制）

续表

序号	类别	方向	内容
18	俄罗斯联邦汇总预算和联邦预算执行信息		俄罗斯联邦汇总预算和国家预算外基金预算报告
19			俄罗斯联邦汇总预算和国家预算外基金预算平衡表（ф.0507022）
20			财务报告（俄罗斯联邦汇总预算和国家预算外基金预算）（ф.0507023）
21			现金流报告（俄罗斯联邦汇总预算和国家预算外基金预算）（ф.0507061）
22			俄罗斯联邦汇总预算和国家预算外基金预算信息（收入、支出和预算赤字弥补来源按类款编制）
23			给俄罗斯联邦主体预算转移支付信息（ф.0507052）
24			联邦预算和国家预算外基金预算执行报告
25	俄罗斯联邦国家预算外基金预算及执行情况报告		俄罗斯联邦养老基金、社会保险基金、强制医疗保障基金分类及汇总信息（ф.0503117）
26			俄罗斯联邦养老基金、社会保险基金、强制医疗保障基金分类及汇总平衡表（ф.0503120）
27			俄罗斯联邦养老基金、社会保险基金、强制医疗保障基金分类及汇财务报告（ф.0503121）
28			俄罗斯联邦养老基金、社会保险基金、强制医疗保障基金分类及汇总现金流报告（ф.0503123）
29	预算单位预算执行信息和预算汇总信息	联邦预算单位信息	预算单位收入和支出报告（ф.0503155）
30			预算单位财务经营活动计划执行报告（ф.0503737）（联邦预算）
31			预算单位财务经营活动汇总信息（联邦预算）
32			国家和地方预算单位平衡表（ф.0503730）（联邦预算）
33			预算单位财务经营活动报告（ф.0503721）（联邦预算）

续表

序号	类别	方向	内容
34		联邦主体和地方政府预算单位信息	预算单位财务经营活动计划执行报告（ф.0503737）（联邦主体单独和汇总预算）
35			
36			预算单位财务经营活动汇总信息（联邦主体汇总预算）
37			国家和地方预算单位平衡表（ф.0503730）（俄罗斯联邦主体单独和汇总预算）
			预算单位财务活动结果报告（ф.0503721）（俄罗斯联邦主体单独和汇总预算）
38	俄罗斯联邦政府预算执行和国家财务统计报告		根据国际货币基金组织方法编制的俄罗斯联邦国家财务统计报告
39	俄罗斯联邦政府预算执行和财政统计报告（英文）		俄罗斯联邦汇总预算执行报告和国家预算外基金预算执行报告（收入按类、款编制，支出按类、款编制，预算赤字弥补来源按类、款编制）
40			俄罗斯联邦汇总预算和国家预算外基金预算平衡表
41			俄罗斯联邦汇总预算财务报告（俄罗斯联邦汇总预算和国家预算外基金预算）
42			现金流报告（俄罗斯联邦汇总预算和国家预算外基金预算）（ф.0507061）
43	俄罗斯联邦政府预算执行和财务统计报告（英文）		根据国际货币基金组织方法编制的俄罗斯联邦国家财务统计报告

资料来源：俄罗斯财政部。

俄罗斯《预算法典》规定，俄罗斯联邦预算收入应按照类款项编制，预算支出按照类款编制，公共部门（即国家管理）业务预算按照类款项目四级编制，联邦预算赤字弥补来源按类款项目四级编制。俄罗斯联邦预算收入细化情况见预算收入表（见表3-25）。

表3-25　俄罗斯联邦预算收入

单位：卢布

指数	预算科目代码	联邦预算
收入总额	X	14496828953433
税收和非税收入	10000000000000000	14385846650296
商品劳务税（境内）	10300000000000000	2702249355011

续表

指数	预算科目代码	联邦预算
境内增值税	10301000010000110	2181419961118
境内消费税	10302000010000110	520829393893
境内生产酒精类产品消费税	10302020010000110	9407899
商品税（进口）	10400000000000000	1821787771287
进口增值税	10401000010000110	1750236776413
进口消费税	10402000010000110	71550994873
进口酒精产品消费税	10402020010000110	862698846

资料来源：俄罗斯财政部。

（五）俄罗斯预算公开的例外事项处理

对于不纳入预算公开范围的例外事项，俄罗斯《预算法典》也做出明确规定。《预算法典》第 36 章规定，秘密条款只存在于联邦预算，联邦主体和地方预算不允许设定秘密条款。《预算法典》第 209 条对联邦预算秘密条款进行了详细规定，即俄罗斯联邦预算法的秘密条款根据总统的提议，由议会两院主席与两院特别委员会秘密审议。

近十余年来，俄罗斯的秘密支出占比呈波动攀升状况，逐步由 2013 年的 13.8%上升到 2020 年的 20.1%，上升了 45.7%。俄罗斯机密支出规模上升的原因在于：国防类合同数量不断增加。在俄罗斯，属于机密的预算支出范围较广，几乎涵盖了预算支出的各个领域，例如全国性问题（即一般公共管理支出）、国防、国家安全、国民经济、住房、教育、医疗卫生、体育等。从表 3-26 可发现，除国防和国家安全外，其他各领域的秘密支出占比在逐年下降。

表 3-26　2013—2020 年俄罗斯秘密支出占联邦预算支出比重变化情况

单位:%

	2013 年	2014 年	2015 年	2016 年	2017 年	2018 年	2019 年	2020 年
秘密支出	13.8	14.9	19.1	21.7	18.6	17.5	18.4	20.1
全国性问题	10.1	10.1	15.1	12.5	6.4	5.1	5.2	5.3
其中：国家物资储备	86.1	86.7	87.2	84.1	85.9	83.6	83.0	82.7

续表

	2013 年	2014 年	2015 年	2016 年	2017 年	2018 年	2019 年	2020 年
国防	50.4	56.0	65.4	70.5	66.6	66.0	69.2	68.9
其中：发展武装力量	46.7	52.0	65.3	69.0	63.0	60.8	64.3	64.8
为备战提供经济支撑	100	100	100	100	100	100	100	100
发展核武器	100	100	100	100	100	100	100	100
履行军事技术合作国际义务	80.6	76.7	80.8	77.6	82.9	83.7	83.8	83.9
国家安全	26.6	27.1	28.4	29.1	35.4	38.3	38.6	38.5
其中：安全局	99.8	99.8	99.8	99.8	99.8	99.8	99.8	99.8
边境管理部门	99.6	99.9	100	100	100	100	100	100
极端事件公民和地区保护	38.5	39.1	39.7	45.7	49.6	49.5	49.5	49.1
应用研究	82.5	82.7	91.2	90.5	90.9	88.9	91.2	89.7
国民经济	4.7	3.6	5.5	7.0	10.1	6.8	4.4	3.3
住房和公用事业	9.1	9.7	4.3	7.8	3.2	1.0	1.2	1.4
教育	3.8	4.1	3.3	3.1	3.3	3.3	3.3	3.3
文化	0.1	0.1	0.1	0.2	0.1	0.2	0.2	0.2
卫生	2.8	2.6	2.6	2.9	3.7	3.4	3.8	3.4
社会政策	0.1	<0.1	0.1	0.1	0.1	0.1	0.3	0.1
体育	0.3	0.3	0.2	0.3	0.4	0.4	0.6	0.6
大众传媒	0.4	0.4	0.3	2.2	0.3	0.3	0.4	0.4

资料来源：根据俄罗斯国库材料整理。

（六）俄罗斯预算公开实施成效

政府的积极推动，民众的广泛参与，使俄罗斯预算公开得到迅速发展。2006 年，国际预算合作组织第一次对世界上 59 个国家进行预算公开指数评级，俄罗斯获 47 分，居于第 28 位。2012 年，国际预算合作组织进行第四次预算公开指数评级，俄罗斯的预算公开指数上升到 74 分，在 100 个参评国家中居于第 10 位，在预算信息提供程度这一指标上，俄罗斯仅次于美国、韩国和捷克，跃居第 4 位。在最近一次（2019 年）国际预算合作组织开展的预算公开评价活动中，俄罗斯的预算公开指数得分依然是 74 分，在 117 个参评国家中排第 14 名，依然是世界上预算公开程度最高的国家之一。

按国际预算合作组织公布的预算公开指数评级标准，机密支出应控制在预算支出总规模的 1%—3%，不得超过 8%，但因此项标准仅为预算公开指数 120 项评价指标中的一项，该项指标的较低得分对俄罗斯预算公开指数评级的整体影响并不显著（见图 3-4）。

（%）

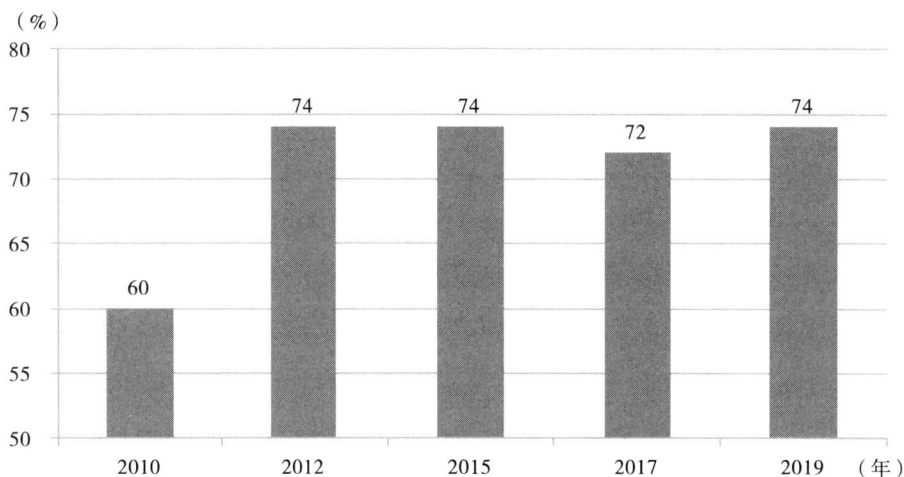

图 3-4　2010—2019 年俄罗斯预算公开指数评级得分情况

资料来源：俄罗斯国家统计局，http：//www.roskazna.ru/reports/cb.html。

第四节　普京第四任期后期俄罗斯财政经济
对国家治理体系完善的约束

国防支出始终占据支出优先位置，对民生服务支出形成挤压态势；养老支出缺口庞大，政府财政负担沉重；关闭储备基金，财政稳定功能受到明显抑制；债务规模不断攀升，偿债压力日益扩大，俄罗斯在财政经济领域存在的上述问题与不足，形成了对普京第四任期后期俄罗斯政治走向与发展的全面约束。

一、国防支出占据国家优先保障领域，对民生服务形成挤压态势

财政是国家治理的基础，是国家达成施政目标、履行施政承诺的重要支

柱，也是决定国家各项战略方针能否顺利实现的物质基础和财力保障。虽然俄罗斯一再宣称不打算重启军备竞赛，但其国防支出的不断扩张与提高，却显示出与此完全不同的意愿与走势。十数年间，俄罗斯国防支出增长十余倍，未来三年还将进一步提高。俄罗斯国防支出与国家军事战略演变之间的相关性，俄罗斯国防支出高速膨胀及其对普京第四任期俄罗斯政治走向的影响，也是需要关注与探讨的问题。

（一）俄罗斯国家战略的演变与国防支出的变迁

苏联经济曾被称为"世界上最军事化的经济"，国家军事支出在财政支出总额中所占比重极高，几乎占到国家财政支出的三分之一。苏联军事支出的不断膨胀严重影响了社会经济的全面协调发展，国民经济、教育、科技、医疗、社会保障和国际贸易等领域支出受到极大挤压。

苏联军事化经济的长期片面发展，违背了社会生产的目的与要求，束缚了社会生产力的发展，成为苏联社会经济各种矛盾冲突日益尖锐的根源，也成为导致苏联经济增长速度放慢直至停滞和衰落的主要原因。为此，去军事化，向公共服务倾斜成为俄罗斯独立以后公共财政体制构建，财政制度转轨的重要标识与特征。俄罗斯向公共财政制度的转轨，使国防支出在此转轨初期不再享有国家财政的优先保障，俄国防军事发展亦随之进入举步维艰的困难时期。

1992年俄罗斯启动独立后的第一次军事改革，希望能够建设起一支"精干、强大而又便于指挥的现代化职业军队"，在1992年年底完成国防部、总参谋部和其他指挥机关的组建工作，清点现有装备，削减军队员额，制订军队结构、编成、部署和裁减计划；1995年年底完成军兵种结构调整，陆军向旅级结构过渡，苏军驻扎部队撤回，向混合兵役制（义务兵役制与合同兵役制相结合）过渡，将俄军额裁减至150万以内等。但由于未能得到国防支出的积极支持与配合，俄罗斯这一军事改革未能如期开展。1992年，俄罗斯国防部提出1.06万亿卢布预算申请，财政部仅批复0.38万亿卢布，批复率不足36%。虽然年中又追加0.62万亿卢布预算拨款，但国防支出的拨款额和实际需要之间依然存在一定差异。此后数年间，俄国防支出实际到位率持续下降，徘徊在50%—60%之间。1997年，俄国防支出再次陷入窘迫境地，年初国防部申请预算 260 万亿卢布，财政批复 104 万亿卢布，批复率仅 40%，实际拨付率更低，只有 83 万亿卢布，不到申请额的三分之一。

俄罗斯国防支出保障水平的连年下降，使其占国内生产总值的比重由 6.4%（1994 年）下降到 3.5%（1997 年），下降了 54.7%。国防支出的窘迫不仅严重影响了俄罗斯军事改革的进程，也严重制约了俄罗斯军队的发展。尽管继承了苏联约 80% 的军力，但此时俄罗斯军队的"战斗素养几乎被彻底颠覆。由于没有资金建设新的军事城、训练场和住房，俄最有战斗力和装备最好的部队痛苦不堪。军官们数月拿不到津贴，几万军人被解职，将军、上校、中校和少校的数量超过了上尉和中尉的数量。国防企业停产，很多最珍贵的专家流失"[①]。俄军的作战能力下降到了历史最低点，整体上处于维持状态，战备水准只达到规定值的 40%。

经费下滑、生产转轨、体制结构变革等多重危机，更使俄罗斯的国防科技工业如临深渊，武器装备生产和研发能力急剧下降，军事装备现代化程度仅达到 20%，不足同期欧洲军事装备现代化的四分之一。正如普京在 2006 年国情咨文中所指出的那样，在此期间"俄罗斯军队在地图上行军，军舰停在岸边，飞行队停在机场"[②]。

1998 年，随着俄罗斯政局渐趋稳定，国内经济缓慢回升，俄罗斯制订出新一轮军事改革方案，其目标在于：使俄武装力量的结构、战斗编成和人数达到最佳状态；提高军队技术装备的性能水平和战斗准备程度；切实改善军官队伍状况，改进军官的培训和保障；加强军事科学体系和军事基础设施建设；为军人及其家属提供可靠的社会和法律保障。在此改革方案支持下，俄罗斯于 1998 年年初确定了高达 817.65 亿卢布的国防支出预算，但其后由于金融危机的全面爆发，当年国防支出拨款只实现了 69.3%，仅为国内生产总值的 2.16%，达独立后最低值。

---

① 普京：《变革中的世界与俄罗斯：挑战与选择（下）》，《当代世界与社会主义》2012 年第 3 期。

② В. Путин, "Послание Президента РФ Федеральному Собранию РФ от 10 мая 2006 г. ", http：//www. garant. ru/products/ipo/prime/doc/89457.

1999 年，俄罗斯国防支出 937 亿卢布，约合 47.2 亿美元，仅为同期美国军费（3000 多亿美元）的 1.6%，只够 84 万兵力（总兵员 120 万人）的基本维持费用，史称"死亡预算"。随着国防支出一次又一次跌入谷底，俄罗斯国防军事力量受到严重打击和损害。

秉持"没有一支强大的军队，俄罗斯就没有'竞争力'，就不能保卫自己国家或盟国，并且可能会被经济上和军事上更强大的国家所征服"① 的理念，普京执政后即做出了大规模军事改革的决定，希望通过改革军事机构，增加军事拨款，研制现代化武器装备，把俄军建成一支有能力以较小的伤亡和更先进的装备应对各种威胁的职业化军队。为此，国家预算投入了大笔财政资金予以保障。2000—2011 年，俄罗斯国防支出由 1908 亿卢布提高到 15172 亿卢布，累计增长近 7 倍，年均增长速度超过 20%。

2012 年，普京发表长文《强大是俄罗斯国家安全的保证》，针对俄罗斯面临的国家安全挑战进行了专题论述。② 普京认为，在全球转型过程中隐藏着各种风险，这些风险使俄罗斯在任何情况下都不能放弃战略遏制潜力的发展与巩固。如果不能保卫俄罗斯，如果不能预计到可能面临的危险，不能保证国家的军事独立，不准备对某些挑战在军事上做出应有的回应，俄罗斯将不能巩固国际地位、发展经济和民主制度。由此，在未来十年间，保障国家军事发展应成为俄罗斯未来国家政策最重要的优先方向，应得到国家财政的大力支持，国家财政也应军事化，用于促进俄罗斯武装力量发展和国防工业综合体现代化的资金应达 230 亿卢布，以保证俄罗斯武装力量、原子能和航天工业、军事教育、基础军事科学和应用研究的顺利发展。

有鉴于此，俄罗斯未来十年的军事战略任务将是：（1）为武装力量装备全新的武器，到 2020 年军队中新式武器的配比不应低于 70%，继续服役的武器系统也将升级改造。（2）现代军队要有文化、训练有素、会使用最先进的

---

① 郭朝蕾、马杰：《俄罗斯的大国意识与"冷和平"》，《国防科技工业》2007 年第 10 期。

② Владимир Путин，"Быть сильными：гарантии национальной безопасности для России"，20 февраля 2012，http：//topwar.ru/11509-vladimir-putin-byt-silnymi-garantii-nacionalnoy-bezopasnosti-dlya-rossi. 普京：《变革中世界与俄罗斯：挑战与选择（下）》，《当代世界与社会主义》2012 年第 3 期。

武器。军人应该拥有全套的社会保障，要与其巨大责任相符。军人的津贴应相当于主要经济部门的专家和管理者的工资，或者更高。（3）建立职业化的军队。2017 年，在 100 万人的武装力量中，70 万人应是职业军人，包括军官、军事院校毕业生、军士和合同兵。到 2020 年，应征入伍的人数要减少到 14.5 万人。（4）发展军工企业，保持技术、工艺和组织优势，推动军事部门和军民两用部门科研中心及研究所发展基础学科和应用学科，促进技术改造和新武器的研发。

为配合普京这一军事改革战略，俄财政部制定了独立后增长幅度最大的国防支出预算，预计在 5 年内将国防支出提高 67.4%，使其占联邦财政支出的比重上升到 20.9%，占 GDP 的比重上升到 4.0%，达十余年间最高值。

其后，俄罗斯国防支出得到更为充足的资金保障，使俄罗斯成为世界上国防支出增速最高的国家，快速增长的国防支出使其超越英国和日本，成为世界上第三大国防支出国。2012—2017 年俄罗斯国防支出累计增长 57.2%，是同期俄罗斯财政支出增速的 2.1 倍，占财政支出的比重由 14.1% 上升到 2017 年的 20.9%，提高了 48.2%。虽然在各方批评之下，2018 年普京将国防支出占比下调至 16.9%，但在年中调整预算时仍将 70% 左右的新增支出用于弥补国防支出。

充足的国防支出也有效地保障了俄罗斯军事改革的顺利进行，使俄军在指挥体系、人员结构和武器装备等方面发生了根本性变化：（1）原六大军区按战略方向被改建为西部、南部、中央和东部四个联合战略司令部，负责战时对辖区除战略核力量之外所有陆、空和海军部队的统一指挥；建立航空航天防御部队，以加强对战略核遏制力量的统一指挥。（2）军队人员数量由 120 万人缩减为 100 万人，军官比例由 58% 降低到 15%。职业化进程加速，合同制士兵数量达到 18.6 万人。①（3）武器更新力度达到空前水平，新武器数量由过去的 10% 提升至 16%。（4）官兵生活有了实质性改善，军人津贴和养老金有了大幅度提高，军人津贴增长了两倍，退伍军人退休金提高了 60%，并以每年

---

① 陈志新：《俄罗斯军事改革基本结束》，《人民日报》2012 年 3 月 30 日。

高于通货膨胀率两个百分点的速度指数化提高。

（二）国防支出膨胀对俄罗斯政治经济的影响

财政支出是国家为实现其职能进行的支付活动，财政支出结构的变化既反映了国家的战略选择，也体现了政府施政重点及活动方向的转变。在总量既定的情况下，财政支出中任一组成要素的变动都会对其他要素产生相应影响，俄国防支出的大幅度提高，势必引发其他连锁反应。

1. 国防支出膨胀对政治生态的影响

俄国防支出大规模的提升在俄罗斯国内引发了激烈争论，争论的焦点就在于其是否会导致俄罗斯重蹈苏联覆辙。对此，普京给出的答复非常明确，即国防支出增长不仅不会损害国民经济，还会促进国民经济的良性发展。因为"俄罗斯军事发展的任务是，在不损害国家经济力量的前提下，创造能保证俄罗斯主权、受伙伴国尊重、能享受持久和平的军队和军工企业。用于军工企业和重新装备军队的大量资源，会成为整个经济现代化的发动机，能带动冶金、机器制造、化学、无线电、信息技术以及电信等部门的发展，并为这些部门的企业提供更新的技术和资金，为众多科研和设计单位提供保障，在支持市场需求和滋养科学的同时，创造大量新的工作岗位，成为高质量增长的巨大推动力，实现更大的效果"。

对于普京的上述说明，俄罗斯社会各界做出现了不同的回应。部分学者赞同普京的看法，认为俄罗斯需要一只强大、能够保家卫国的现代化军队，应该大幅度提高国防支出，改善军人及其家属的待遇。① 但更多的学者指出，军事支出正逐步像苏联时期的农业支出一样，演变成为一个深不见底的"黑洞"，大把吞噬国家宝贵的财政资金。②

国家杜马委员费多洛娃指出，民生和国防都应成为国家预算的优先保障对

---

① 国际咨询公司 BDO 俄罗斯宏观经济研究中心主任叶莲娜·玛特洛索娃指出，在很多国家革命及动荡都因经济危机而起。由此，在全球经济危机时期，提高军事支出不仅可增强俄罗斯军事实力，还可有效扩大国内生产需求，促进国家工业体系发展。

② 俄罗斯世界经济和国际关系研究所副所长叶甫根尼·贡特马谢尔教授担心，不受外界监督与控制的秘密军事支出，绩效低下将无可避免。

象，但国防支出的扩张绝不能以牺牲民生服务为代价。① 对于寄希望于国防支出拉动经济、促进GDP增长的说法，俄罗斯知名经济学家，前国家杜马代表米哈伊洛夫并不赞同，他认为"大炮取代黄油"不值得信奉。在俄罗斯的历史中有许多过度钟情于国防工业而使国家濒临灾难的情景。②

俄罗斯经济分析家谢丽万诺娃则指出，在新一轮经济危机来临之际，国家不是未雨绸缪扩大国民经济发展支出，而是大规模提高军事支出，并大大缩减教育、医疗和住房支出。这样一种财政支出模式既不利于增强民众对未来的信心，也不利于抵御经济危机，因为对教育与医疗的投入才是产生GDP和推动经济增长的源泉。这样一种模式是典型的军事优先导向支出，其目的在于为战争做准备，不利于社会经济的稳定与发展。

关于军事支出的激烈争论迫使俄罗斯不得不对国防支出战略进行重新审视，并做出相应的调整。俄罗斯财政部长西卢阿诺夫在联邦委员会举行的联邦预算听证会上坦承，俄罗斯经济无法承受如此高额的军事开支，从长远来看，俄罗斯的国防支出应该更具有现实性。③

2. 对民生服务的影响

向市场经济的转轨使俄政府发生的最大转变，就是公共职能不断增强，民生服务支出不断提高，民生服务占财政支出的比重由苏联时期的不到30%，逐步上升到2010年的45.8%。

但国防支出的大幅增长，使俄罗斯住房、医疗和文化支出出现了大幅度下降，就连俄罗斯传统上一向得到较为充足保障的教育，其支出比重也出现了明显下降。俄罗斯在住房、医疗、教育等支出领域的这种下降，使民生服务成为国防支出膨胀中利益受损最为严重的领域，民生服务在财政支出总额中所占比

---

① Анастасия Кашеварова，"Светлана Субботина. Россия увеличивает расходы на нацоборону и безопасность"，http：//newsland. com/news/detail/id/1401754/.

② Алексей Михайлов，"Пушки вместо масла，или Милитаризация России"，http：//worldcrisis. ru/crisis/1674840.

③ "Минфин предлагает серьезно сократить оборонные расходы после 2020 г."，http：//oane. ws/news/2020/10/07/minfin_ predlagaet_ seriezno_ sokratit_ oboronnye_ rashody_ posle_ 202og. html.

重由最高点 2010 年的 45.8%，下降到最低点 2015 年的 33.1%，几乎重新退回到苏联时代（见图 3-5）。

（%）

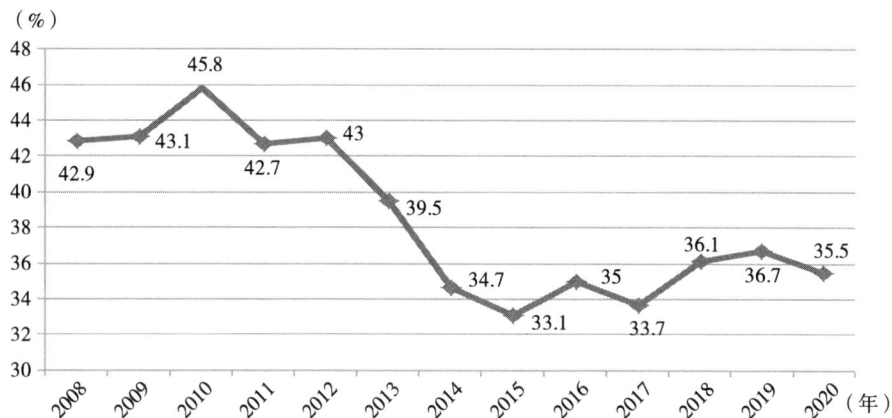

图 3-5 2008—2020 年俄罗斯民生服务支出比重变化情况

资料来源：俄罗斯国家统计局，http://www.roskazna.ru/reports/cb.html。

3. 对国民经济的影响

国防支出的快速膨胀对俄罗斯国民经济的影响同样非常显著。普京认为发展国防可通过武器装备的研发和生产促进国民经济的全面发展。但事实是，国防的过度发展对于任何一个经济体来说都是不能承受之重，正是对国防的过高投入拖垮了曾经辉煌一时的苏联经济。

当政府将大量公共资源用于满足国防支出需求时，这类支出既未流向可提高人民生活水平的消费支出领域，也未流向可增强社会生产力的投资领域。这样一种支出结构对于国民经济的健康均衡和长期可持续发展来说，都是极其不利的。

在俄罗斯新一轮经济危机来临之际，政府利用宝贵而稀缺的财政资金首先应做的事就是未雨绸缪，扩大国民经济发展支出。因为越是经济困难时期，政府需要承担的宏观经济调控职责越重，越需要大量资金对经济进行干预，促生产、保消费，拉动经济增长。但遗憾的是，在国防支出增长的压力下，俄罗斯国民经济支出还在不断走低，占财政支出的比重由 2014 年的 16.3% 下降到 2020 年的 13.3%，以及 2023 年的 13.1%。过低的国民经济支出不仅会削弱俄政府对宏观经济的调控能力，还会限制俄政府反危机职能的有效发挥，会对俄罗斯经济的回升与复苏进程产生不利影响。

从上述分析可以发现，俄罗斯国防支出的扩张和膨胀，并非如普京所宣称的那样，对国家的经济力量不发生任何损害。俄罗斯国防支出的扩大已实实在在地对俄罗斯的社会民生、国民经济、政府建设以及财政收支产生了显著的负面影响。这样一种与社会生产的目的和需求相悖，束缚社会生产力发展的财政支出模式，是非常不利于俄罗斯国内社会经济发展的。这一切正如伟大的俄罗斯历史学家瓦西里·克留切夫斯基曾描述的那样："彼得想卫国御敌，但他对国家的破坏大于任何敌人。"①

二、养老支出缺口庞大，财政负担依然沉重

根据联合国确定的标准，一个社会中 65 岁以上人口占总人口的比重超过7%，即可称为这个社会已经具有老龄化的特征。按照这一标准，俄罗斯早在1970 年就已加入老龄化社会的行列，65 岁以上人口比重达到 7.7%。至 2019年年底，俄罗斯 65 岁以上人口占总人口的比重 14.6%，老龄化已经成为不可忽视的社会问题。

老年人口数量的急剧上升使俄罗斯养老金的支付压力不断增大。近 30年，俄罗斯领取养老金的人数增长了 1000 余万，占俄罗斯总人数的比重上升了 7 个百分点。同期，劳动人数减少了近 240 万②，占总人数的比重下降了约 2 个百分点。养老金领取人数上升、养老保险缴费人数下降，打破了俄罗斯现收现付制养老保障系统的资金平衡，使俄罗斯养老资金面临严峻的收不抵支。③

鉴于此，解决养老保障的资金来源成为俄罗斯政府高度重视的民生问题。

---

① Алексей Михайлов，"Пушки вместо масла, или Милитаризация России"，http：//worldcrisis. ru/crisis/1674840.

② 领取养老金的人是指俄罗斯 60 岁以上的男性与 55 岁以上的女性，劳动人口是指 16—59岁的男性和 16—54 岁的女性。俄罗斯于 2019 年调整了退休年龄，但此处的分析以改革之前的退休年龄作为标准。

③ 数据来源：俄罗斯联邦统计局官网，http：//www.gks.ru/。

俄罗斯为此对原有国家包揽的养老保障制度开展了一系列改革，明确了养老保障制度改革的主要方向，即构建国家、企业与个人共同分担的"三支柱"养老保障体系。随着"三支柱"养老保障体系的构建，俄罗斯对养老保险的课征模式也进行了多次调整，不仅开展了由费到税、又由税到费的改革，还数次调整养老保险费率。尽管如此，俄罗斯联邦养老基金收入仍处于短缺状态，基金赤字逐年扩大。2014—2018 年，俄罗斯养老基金缺口累计增长了近 50%。在没有其他有效融资渠道的情况下，为保证老年人养老金足额发放、弥补养老基金收支缺口，俄罗斯不得不一再扩大联邦财政对养老基金的转移支付。同期，俄罗斯联邦财政对养老基金的转移支付由 24130 亿卢布上升至 32293 亿卢布，累计增长 52.5%，占 GDP 的比重超过 3%。①

尽管俄罗斯联邦财政承担了为养老保障资金兜底的作用，但这种大规模的财政贴补显然是不可持续的。受国际社会制裁以及国际国内经济影响，俄罗斯近年来财政收支状况并不乐观：2012—2017 年，俄罗斯联邦财政连续六年赤字，2016 年联邦财政赤字占 GDP 的比重达到 3.3%，使联邦财政持续大规模补贴养老基金难以为继。②

为此，俄罗斯开始实施以增加养老保险缴费收入为重点的改革，其中就包括备受关注的延迟退休政策。延迟退休一经提出，立即引发俄罗斯全社会的强烈不满。面对民众抗议和支持率的显著下滑，俄罗斯总统普京不得不做出让步，同意部分修改相关条款，同时出台多项措施，如将养老保险费的征收管理权再次移交税务机构等，以提升养老保险的实际缴费水平，缓解俄罗斯养老保障资金筹集问题。

（一）俄罗斯养老保险资金筹集问题突出

1. "影子收入"庞大，养老保险基金赤字严重

根据英国特许工人会计师工会（ACCA）对全球影子经济发展的评估和预测，俄罗斯当前已进入全球最大的五个影子经济国家之列。③ 2016 年，俄罗斯

---

① 资料来源：https：//www.vesti.ru/videos/show/vid/765246/#。

② 数据来源：俄罗斯联邦统计局官网，http：//www.gks.ru/。

③ 其余四国分别为阿塞拜疆、尼日利亚、乌克兰和斯里兰卡。

影子经济的规模达 336000 亿卢布，约为当年国内生产总值的 39%。庞大的影子经济对俄罗斯养老保险的足额缴费产生了极为不利的影响。

从总体规模来看，俄罗斯养老基金在 2014 年的赤字规模为 310 亿卢布，2015 年达到顶峰，为 5436 亿卢布，2016 年和 2017 年其赤字规模有所降低，分别为 2044 亿卢布和 593 亿卢布（见图 3-6）。但若刨除联邦财政的转移支付，则自 2005 年起，俄罗斯养老基金就一直处于赤字之中，且近年来其规模还在逐步扩大（见表 3-27）。

（亿卢布）

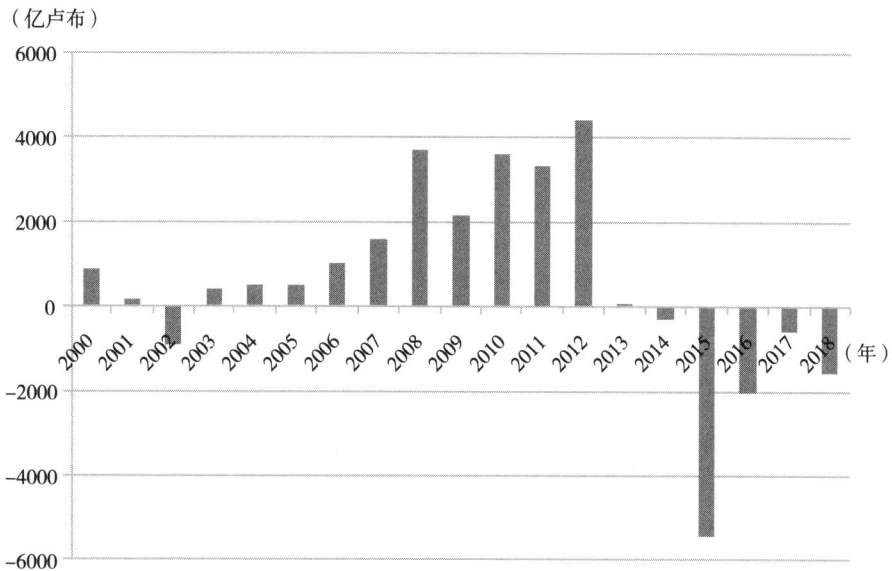

图 3-6　俄罗斯养老基金资金盈余情况

资料来源：俄罗斯联邦统计局，http://www.gks.ru/。

表 3-27　2011—2016 年俄罗斯隐性收入对养老基金收入的影响

	强制养老保险缴费收入（亿卢布）	支付养老金的支出（亿卢布）	盈余（+）/赤字（-）（亿卢布）	俄罗斯隐性收入占 GDP 的比重（%）	影子收入导致的养老基金收入短缺估计（亿卢布）
2011 年	28339	40812	-12473	10.7	15570
2012 年	30404	45240	-14836	11.3	16946

续表

	强制养老保险缴费收入（亿卢布）	支付养老金的支出（亿卢布）	盈余（+）/赤字（-）（亿卢布）	俄罗斯隐性收入占GDP的比重（%）	影子收入导致的养老基金收入短缺估计（亿卢布）
2013 年	34590	52500	-17910	12.1	19468
2014 年	36940	54060	-17120	13.3	23174
2015 年	38644	62006	-23362	11.6	21280
2016 年	41449	66037	-24588	12.0	22743

资料来源：根据俄罗斯联邦统计局、俄罗斯联邦养老基金年度报告相关数据整理与计算得出。

与此同时，俄罗斯的影子收入却呈不断上升态势，带来的缴费损失也不断扩大。2011 年，俄罗斯影子收入造成的基金收入损失约为 15570 亿卢布，比当年养老基金的赤字还要高出 3097 亿卢布；2014 年，由影子收入造成的养老基金收入损失达到最大值 23174 亿卢布，比当年养老基金的赤字高出 6054 亿卢布。2015 年后，俄罗斯养老基金的赤字进一步扩大，2016 年为 24588 亿卢布，几乎与同年影子收入造成的基金损失（22743 亿卢布）相当。显然，俄罗斯的影子收入对养老基金产生的影响不容忽视，倘若这一问题能够得到一定程度的解决，则不仅能弥补养老基金的赤字，还能明显缓解联邦财政支出的压力。

2. 财政补贴近半，政府财政负担沉重

俄罗斯《预算法典》规定，俄罗斯联邦养老基金的预算收入包括强制性养老保险费、附加保费等九项收入。① 在近 20 年的改革进程中，俄罗斯政府始终强调养老保障制度要充分遵循保险原则，俄罗斯养老基金的收入应以保险收费为主。2001 年，俄罗斯养老保险缴费收入占养老基金总收入的比重为

---

① 《预算法典》第 146 条规定了俄罗斯联邦养老基金预算收入的项目：（1）强制养老保险费；（2）累计部分养老金的附加保费以及雇主对支付附加保费的被保险人的补偿款项；（3）民用航空飞机机组人员的缴费记入俄罗斯联邦养老基金；（4）对俄罗斯联邦养老基金形成的欠款、罚款以及滞纳金；（5）组织或个人的无偿捐助；（6）被转移到俄罗斯联邦养老基金的联邦预算的政府间转移；（7）非国家养老基金的转移款项；（8）煤炭行业支付的款项，用于支付这些行业某些特殊类别员工养老金的附加费；（9）其他资金来源。

94%。但 2005 年费率调整后，俄罗斯政府转移支付占养老基金总收入的比重逐步增大。2017 年，俄罗斯政府养老保险转移支付占养老基金总收入的比重为 44.56%，达到近年来的最大值。

在缓解俄罗斯养老基金赤字方面，俄罗斯联邦财政转移支付发挥了巨大作用。2017 年，俄罗斯养老保险缴费收入占 GDP 总额的比重仅为 4.9%，而养老基金支出占 GDP 总额的比重为 9.1%，其中约 90% 的基金收支缺口就是依靠财政转移支付弥补的，俄罗斯联邦财政对养老保险的转移支付达到 GDP 的 4%，使养老保障明显偏离保险原则（见表 3-28）。

表 3-28　2001—2017 年俄罗斯养老保障资金占 GDP 比重　　单位:%

	养老基金收入			养老基金支出
	收入总额	税收/保险费	联邦政府养老保险转移支付	
2001 年	5.9	5.5	0.4	5.8
2005 年	6.2	2.9	3.2	6.0
2010 年	10.0	4.2	5.7	9.2
2011 年	9.4	5.1	4.3	8.8
2013 年	8.7	4.8	3.9	8.7
2015 年	8.5	4.7	3.7	9.2
2017 年	9.0	4.9	4.0	9.1

资料来源：俄罗斯联邦统计局，http://www.gks.ru/。

3. 服务领域扩大，养老基金支出负担沉重

对于任何一个国家而言，养老基金的主要目的就是为退休人员提供高水平的养老金，以减轻老年人的贫困程度、提高老年人的生活舒适度，对俄罗斯来说也是如此。但如今，俄罗斯养老基金的许多职能已超出养老范畴，例如给社会中特定类别公民的社会付款、为联邦主体社会服务组织提供资金援助等（见表 3-29）。

表 3-29　俄罗斯联邦养老基金的社会服务职能

职能	服务项目	服务数量（万人/万份）		支出额（亿卢布）	
		2013 年	2016 年	2013 年	2016 年
社会福利	每月现金支付（ЕДВ）：受益者为被任命为战争退伍军人、伟大卫国战争的参与者和残疾人以及他们的家庭成员，受辐射事故和核试验影响的公民、残疾人、残疾儿童和某些其他类别的公民； 照顾残疾公民的费用； 为卫国战争的参与者提供额外的物质支持（ДЕМО）； 对做出杰出贡献者的额外物质支持（ДМО）； 北方地区无工作养老金领取者的旅行费用和搬迁费用	1620	3980	3661	5720
为各联邦主体分支机构的社会服务组织提供资金援助	社会服务机构的建设与重建费； 修复社会服务机构的费用； 为社会服务机构购置设备和耐用品的费用； 为社会服务机构购买车辆的费用； 养老金领取者的计算机培训费； 对养老金领取者因遭受自然灾害与紧急情况造成的损害进行赔偿	—	—	10.0	11.1
孕产（家庭）基金	当一个俄罗斯家庭中的第二个或任何下一个孩子自 2007 年 1 月 1 日出生或领养时，联邦养老基金作为孕产（家庭）基金的管理者，颁发国家孕产（家庭）基金证书，并根据家庭的选择，将资金用于改善生活条件、儿童教育和母亲养老金的形成	78.6	92.48	2375	3129

资料来源：俄罗斯联邦养老基金年度报告，Годовой отчет пенсионного фонда России。

　　由表 3-29 可以看出，2013 年，俄罗斯养老基金管理委员会为 1620 万人提供了社会福利支持，接受了 78.6 万份孕产（家庭）基金证书申请；至 2016 年，领取社会福利的人数增加到 3980 万人，孕产（家庭）基金证书的申请数量也上升到 92.48 万份，这些工作直接导致基金会工作量上升一倍，基金会工作负担明显加重。

　　此外，这些社会服务职能的支出额也在不断增加，将其与养老资金的正常支出区分开来，可发现，俄罗斯养老基金的财政补贴压力有相当一部分来自这些附加服务职能。2017 年，在俄罗斯联邦财政向养老基金转移支付的 36773 亿卢布中，用于支付社会服务职能的占到 22.3%，见图 3-7。也就是说，对于俄罗斯养老基金来说，大约四分之一的财政压力来自其附加的社会服务职能。从所列具体支出项目来看，这些职能只有极少数与改善俄罗斯公民老年生活有关，若是剥离这部分附加职能，则俄养老基金的支出压力会明显减轻。

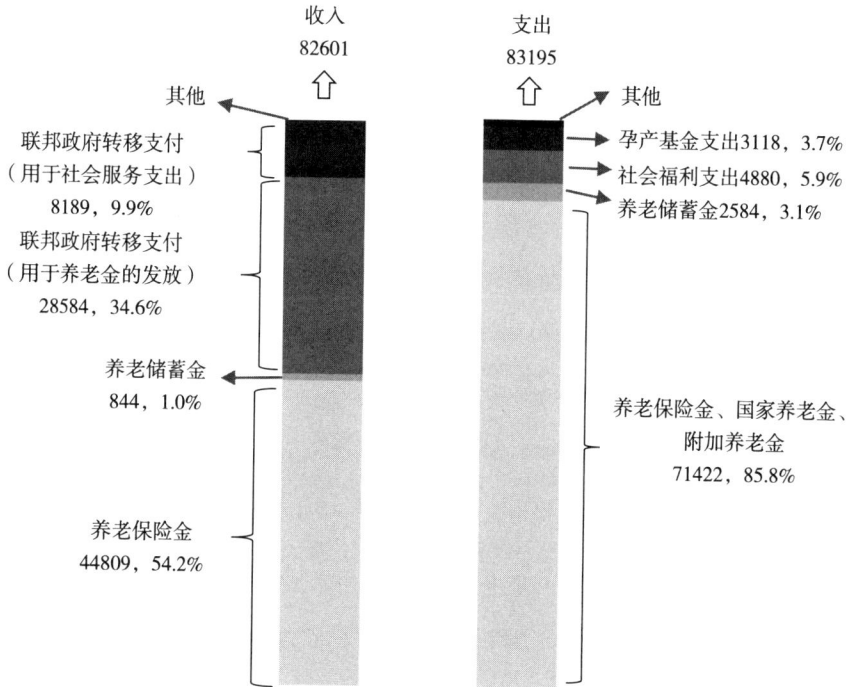

图 3-7　2017 年俄罗斯联邦养老基金预算收入与支出结构（单位：亿卢布）

资料来源：俄罗斯联邦养老基金年度报告，Годовой отчет пенсионного фонда России。

4. 公众参与度骤降，养老储蓄金沦为"摆设"

俄罗斯的"养老储蓄金"经历多次调整，由最初的强制性参与到之后的国家共同出资计划①，再到非强制性自愿参与，虽然备受重视，但其对俄养老

---

①　俄罗斯养老保障制度的共同筹资体系是在 2008 年开始实行的，旨在鼓励俄罗斯公民积极参与建立自己的养老金积累，并获得未来养老金的经济利益。根据第 56—Φ3 号《关于给劳动退休金积蓄部分的补充保险缴费和对建立养老金储蓄的国家支持法》，若被保险人在一年内自愿缴纳 2000 卢布及以上的养老储蓄金以资助累积部分的养老金，那么国家会以同样的数额资助其养老储蓄金，但补助金额不能超过每年 12000 卢布。

基金发挥的资金累积作用并不明显。

（1）养老储蓄金规模偏小。

近年来，俄养老基金养老储蓄资金占 GDP 的比重仅上升 0.4%。截至 2017 年年底，俄罗斯的累积养老资金约占当年 GDP 总量的 6.1%（见图 3-8），与同样实行累积养老保障制度的发达国家相差较大，仅为英国水平的 1/17，为加拿大水平的 1/14。即使与一些新兴市场经济国家相比，也存在一定差距，为墨西哥水平的 1/3，为韩国水平的 1/2。虽然俄罗斯养老基金的筹资模式一直沿着由现收现付制向部分积累制的方向改革，但就目前状况来看，俄罗斯的养老基金仍然是以现收现付制模式为主。无论是与自身近几年状况的纵向对比，还是与其他国家的横向对比，都可以看出俄罗斯养老储蓄金发挥的作用极为有限，且提升的动力明显不足。

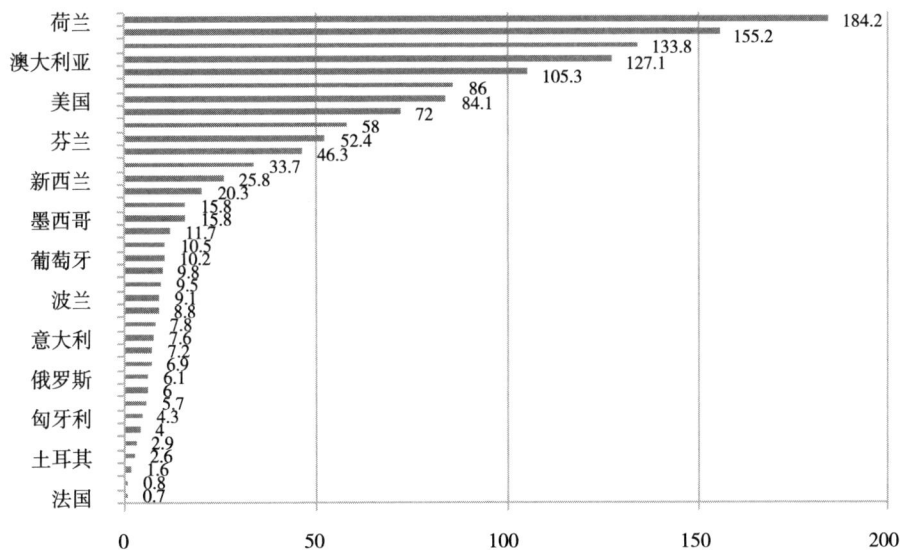

图 3-8　2017 年各国累积养老资金占 GDP 的比重

资料来源：OECD statistics，https：//stats.oecd.org/。

（2）俄罗斯居民参与养老储蓄金积累的积极性大幅降低。

截至 2013 年年底，俄罗斯强制性养老储蓄金的参与人数为 7900 万人，2014 年达到 8020 万人。但自 2015 年俄当局宣布养老储蓄金可自愿参加后，其参与人数在之后的两年开始下滑。2017 年年底，养老储蓄金的参与人数降至 7670 万人，与 2014 年相比减少了 350 万人。

（二）俄罗斯养老保险改革方向

为了扩大强制性养老保险缴费基数、提升养老保险缴费收入，俄罗斯采取的措施就是延迟职工退休年龄，将收入管理权再次移交税务机构。

1. 延迟退休年龄，维持养老基金收支平衡

2018 年，俄罗斯推出延迟退休政策，规定在 10 年的过渡期内分阶段延迟退休。为了保障俄罗斯职工权益不受侵害，俄罗斯同时出台了多项措施保障职工的退休福利，包括：提升退休人员养老金标准、部分特殊行业职工的退休年龄保持不变、加强保障即将退休职工的各项权益。

俄罗斯公务员延迟退休政策将分阶段进行。2022 年之前，俄罗斯公务员退休年龄每年延长 0.5 岁，此后，每年延长 1 岁。直至 2028 年，俄罗斯男性公务员退休年龄延长至 65 岁；至 2034 年，女性公务员退休年龄延迟到 63 岁。此外，有资格获得永久俄罗斯国家养老金的公务员工作年限也在增加，从 2016 年开始（15 年），工作年限每年增长 6 个月，直至 2026 年达到 20 年。

为了减缓延迟退休对劳动者福利和情绪的冲击，俄罗斯进一步加强保障民众的养老金权益，包括提升养老金水平、对于特殊行业的职工不实行延迟退休政策，以及保障即将退休职工的各项权益落实。

自 2019 年起，俄罗斯居民的养老金平均每月增加 1000 卢布。其中，无正式工作的居民养老金水平达到每年 1.2 万卢布，有工作的居民养老金水平为每年 1.54 万卢布。俄罗斯确定 2020 年的养老金指数为 106.6%，这一指数略高于 2019 年的通货膨胀率，即从 2020 年 1 月 1 日开始，每位退休人员领取的实际养老金都为本应得到的数额乘以 106.6%，由于每人的养老金数额不同，因此每个人养老金的增长量都不同。

对于大多数有权提前退休的俄罗斯公民来说，延迟退休的政策对其没有太大影响，这类群体的退休年龄保持不变。这些公民的工作性质包括以下几类：（1）在有害或极为危险的工作环境中工作的职工可以申请提前退休，且雇主按照特殊费率为其缴纳额外的养老保险金；（2）由于不可抗力或者自身健康

情况需要提前退休的人；（3）曾遭遇核辐射或人为灾害的公民；（4）从事飞行测试试验以及相关的研究人员。

为延缓延迟退休政策对劳动者带来的冲击，俄罗斯规定，对于即将退休的俄罗斯职工，保留其之前能够享受的退休前福利，包括免费购药、免交通费、修缮住房费用优惠、免征财产税和土地税等。自 2019 年起，俄罗斯还为即将退休的人提供了体检，以及与就业有关的额外保障，例如雇主不能因年龄问题辞退或者拒绝雇用即将达到退休年龄的雇员，若违反这一规定，雇主须承担相应的刑事责任。同时，雇主还有义务每年都为即将退休的雇员提供免费体检，并且照常发放工资。享受这些福利的时期是在新的退休年龄到达的前 5 年，即从女性职工 51 岁与男性职工 56 岁时开始。

2. 改变课征方式，克服缴费短缺现象

由于巨额"隐性收入"存在，俄罗斯养老保险费的少缴与漏缴已经成为养老保障资金筹集中面临的严峻问题，这些问题造成的缴费短缺不容忽视，并对联邦养老基金收支平衡产生了极为不利的影响。为提高强制性养老保险实际缴费率、优化保险费缴纳程序，俄罗斯将养老保险费的管理权再次转移给税务机构。

不过，这并不代表俄罗斯又重新开始征收"统一社会税"。这次改革仅仅是把俄罗斯养老保险费的收缴权力交给了联邦税务机构，税务机构与联邦养老基金会按照法律规定的程序进行合作。被保险人的个性化养老金账户仍然在联邦养老基金委员会旗下发挥作用，缴费者仍有义务继续向委员会提交个性化养老金报告。

3. 冻结养老储蓄金

2018 年 11 月，俄罗斯国家杜马批准继续冻结养老储蓄金法案，并指出冻结措施已经为联邦节省了约 2 万亿卢布的财政资金，且在其后持续至 2021 年的冻结期内还会继续节省 6000 亿卢布。

4. 进一步明确养老基金服务范围

俄罗斯联邦养老基金同时承担着提供养老保障资金、家庭孕产基金、社会福利资金、为各分支机构提供援助资金等方面的服务，其中包含了许多超出其直接授权的职责，这些服务严重影响了俄养老基金职能的正常发挥。对此，俄罗斯学者提出，附加的社会服务资金应由特定的组织或机构进行管理，俄养老基金的附加职能应当被剔除，因为职能的重新分配不仅能大大减轻俄养老基金的财务负担，还能够在一定程度上提升基金的运行效率。

（三）俄罗斯养老保险改革成效

俄罗斯对提高退休年龄，缓解养老保险基金巨额赤字充满期待。据俄罗斯财政部测算，2019—2028年，提高退休年龄将使俄罗斯预算外保险基金收入增长7.8万亿卢布，到2030—2031年，俄罗斯养老基金能够实现收支平衡，不再需要政府补贴。

从俄罗斯2019—2023年养老保险基金预算收支来看，俄罗斯养老基金收入的改善状况并不尽如人意。2019—2023年，俄罗斯养老基金收入预计由54131亿卢布增长到64407亿卢布，5年总体增长10276亿卢布，年均增长2055亿卢布，与年均增长7800亿卢布的预期相去甚远。这也使俄罗斯希望能够在2030—2031年实现养老基金自主平衡，不再需要联邦财政转移支付的愿望难以实现。

预计在未来一段时期，向养老基金实施大规模转移支付，帮助养老基金实现收支平衡，依然会是俄罗斯重要的财政支出方向。2023年，俄罗斯财政转移支付占养老基金收入总额的比重为38.5%，与2019年的37.9%相比，不降反升，表明向养老基金实施转移支付依然会是俄罗斯政府沉重的财政负担，延迟退休政策的实施效果并不如预期的那样显著与有效。

三、关闭储备基金，财政稳定功效受到抑制

1998年东南亚金融危机的爆发使俄罗斯经济备受打击，国民经济及全体国民均由此蒙受巨大损失。引发此次危机的直接诱因岁虽为东南亚金融危机的全球蔓延，但俄罗斯经济由此出现的全面而深刻的危机，则更多的是因为其内在的制度缺陷，以政府支付危机为标志的国家财政事实上的破产，才是引发并加剧全面经济危机的根本原因。

1998年金融危机带来的严重后果让俄罗斯政府意识到，只有建设合理完善的财政制度，才能更加主动地抵御危机，免遭致命打击。为此，在1998年东南亚危机过后，俄罗斯政府痛定思痛，并在国际石油价格出现新一轮上涨之时，果断决定建立"稳定基金"制度，为俄罗斯经济的稳定运行提供有力的屏障。

在 2008 年国际金融危机、2015 年国际石油价格暴跌、西方制裁加剧的情况下，俄罗斯储备基金在支持反危机计划、确保金融行业以及实体经济的稳定发展，控制通货膨胀等方面发挥了极为重要的作用，成为俄罗斯保障财政稳定的重要实现方式。

（一）稳定基金的建立与使用

2003 年 12 月 23 日，俄罗斯颁布《俄罗斯联邦稳定基金法》，同时将该法律作为第 13.1 章列入《预算法典》，稳定基金于 2004 年 1 月 1 日正式成立。作为俄罗斯联邦财政收入的组成部分，俄罗斯稳定基金主要目的是当石油价格低于基础价格时，将石油部门的超额收入储备起来，在国际能源价格下跌或经济下行时调出，以熨平经济波动、促进预算平衡，保障俄罗斯经济稳定运行。

俄罗斯稳定基金的主要收入来源包括两类：当石油售价价格高于基础价格时，收取超额石油出口关税和矿产开采税；联邦财政盈余以及稳定基金的投资收益。其中，超额税收收入是俄罗斯稳定基金的主要收入来源（见表 3-30）。

表 3-30　2004—2007 年俄罗斯稳定基金收入与支出结构　单位：亿卢布

		2004 年	2005 年	2006 年	2007 年
收入	出口关税收入	2408	6634	9912	9126
	矿产资源开采税收入	1755	5073	6467	6747
	联邦预算结余	1060	2171	478	1567
	投资收益	—	—	230	1519
	总计	5223	13878	17087	18959
支出	偿还外债	—	6431	6047	337
	弥补联邦养老基金赤字	—	300	—	—
	为发展银行、对外经济银行注资；为联邦投资基金拨款	—	—	—	3000
	年终余额*	5223	12370	23469	38491

注：* 年终余额包括由于汇率差额而产生的损失或收益，这部分金额没有在该表格中体现。
资料来源：俄罗斯国库网站，http://roskazna.ru/。

俄罗斯建立稳定基金建立的最初目的是弥补财政赤字、平衡财政收支，并明确规定，当基金累计总规模超过 5000 亿卢布时，可以用于其他用途。

2004—2007 年，随着国际油价的超预期增长，实际油价远高于俄罗斯原油基础价格，加上俄罗斯多次上调石油出口关税和矿产资源开采税税率，使稳定基金的规模迅速扩大。在稳定基金建立的第二年，即 2005 年俄罗斯稳定基金的累计总额就已达 13878 亿卢布，其中的 6431 亿卢布用于偿还俄罗斯外债，300亿卢布用于弥补俄联邦养老基金赤字。

在俄罗斯常年高通货膨胀的形势下，存放于中央银行的巨额稳定基金引起了俄罗斯政府以及社会各界的广泛关注。2004—2007 年，俄罗斯年均通货膨胀率为 10.6%，远高于 OECD 国家 2.5%的平均水平①，高通货膨胀率使俄罗斯稳定基金面临严峻的贬值风险，在此情形下稳定基金投资逐利的需求不断上升。此外，稳定基金的规模早已超过当初设定的 5000 亿卢布标准，如何有效利用超出的部分，以促进经济发展与改善民生，成为俄罗斯政府及社会各界关注的重要问题。

鉴于以上原因，俄罗斯于 2006 年颁布 229 号政府令《俄罗斯联邦稳定基金管理程序》，对稳定基金的管理与运用做出了新的规定。该管理程序规定，俄罗斯稳定基金由联邦财政部负责管理，存放于国库设在中央银行的专门账户中，俄财政部与中央银行签订合同，中央银行按照合同规定支付基金运营利息。稳定基金的资金可兑换成美元、欧元和英镑，所持外汇结构为：美元45%，欧元 45%，英镑 10%。基金所持外汇可用于购买外国债券，所购债券的种类、信贷能力、债券金额等均由基金管理程序予以规范，其中信贷能力须根据国际信用评级机构的评估结果确定。② 一旦出现不符合规定的情况，须在一个月内将所购债券卖出。2006 年，稳定基金给俄罗斯国库带来第一笔投资收益，金额为 230 亿卢布，2007 年该投资收益额增长至 1529 亿卢布。

（二）稳定基金一分为二及背后的缘由

2007 年 12 月 29 日，俄罗斯政府颁布 995 号政府令《储备基金管理程

---

① 数据来源：OECD 官方网站，http：//www.oecd.org/。

② 稳定基金购买外国债券的具体规定如下：（1）可用来购买 14 个国家政府发行的有价证券，分别为奥地利、比利时、芬兰、法国、德国、希腊、爱尔兰、意大利、卢森堡、荷兰、葡萄牙、西班牙、英国和美国；（2）债券发行国的长期信用评级应不低于惠誉公司和标准普尔公司评定的 "AAA" 级，或穆迪公司评定的 "Aaa" 级，最低必须满足其中两家机构的相应评级；（3）所购债券的票面额不得超过一次发行债券票面总额的 15%。

序》，2008 年 1 月 19 日，俄罗斯又颁布 18 号政府令《国家福利基金管理程序》。随着这两个政府令的生效，俄罗斯 229 号政府令自动失效。自此，俄罗斯稳定基金被拆分为储备基金与国家福利基金。得益于国际市场原油价格的攀升，俄罗斯稳定基金规模不断扩大，这使稳定基金在平抑物价与稳定经济方面发挥了有效作用，也为基金的拆分与改组奠定了基础。总体来看，俄罗斯稳定基金被拆分的原因包括以下几点：

1. 分工明确更有利于基金的有效管理

俄罗斯拆分稳定基金的出发点在于将平衡财政预算与提升居民福利两大职能分离，以便于对发挥各自作用的基金进行更为有效的运作与管理。

拆分后的两种基金承担了不同职能：储备基金的主要作用是缓冲国际油价下跌可能对俄罗斯财政产生的冲击，平抑财政经济波动。投资项目是与稳定基金投资方向类似的政府债券投资组合，投资目的在于保值，并不追求高额投资收益。可以看出，储备基金实际上是稳定基金的延续，其规模为稳定基金的 80%，最大规模为当年所预测的俄罗斯国内生产总值的 10%；国家福利基金则更侧重于提升居民福利水平，主要用于维持联邦养老基金收支平衡，为养老保障制度的共同筹资计划提供资金①。此外，该基金还承担促进经济增长的职能，主要用于高风险高收益的投资领域，如国外股票市场。国家福利基金的规模为稳定基金的 20%。

2. 化整为零，规避西方国家抵制

俄政府之所以将规模庞大的稳定基金一分为二，其中一个不可忽视的原因就是为了规避西方国家的抵制。2004 年俄罗斯稳定基金成立后，基金规模即开始成倍增长，2008 年稳定基金总额更是猛增至 38491 亿卢布，比 2004 年扩大了 36 倍，稳定基金占 GDP 的比重也由 2004 年的 0.8% 上升至 11.6%，增长了 13.5 倍（见图 3-9）。这种规模与增长速度大大超出俄罗斯政府的预期，同时也引起了西方国家的警惕与关注。

庞大的基金规模以及基金运作活动的不透明，使西方国家高度警惕。美国和欧洲国家担心，金额如此巨大的基金如果拥有了这些国家大公司的股份，就

---

① 俄罗斯养老保障制度的共同筹资体系是在 2008 年开始实行的，旨在鼓励俄罗斯公民积极参与建立自己的养老金积累，并获得未来养老金的经济利益。

（亿卢布）   （%）

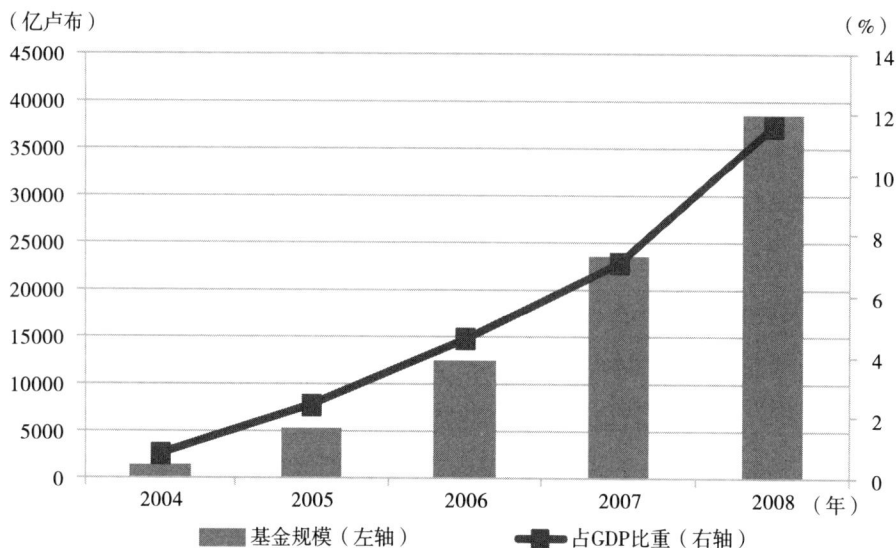

图 3-9　2004—2008 年俄罗斯稳定基金规模变动情况

资料来源：俄罗斯国库网站，http://roskazna.ru/。

可能会通过经济手段对其金融体系构成威胁，这意味着俄罗斯主权基金会操控其国家经济，对发达国家主权产生威胁。[1] 2007 年 8 月，德国总理默克尔宣布，为降低大规模主权基金对德国的不利影响，德政府将效仿美国制订相应计划，通过增加收购程序的复杂程度或严格控制收购，限制其他国家主权基金对德国公司的股权收购。[2] 在这种情况下，为消除欧美国家的疑虑与担忧，俄罗斯政府决定拆分稳定基金，化整为零、尽量减小基金规模，这样既能避免一些不必要的麻烦，也为基金的长远发展奠定了基础。

3. 应对人口危机的需要

俄罗斯将稳定基金进行改组，并成立国家福利基金，还有一个重要的原因是俄罗斯人口老龄化形势严峻，老年人的养老金水平得不到保障。一方面，俄罗斯老年人口抚养比不断攀升，老龄化趋势不可逆转；另一方面，少子高龄化的人口发展趋势，使俄罗斯养老基金面临严重失衡。为此，俄罗斯单独建立了一个用于补助养老基金不足，保障代际公平的国家福利基金。

---

①　Александр Кокшаров，"Восход финансового госкапитализма"，*Эксперт*，No. 39，2007.
②　殷红：《俄罗斯"国家福利基金"的建立及意义》，《俄罗斯中亚东欧研究》2008 年第 3 期。

（三） 储备基金与国家福利基金的运作模式比较

俄罗斯储备基金、国家福利基金具有不同的目标和支出方向。其中，储备基金主要用于储蓄，保障国际油气价格下跌时财政收支的平衡，国家福利基金用于补充俄罗斯养老金，保障国民福利和人民生活质量。俄罗斯储备基金的投资策略较为保守，国家福利基金的投资更具有基金特点①，但二者都以保值增值为主要目标。

俄罗斯储备基金和国家福利基金按照以下模式进行运作。在联邦预算收入当中，将经济部门划分为非油气部门和油气部门，非油气部门获得的收入形成非油气收入，油气部门获得的收入形成油气收入。非油气收入全部纳入联邦预算，对油气收入进行油气划拨（Нефтегазовый трансферт）用于弥补非油气收入的赤字，若划拨之后仍有剩余，按照一定比例（通常为 GDP 的 3.7%）将其存入储备基金，若形成储备基金之后仍有剩余，则形成国家福利基金，用于保障俄罗斯养老基金的支出。对于油气划拨不足以弥补联邦预算赤字时，须从储备基金当中调出部分资金用于弥补联邦财政赤字（见图 3-10）。

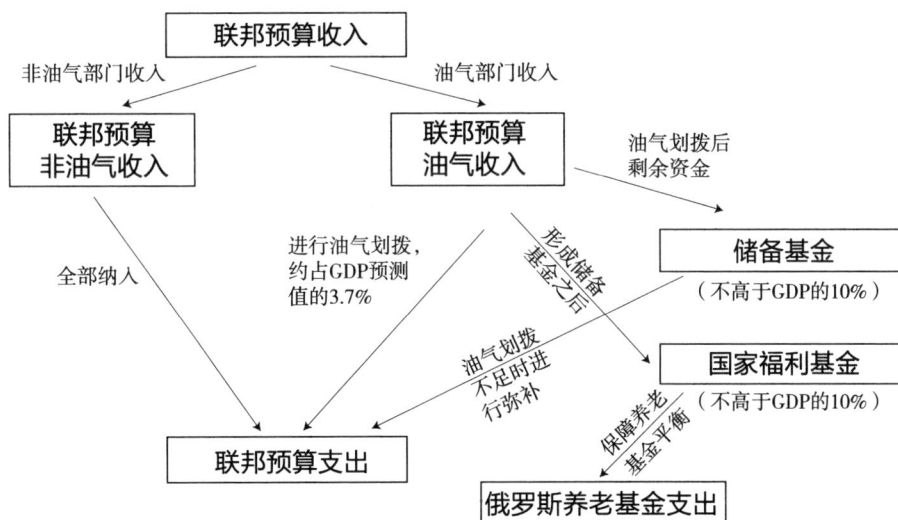

图 3-10　俄罗斯储备基金与国家福利基金运作模式

资料来源：根据俄罗斯财政部网站资料绘制。

---

① 根据主权财富基金研究室的测算，储备基金和国家福利基金的透明度指数为 5，透明度最高指数为 10。

由于储备基金和国家福利基金由稳定基金拆分而来，因此，在运作模式上，二者既有共同点，又存在一定差异（见表3-31）。

表3-31 储备基金与国家福利基金异同点对比

	储备基金	国家福利基金
定义	储备基金是联邦预算的一部分，用于保障油气收入下降时国家的财政支出，促进国家经济发展的稳定，减少通货膨胀压力，降低自然资源出口对国民经济造成的波动 储备基金继承了此前俄罗斯稳定基金的功能，但与稳定基金不同的是，储备基金除了将石油开采和出口收入作为联邦预算收入，同时还将天然气加工、出口收入纳入进来	国家福利基金是联邦预算的一部分。国家福利基金的目的在于保障俄罗斯联邦退休机制的稳定，为俄罗斯公民储蓄退休金，保障俄罗斯联邦养老基金预算的平衡，弥补养老赤字
形成	由联邦预算的油气收入形成 油气收入包括：自然资源的矿产资源开采税（石油、天然气、天然气凝析气）、出口关税（原油、天然气、石油制品） 形成机制：储备基金的规模最大不超过俄罗斯GDP的10%，在将油气收入首先纳入储备基金之后，再将剩余的油气收入纳入国家福利基金。储备基金的另一个收入来源是管理资金获得的收入，还有一部分油气收入以油气汇兑的形式纳入联邦预算，油气汇兑约占GDP的3.7% 联邦预算中的储备基金和国家福利基金计入俄罗斯央行不同的公开国库账户。财政部按照俄政府规定，转拨或支出油气收入、油气汇兑、储蓄基金和国家福利基金涉及的资金（2010年1月1日2015年1月1日，暂停对油气收入、油气汇兑、储备基金和国家福利基金进行转拨或支出），需根据俄罗斯联邦预算制定的相关程序对油气收入、储备基金、国家福利基金进行核算	
管理		
管理目标	保障基金完整和长期规划中收入的配置稳定 为实现长期目标，允许在短期内出现资金的负向波动	
管理结构	俄罗斯财政部，根据俄罗斯政府规定对储备基金进行管理。同时，授权俄罗斯联邦中央银行对部分资金进行管理，即可通过俄央行购买外汇。但财政部会控制俄央行使用储备基金的比例，同时，俄央行需向财政部缴纳部分使用储备基金的利息 储备基金管理可以通过以下方式进行（单独管理或同时管理）： （1）购买外汇（美元、欧元、英镑）存入俄罗斯中央银行，俄央行根据签订的合同，支付使用稳定基金的利息 （2）根据俄联邦法律购买外汇及进行金融活动	
投资规则	俄罗斯政府确定储备基金、国家福利基金可配置资金在金融资产中的最大限额，提高储备基金管理效率	

续表

	储备基金	国家福利基金
可购买金融资产的国家	奥地利、比利时、英国、德国、丹麦、加拿大、卢森堡、荷兰、美国、芬兰、法国、瑞典12个国家的外国国家、外国国家机构、中央银行债券	奥地利、比利时、英国、德国、丹麦、加拿大、卢森堡、荷兰、美国、芬兰、法国、瑞典、西班牙13个国家的外国国家、外国国家机构、中央银行债券
购买债券需要满足的条件	储蓄基金和国家福利基金的债券发行国的长期偿债能力评级须为惠誉和标准普尔的AA级别，或不低于穆迪Aa3级别。如果债券发行国的偿债能力在不同评级机构中不同，则以最低的评级作为标准	
	无	国家福利基金对于发行长期债券机构的偿债能力不低于惠誉或标准普尔"BBB"以下，或不低于穆迪"Baa3"以下。如果发行长期债券机构的偿债能力在不同评级机构中不同，则以最低的评级作为标准
	债券的期限是固定的，发行债券的国家在未到期之前没有权利对债券进行提前赎回（偿还），持有债券者也无此权利。最长和最短的债券偿还期限是固定的，且由俄罗斯财政部进行规定。购买债券的利息收益率是固定的，债务的名义价值是固定的。债券以美元、欧元、英镑表示名义价值，债务的支付以账面价值计价。债务的偿还额度，不少于10亿美元（以美元计价），10亿欧元（以欧元计价），5亿英镑（以英镑计价），私人（非公开）债券不适用于配置	
可购买债券的金融机构	亚洲发展银行（Asian Development Bank，ABD） 欧洲委员会发展银行（Council of Europe Development Bank，CEB） 欧洲复兴开发银行（European Bank for Reconstruction and Development，EBRD） 欧洲投资银行（European Investment Bank，EIB） 泛美发展银行（InterAmerican Development Bank，IADB） 国际金融公司（International Finance Corporation，IFC） 国际复兴开发银行（International Bank for Reconstruction and Development，IBRD） 国际货币基金组织（International Monetary Fund，IMF） 北方投资银行（Nordic Investment Bank，NIB） ＊较之此前规定的机构，现在增加了IMF。由于IMF的债券涉及特别提款权，因此，IMF使用基金需要交纳的利息不能低于IMF使用资金的最小利率。因此购买债券需要满足的条件不适用于IMF。根据俄罗斯法律以及俄财政部与中央银行签订的协议，与IMF相关事务由俄中央银行处理	
存放在外国银行或信用机构的资金需符合的评级要求	外国银行或信用机构的长期偿债能力不得低于惠誉或标准普尔评级的AA级别，或者不低于穆迪Aa3级别，若不同评级机构的评级存在差异，则以最低的评级为准。俄罗斯财政部规定储备基金的最低和最高期限 单独存放在一家的外国银行或信用机构的储备基金额度不得超过存放在所有外国银行和信用机构总额的25%	外国银行或信用机构的长期偿债能力在惠誉、标准普尔评级的AA级以上，或最低标准也需在穆迪AA级以上。不同评级机构的评级存在差异，则以最低的评级为准 俄罗斯财政部规定国家福利基金在财政部设立银行和信贷机构的最低和最高限额

续表

	储备基金	国家福利基金
进行投资的法人及单位（参与人）必须符合以下规定	无	该法人的股票必须至少出现在一家证券交易所的报价单中；国外发行的股票须为（MSCI World Index）摩根士丹利资本国际指数（MSCI）、（FTSE AllWorld Index）富时指数中的股票 在俄罗斯发行的股票应在"Индекс РТС""Индекс ММВБ"莫斯科交易所指数、莫斯科银行间汇率兑换指数的名单中 ——发行单位（参与权益）的投资资金资产应当包括专门授权的金融资产
存入俄罗斯对外经济银行需要符合的条件	无	（1）以俄罗斯卢布、美元、欧元和英镑存入； （2）以俄罗斯卢布进行存款的最高限额为 9550 亿卢布，其中： ——俄财政部可最高配置 1750 亿卢布的存款可对存入的数额、期限和其他条件进行规定； ——俄联邦政府可最高配置 410 亿卢布但需按照以下条件进行： 2019 年 12 月 31 日之前年利率为 6.25%； 2020 年 12 月 31 日之前年利率为 7.25%； 根据俄罗斯联邦政府的规定，到 2020 年 6 月 1 日为止，每年可以存入高达 400 亿卢布的保证金，年利率为 6.25%。 截至 2017 年 12 月 31 日，按年利率 6.25% 可以存入 300 亿卢布保证金； 截至 2022 年 12 月 30 日，不迟于 2012 年 12 月 31 日，每年以 6.25% 的比率存放高达 3000 亿卢布。 ——在整个期间支付资金安置的利息是按季度进行的。 ——经俄罗斯外经银行同意，允许提前偿还资金，但需支付实际存款期限的资金安置利息。 （3）配置的数额和期限根据需要由俄罗斯财政部确定；存款保证金由财政部根据相关决定确定

续表

	储备基金	国家福利基金
财政部在俄罗斯联邦政府规定的范围内，对国外银行和信贷机构设定额外的债务和存款要求	储备基金外币构成结构： 美元45%；欧元45%；英镑10%。 偿债期限：以美元或欧元计价的债券，最短偿债期3个月，最长3年。 对于英镑的偿债期，最短3个月，最长5年	国家福利基金总额中卢布所占份额最高为40%，外币最高为100%。 国家福利基金外币构成结构： 美元45%，欧元45%，英镑10%。 偿还期限：以美元和欧元计价的债务，最短3个月，最长3年（不包括西班牙的政府债务） 对于英镑的偿还期：最短3个月，最长5年（不包括西班牙的政府债务） 其中，对于西班牙政府债务的偿债期限：最短3个月，最长1个年
	超出上述期限的，由国库在央行开设的储备基金或国家福利基金的银行账户对投资的债券，根据之前的比率，按照外汇进行结算	
俄财政部以命令形式批准的，可配置储备基金、国家福利基金的外国机构名单	奥地利进出口银行（Oesterreichische Kontrollbank Aktiengesellschaft，OKB） 奥地利公路干线拨款局（Autobahnen-und Schnellstrassen-Finanzierungs-Aktiengesellschaft，ASFINAG） 德国复兴与开发银行（Kreditanstalt fur Wiederaufbau Bankengruppe） 德国农业地租银行（Landwirtschaftliche Rentenbank） 法国市政信贷基金（Dexia Group） 法国社会保障体系债券服务基金（Caisse d´Amortissement de la Dette Sociale，CADES） 法国抵押贷款基金（Credit Foncier de France，CFF）X 西班牙官方信贷局，西班牙（Instituto de Credito Oficial，ICO） 荷兰公共银行（Bank Nederlandse Gemeenten，BNG） 加拿大出口发展署（Export Development Canada，EDC） 美国联邦住宅贷款抵押公司（房地美）（Federal Home Loan Mortgage Corporation，Freddie Mac） 美国联邦国民抵押贷款协会（房利美）（Federal National Mortgage Association，Fannie Mae） 美国联邦住房建设信贷银行（Federal Home Loan Banks，FHLBanks） 美国农场信贷银行（Federal Farm Credit Banks，FFCB） 英国铁路网中期拨款协会［Network Rail MTN Finance CLG（Plc）］	
一次购买债券最高的额度	外国国家债券——名义额的25% 外国机构、中央银行以及外国金融机构——名义额的10%	外国国家债券——名义额的25% 外国机构、中央银行以及外国金融机构——名义额的5%

续表

	储备基金	国家福利基金
使用	储备基金可以用于油气转移支付、偿还国家外债 联邦预算法律对储备基金保障油气转移支付的最高限额进行规定。储备基金补充油气转移支付目的在于当国际能源市场价格波动时，平衡预算政策、保障国家社会、经济发展，降低对世界原料市场的依赖。使用储备基金偿还俄罗斯外债旨在降低俄联邦预算债务负担、减少借债、最大程度的保证预算间转移支付，保障国家预算外基金的平衡 注：2010 年 1 月 1 日到 2015 年 1 月 1 日，储蓄资金不再用于保障油气转移支付，而直接用于保障联邦预算支出	国家福利基金用于为俄罗斯公民提供养老金储蓄，保障俄罗斯联邦养老金的平衡，弥补养老金赤字 2008 年 4 月 30 日出台的第 56—FZ 号联邦法律《劳动者额外保险养老费用和养老金形成的国家支持》对俄罗斯公民养老金的程序进行了规定 使用国家福利基金旨在降低俄联邦预算债务负担、减少借债、最大程度的保证预算间转移支付，保障国家预算外基金的平衡
报告	每月俄罗斯财政部公布联邦预算收入中油气收入使用状况，月初的储备基金规模，计入的基金、分配以及每月的使用情况 俄财政部关于联邦预算情况执行的报告内容包括：俄联邦每季度、每年油气收入进项和储备基金的形成和使用状况，以及每季度、每年对资金进行的管理情况 关于联邦预算执行的情况的政府报告包括：俄联邦国家杜马（下议院）和联邦委员会（上议院）每季度、每年关于联邦预算中油气收入的进项和使用情况，储备基金和国民福利基金的形成和使用，以及储备基金的管理和使用的季度和年度报告 注：2010 年 1 月 1 日 2014 年 1 月 1 日，俄财政部没有公布联邦预算中油气收入的进项和使用情况，以及计入储备基金和国家福利基金的资金	
审计	俄罗斯审计署对联邦预算的执行过程进行监督，对储备基金、国家福利基金的形成、使用和管理进行监督。俄罗斯审计署每季度向俄罗斯联邦议会提交联邦预算执行的审计报告，其中包括实际的收入和支出数据	

资料来源：根据俄罗斯财政部网站资料整理。

此外，国家福利基金可购买的金融资产范围要大于储备基金的范围（见表 3-32 和表 3-33）。

表 3-32 俄罗斯储备基金投资规则 单位：%

根据《预算法典》规定所允许的可供出售的金融资产	根据政府规定占的份额	财政部确定的定额
外国国家债券	50—100	100
外国国家机构及中央银行债券	0—30	0
国际金融机构债券，其中包括有价证券	0—15	0
外国银行和信用机构保证金	0—30	0

资料来源：俄罗斯财政部网站。

表 3-33 俄罗斯国家福利基金投资规则 单位：%

《预算法典》中规定的可出售的金融资产	俄罗斯政府规定的限额	财政部规定的固定额度	
		外汇	卢布
外国国家债券	0—100	90	0
外国国家机构及中央银行债券	0—30	0	0
国际金融机构债券，其中包括有价证券	0—15	0	0
外国银行和信用机构保证金	0—40	0	0
俄罗斯外经银行保证金	0—40	10	100
俄罗斯中央银行保证金和余额	0—100	—	—
法人债务	0—30	0	0
法人持有的股票和投资基金的参与者	0—50	0	0

资料来源：俄罗斯财政部网站。

对比俄罗斯储备基金和国家福利基金运行模式可知，俄罗斯储备基金具有更为严格的限制条件，而国家福利基金则相对宽松，但总体上二者都以保值增值为主。从俄罗斯主权财富基金的发展和运营模式可以看出，从稳定基金的筹建，到拆分为储备基金、国家福利基金，再到近年的合并，在近 15 年的发展历程中，俄罗斯政府不断完善稳定基金的运营模式，并根据实际经济情况进行及时调整，以适应不同阶段所面临的变化与挑战。可以说，稳定基金已成为俄罗斯保障资源型财政稳定、进行逆周期调节的有力抓手和有效方式。

（四）稳定基金的作用发挥

在俄罗斯经济的发展中，俄罗斯储备基金和国家福利基金被赋予了不同的职能，二者通过弥补财政赤字、偿还外债、维持俄罗斯养老保障水平、促进地区经济投资增长等方式，不断为运行并不平稳的俄罗斯经济增添"稳定剂"，在俄罗斯经济运行中发挥"安全气囊"的重要作用。尤其是2008年金融危机和2014年国际石油价格暴跌两轮较大规模的经济下滑中发挥了重要的内在稳定和反危机作用。

1. 发挥反危机功能

俄罗斯政府反危机措施一般集中于偿还债务，支持经济复苏、确保金融行业以及实体经济的稳定发展，控制通货膨胀等方面。在财政税收政策方面，俄罗斯除实行强硬的预算政策，提高支出效率、降低税收、为实体经济发放预算补贴之外，还会着重加大稳定基金支出，利用之前存储的稳定基金，支持反危机计划的落实。通过这种方式，以期达到增加有效需求、刺激投资等逆周期效果。

（1）2004—2006年偿还外债。

在2004年稳定基金成立之初，俄罗斯主权财富基金主要用于偿还外债，这部分债务主要源自1998年俄罗斯主权债务危机欠下的外债。表3-10数据显示，2005年和2006年有6431亿卢布和6047亿卢布用于偿还外债，分别占2005年和2006年稳定基金收入（包括上年余额）的33.7%和20.7%。而利用稳定基金俄罗斯在2004—2006年已基本将巴黎俱乐部成员国欠款还清。

（2）为2009—2011年反危机计划提供资金支持——重点向金融行业注资。

2009年，金融危机的影响不断扩大，为抵御危机带来的风险，俄罗斯相继推出了一系列反危机举措。2009年反危机计划中的宏观调控措施可大致归为以下几个方面：维护社会稳定、为居民提供充分的社会保障；支持经济复苏，确保经济稳定、积极发展，其中包括降低再贷款利率，鼓励银行向实业部门发放贷款、推动重要经济领域的大型骨干企业债务重组、实行以旧换新政策帮助汽车工业复苏、加快经济单一型城市转型、加大国有企业私有化进程等；

加快经济现代化发展。

2009 年 3 月，首先出台了《2009 年反危机措施纲要》，并随后在 2009 年 6 月 19 日，推出了更为系统和完善的反危机措施计划。危机初期，俄罗斯政府的反危机措施主要用于缓和危机、对国内经济进行修补，降低危机过程当中工业和技术领域的损失。进入危机后期，俄罗斯政府将反危机的重点转向保障社会政策稳定、拉动内需、维护工业和技术潜能、增强商业竞争力、提高俄罗斯金融稳定性等方面。

充沛的储备基金为俄罗斯实施反危机计划提供了坚实的保障。俄罗斯储备基金初始基金为 30578.5 亿卢布（约 1251.9 亿美元），此后一年中俄罗斯储备基金呈不断扩大的趋势，至 2009 年 3 月达 48697.4 亿卢布（约为 1363.3 亿美元），为历史最高点。

俄罗斯实施反危机计划整整持续了两年，从 2009 年 3 月开始实施至 2011 年 3 月结束，尽管 2011 年 4 月以后储备基金仍有部分支出，但 2011 年 3 月反危机计划已基本完成。按照这一时间段来算，即 2009 年 3 月至 2011 年 3 月，俄罗斯政府从储备基金中共支出了 42209 亿卢布。其中以 2009 年 3 月至 2010 年 3 月支出最为集中，该期间储备基金连续 13 个月不间断支出，共计支出 33164.6 亿卢布，约占该阶段储备基金总支出的 79%。2010 年 4 月至 2011 年 3 月，储备基金支出趋势开始放缓，该阶段共计支出 9072.6 亿卢布，占该阶段储备基金总支出的 21%。可以说，储备基金在推进俄罗斯反危机政策落实的过程中发挥了不可小觑的作用。

（3）为 2015—2016 反危机计划提供资金支持——控制通货膨胀，扶持实体经济。

伴随国际石油价格的回升，2011—2014 年俄罗斯经济平稳运行。但 2014 年 6 月突如其来的石油价格暴跌使刚刚企稳的俄罗斯经济再次陷入危机。此次危机较之 2008 年的危机持续时间更长，危机程度更深。导致此次危机发生原因，一方面，受美国、欧洲等西方国家联合制裁影响，国际石油价格暴跌；另一方面，导致危机的根本原因依旧是俄罗斯内部仍未解决的深层次的经济结构问题。2015 年俄罗斯 GDP 同比下降 2.8%，居民实际可支配收入一路下跌，

由 2014 年的 -0.7% 不断扩大至 2016 年的 -5.8%，除此之外，贸易额降幅达
33.8%，其中出口额下降 31.8%，进口额下降 37%。

针对西方制裁和国际石油价格的低迷，俄罗斯政府先后制订了 2015 年和
2016 年反危机计划①。2015 年反危机计划的优先方向主要在刺激经济增长、
为经济部门提供支持、确保社会稳定、监测经济和社会形势四个方面，2016
年反危机计划在 2015 年反危机计划的基础上，增加稳定社会经济的紧急措施
和确保社会经济稳定，促进发展的结构性措施②。

与 2009 年的反危机计划优先对"居民社会支持"不同，俄罗斯 2015—
2016 年的反危机计划将控制通货膨胀作为核心目标。2015—2016 年反危机措
施中，主要围绕稳定企业生产、刺激出口，实行进口替代措施，扶持能源出口
企业、降低税负，简化行政程序等措施进行。此次反危机计划俄罗斯没有采用
提高居民收入进而刺激消费的方式来提振经济，也未向银行业注入大量资金，
而是坚守紧缩型货币政策，将降低通货膨胀作为反危机核心，扶持暂时陷入困
境但有增长潜力的轻工业、汽车行业、交通农机制造业等行业的发展③。

为了达到控制通货膨胀的目标，俄罗斯牺牲了一部分汇率稳定性（即采
取浮动汇率制度），这造成卢布汇率的大幅贬值（见图 3-11）④。尽管俄罗斯
政府的主要目标是控制通货膨胀，卢布贬值也在预期之内，但是为了防止资本
外逃，在降低通货膨胀还是保持卢布汇率稳定的选择中，俄罗斯还是产生了一
些犹豫。因此，在反危机措施实施的初期，俄罗斯政府为"保汇率"而消耗
了部分资金。但是，这段时间没有持续太久，俄罗斯政府就意识到对稳定卢布
汇率投入大量资金不但收效甚微，也无助于控制通货膨胀。自此，俄罗斯政府

---

① 2015 年 1 月 27 日颁布《2015 年确保经济可持续发展和社会稳定优先措施》（План
первоочередных мероприятий по обеспечению устойчивого развития экономики и социальной
стабильности в 2015 году），2016 年 3 月 1 日颁布《2016 年确保俄罗斯经济社会稳定发展的政府
行动计划》（План действий Правительства России, направленных на обеспечение стабильного
социально-экономического развития Российской Федерации в 2016 году）。

② 殷红、崔铮：《西方制裁下的俄罗斯经济形势与政策》，《国际经济评论》2017 年第 3 期。

③ 范伟国、胡晓光：《俄罗斯推出反危机计划拯救经济》，《中国信息报》2016 年 3 月 6 日。

④ 卢布贬值是俄罗斯政府实行反危机政策的重要手段之一，详细分析请见徐坡岭、贾春
梅：《俄罗斯卢布贬值及货币政策调整的长期经济影响》，《国外理论动态》2016 年第 3 期。

放弃继续稳定卢布汇率，而转为实施更为明确的通货膨胀控制措施，最终俄罗斯顶住压力，成功将通货膨胀率降低至 5.4% 的历史最低水平①。

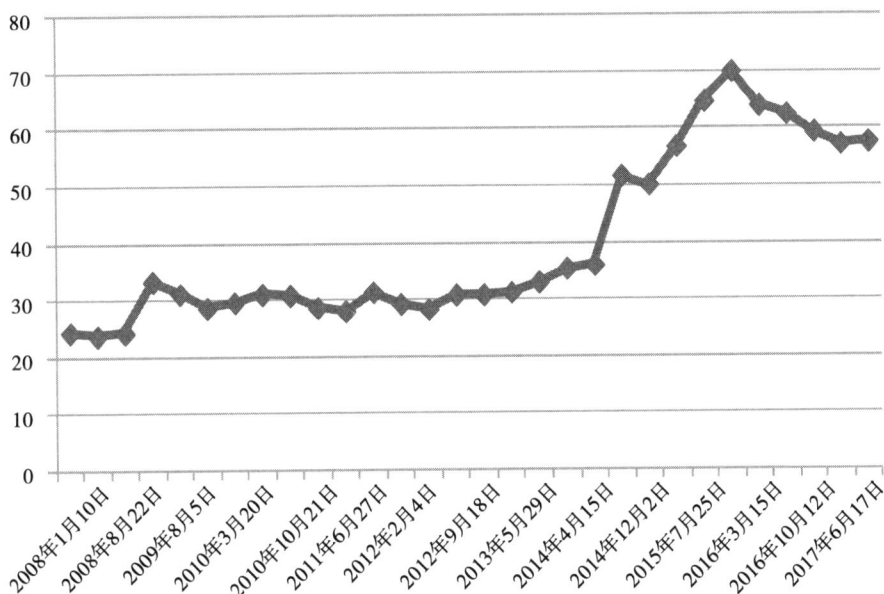

图 3-11　2008—2017 年美元兑卢布汇率

资料来源：俄罗斯中央银行。

在 2015—2016 年反危机计划中，俄罗斯储备基金共消耗 58935.7 亿卢布，支出额度远高于 2009—2011 年反危机计划中储备基金的支出（见图 3-12）。

在两次经济危机中，俄罗斯的储备基金都为增长乏力的俄罗斯经济提供了反危机资金来源，在拉动经济走出危机，刺激经济逐步复苏等方面做出了显著贡献，使储备基金成为经济稳定器，也成为俄罗斯实施逆周期政策调节的有利工具。

2. 保障居民生活和养老水平

除为反危机计划提供资金，俄罗斯主权财富基金还在保障居民生活，尤其是保障养老方面发挥了重要作用，这部分功能主要通过运作国家财富基金得以

---

① 此前，俄罗斯通货膨胀率最低的年份为 2011 年，通货膨胀率为 6.1%。而在 2015 年俄罗斯通货膨胀率已高达 12.9%。

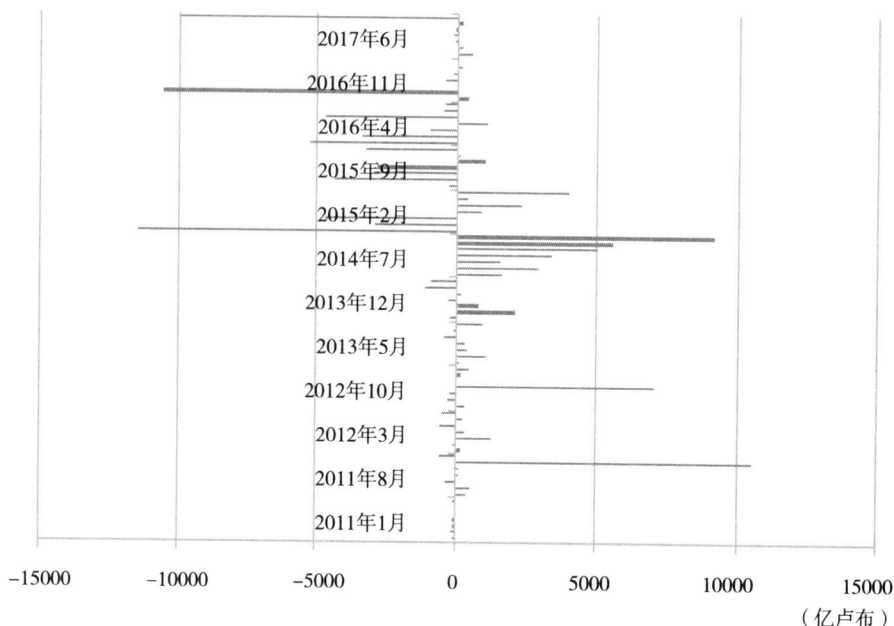

图 3-12　2011—2017 年俄罗斯储备基金进项、出项情况

资料来源：根据俄罗斯财政部网站数据绘制。

实现。

根据俄罗斯联邦《预算法典》的规定，俄罗斯国家福利基金的主要作用是应对人口老龄化带给养老保障体系的冲击，维持联邦养老基金的财务平衡。近年来，随着俄罗斯老年人口抚养比上升，加上 2014 年经济危机带来的冲击，俄罗斯养老基金严重入不敷出，基金赤字居高不下。2014 年，俄联邦养老基金赤字为 17120 亿卢布，2015 年上升至 24588 亿卢布，2016 年又进一步增至 24588 亿卢布，三年内赤字额扩大了 43.6%。

2017 年 9 月，国家福利基金出售了账户中的外币 23.9 亿欧元，并将得到的 1641.8 亿卢布用于弥补联邦养老基金赤字。俄罗斯国家福利基金中用于补贴养老基金赤字的资金大多是通过出售国家福利基金在银行账户中的外汇资产（美元、欧元、英镑）得到，同时也有少部分资金来源于对外经济银行提前收回的次级贷款（见表 3-34）。

表 3-34　俄罗斯国家福利基金用于补贴联邦养老基金情况

时间	弥补赤字金额（亿卢布）	资金来源
2017 年 9 月	1641.8	出售 23.9 亿欧元
2017 年 10 月	1641.8	出售 12.8 亿美元、10.9 亿欧元、2.1 亿英镑
2017 年 11 月	1641.8	（1）出售 15.3 亿美元、9.6 亿欧元、1 亿英镑，合计 1632.8 亿卢布； （2）俄罗斯对外经济银行收回 9.8 亿卢布次级贷款
2017 年 12 月	1241.1	（1）出售 15.3 亿美元、9.6 亿欧元、1 亿英镑，合计 1171.8 亿卢布； （2）俄罗斯对外经济银行收回 69.3 亿卢布次级贷款
2018 年 11 月	4600	出售 23.76 亿美元、28.59 亿欧元、9.79 亿英镑
2018 年 12 月	6482	出售 43.88 亿美元、38.59 亿欧元、7.71 亿英镑

资料来源：根据俄罗斯财政部相关资料整理得出，https：//www.minfin.ru。

俄罗斯国家福利基金用于联邦养老基金的金额还在不断增加。截至 2017 年年底，俄罗斯国家福利基金四次向联邦养老基金提供补贴，总金额为 6166.5 亿卢布。2018 年，国家福利基金两次向养老基金提供补贴，金额为 11028 亿卢布，相比于上一年增加了 78.8%。此外，2017—2018 年，用于补贴俄罗斯养老基金的联邦财政转移支付额分别为 28584 亿卢布、13495 亿卢布，其中国家福利基金补贴所占比重分别为 21.6% 和 81.7%。

（五）关闭储备基金

2015 年后，随着国际石油价格的持续低迷，以及欧美国家对俄罗斯制裁的加重，俄罗斯经济仍未见起色，为提振经济，弥补财政赤字，俄罗斯政府开始大幅支出储备基金。2015 年 9 月俄罗斯储备基金规模开始下降，至 2016 年 12 月，由 4699.5 亿卢布下降至 2030.7 亿卢布，降幅达 56.8%，其占 GDP 的比重也由 5.6% 跌至 2.4%。进入 2017 年后，随着大规模抽取，俄罗斯储备基金已不足 1 万亿卢布，占 GDP 的比重仅为 1%。而此时，国家福利基金保持在 4 万亿卢布左右的规模，约占 GDP 的 5%。在这种情况下，俄罗斯决定将二者进行合并。2017 年 7 月，俄罗斯联邦《预算法典》修正案获得批准，新的《预算法典》明确规定，自 2018 年 2 月 1 日起，俄罗斯储备基金在全部耗尽之后进行"技术关停"，未来油气超额收入将被全部纳入国家福利基金，自此俄罗斯储备基金正式退出历史舞台（见图 3-13）。

（亿卢布）

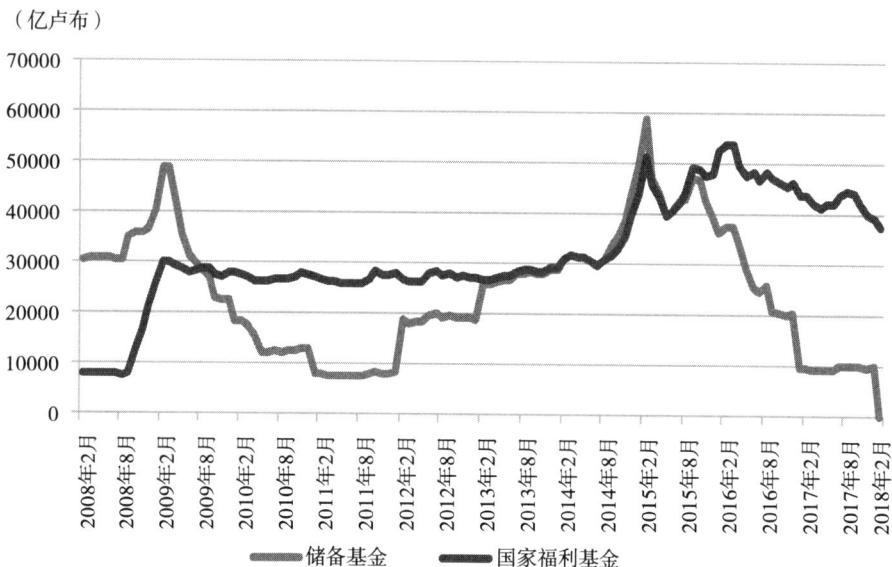

图 3-13　2008—2018 年储备基金、国家福利基金规模
资料来源：根据俄罗斯财政部网站数据绘制。

　　俄罗斯关闭储备基金，将原有储备基金的功能全部移植于国家福利基金，使国家福利基金既要担负稳定财政的职能，又要肩负平衡财富代际转移的功能。基于国家福利基金的运作模式，其财政稳定功能显然会弱于储备基金，其财政平衡稳定器的功能将受到一定幅度的限制，财政蓄水池的功能也将随之减弱。

四、债务负担逐步攀升，偿债压力日益增大

　　1998 年金融危机爆发前，俄罗斯的财政状况一直处于极为不良的状态之中。畸高的税率、低水平的征管使纳税人税收负担沉重，正常的生产、经营难以为继，绝大多数纳税人纷纷加入偷逃税的大军之中，影子经济全面泛滥。税

款的大量流失致使财政收入严重不足，国家预算年年入不敷出，财政赤字剧增。1992—1997 年，俄罗斯的平均预算赤字达到 GDP 的 14.5%，远超过国际上通行的马约标准——3% 的国际安全线。

为弥补财政赤字，保障政府职能的正常履行，俄罗斯政府不得不大量举借债务。1998 年，俄罗斯债务总额占 GDP 的比重已接近 50%，外债总额达到1500 亿美元，内债约 700 亿美元，巨额债务加重了政府还本付息的财政压力。据统计，1998 年俄罗斯共需偿还卢布外债和美元外债 290 亿美元，而俄罗斯当年的偿债能力不足 150 亿美元，国家外汇储备仅有 140 亿美元。

债务结构不合理、短期债务比重过大，则进一步加大政府的财政支出压力。由于短期国债发行期限短、周转率高，俄罗斯政府一度将解决赤字的希望寄托在发行国家短期债券之上，最高时一年期以下的短期国债超过内债总额 70%。

在发行国家短期债券之初，由于短期国债的收益率大大高于贴现率，曾引起国内外投资者的广泛关注和追捧。国际游资的热炒虽使短期债务的发行一度得以顺利进行，但同时也增大了发行成本，使本已十分困窘的俄罗斯国家财政陷入饮鸩止渴般的恶性循环之中。此外，政府的大量欠款也使财政支出压力进一步增大，截至 1998 年，俄罗斯政府拖欠的工资和养老金已达 120 亿美元，并以每月 10 多亿美元的速度递增，而政府每月的实际课税能力只有 40 亿—50亿美元。[1]

在内有巨额债务需要还本付息、大量政府欠账需要偿还，外临国际金融局势动荡不安的内外打击和压迫下，1998 年，财力空虚、财政储备乏力的俄罗斯政府开始陷入全面的支付危机之中。基里延科政府不得不宣布延期偿还内债、90 天内不支付外债。政府支付危机的显现进一步加剧了投资者的恐慌，大量抛售国债和抽逃资金使本来就极为脆弱的金融市场雪上加霜，俄罗斯金融危机由此全面爆发。

俄罗斯 1998 年金融危机的爆发带来了极其严重的社会经济后果，使经过

---

[1]　傅志华：《俄罗斯金融危机及其教训》，《财政研究》1999 年第 1 期。

长期经济衰退后来之不易的经济向稳希望再度破灭，俄罗斯经济重又陷入衰退
之中。支付危机的爆发还使俄罗斯政府举借外债的环境进一步恶化，通过国际
市场筹资的难度进一步加大，成本进一步增高。在接受国际货币基金组织援助
时不得不接受更为苛刻的条件。金融危机造成的最为严重的后果则是政府公信
力大幅度下降，民众对政府丧失信心。

此次金融危机的爆发及其所产生的严重的社会经济后果，使俄罗斯政府对
实施多年的扩张型财政政策进行了重新检视，沉痛的经验教训使俄罗斯政府清
醒地认识到，只有采取更为谨慎、更为稳健的紧缩型财政政策，才能保障宏观
经济的稳定运行以及全体国民的经济利益。

为避免再次出现 1998 年因政府财力空虚、债务庞大导致的金融危机，
2000 年后，俄罗斯一直实施的是严控政府债务规模的紧缩性财政政策，使政
府债务占 GDP 的比重保持在 10%以下，远低于世界上绝大多数国家水平（见
图 3-14）。

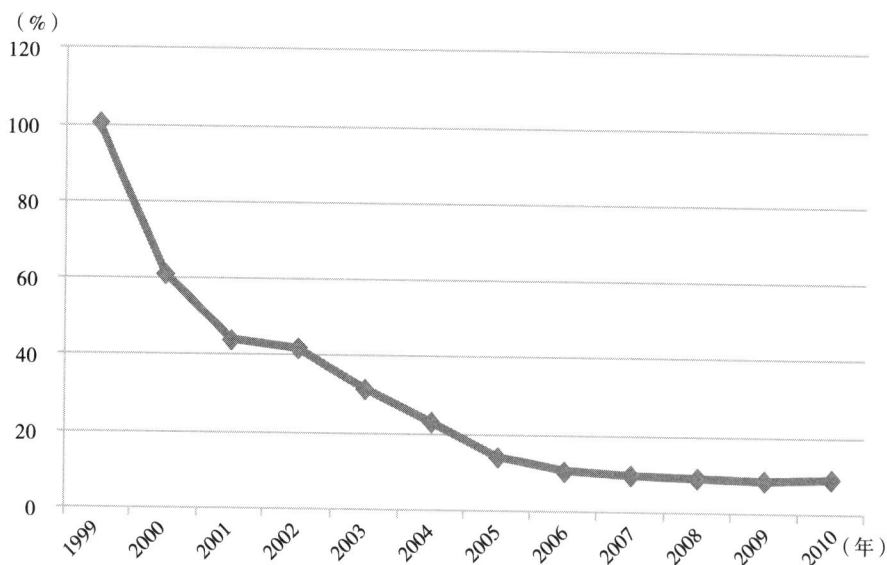

图 3-14　1999—2010 年俄罗斯政府债务占 GDP 的比重

资料来源：俄罗斯国家统计局，http://www.roskazna.ru/reports/cb.html。

但近年来经济增速的下降，油气收入的减少，使俄罗斯财政收支平衡出现

了一定的困难，俄罗斯政府债务的发行规模也不断扩大，占 GDP 的比重也开始重新上升。

2020 年，俄罗斯国家债务总额扩大到 203986 万亿卢布，比 2013 年的 75438 亿卢布扩大了 170.4%，占 GDP 的比重提高到 19.1%，比 2013 年扩大 85.4%。2023 年，俄罗斯政府债务还将进一步增长，提高到 284074 亿卢布，占 GDP 的比重继续上升到 21.4%（见表 3-35 和图 3-15）。

表 3-35　2013—2023 年俄罗斯国家债务占 GDP 比重　　　单位:%

	2013 年	2014 年	2015 年	2016 年	2017 年	2018 年	2019 年	2020 年	2021 年	2022 年	2023 年
国家债务	10.3	13.0	13.2	12.9	12.6	13.6	14.3	19.1	20.4	20.8	21.4
内债	7.8	9.1	8.7	9.3	9.5	9.7	10.4	14.5	15.9	16.5	17.3
外债	2.5	3.9	4.5	3.6	3.1	3.9	3.9	4.6	4.5	4.3	4.1

资料来源：俄罗斯国家统计局，http://www.roskazna.ru/reports/cb.html。

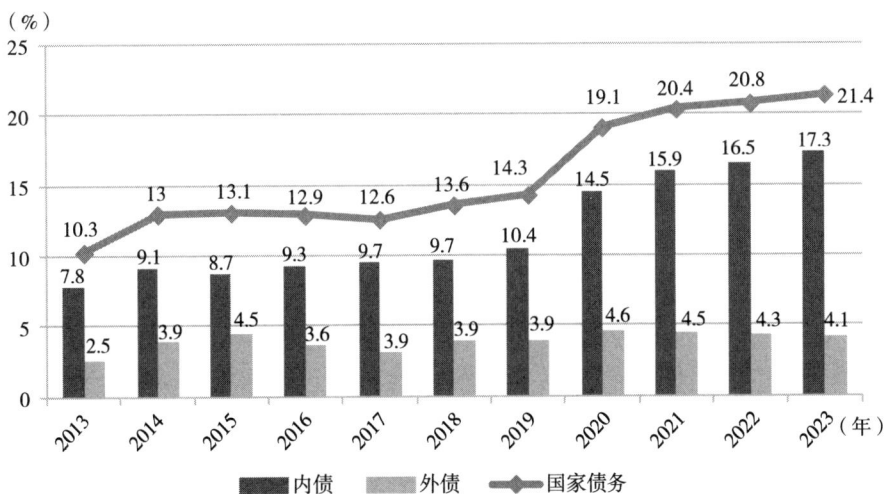

图 3-15　2013—2023 年俄罗斯国家债务占 GDP 比重

资料来源：俄罗斯国家统计局，http://www.roskazna.ru/reports/cb.html。

俄罗斯政府债务如此高速的增长规模，显然会对国家财政预算的长期平衡带来明显影响，也使其逐步远离审慎的财政政策，财政政策的扩张性日益显现。

与此同时，债务规模的扩大也使政府债务偿还压力进一步增大。俄罗斯联邦政府债务偿还支出将由2020年的8970亿卢布增长到2023年的16110亿卢布，累计增长79.6%，占财政支出总额比重相应地由3.98%提高到6.81%，提高71%。

俄罗斯这样一种债务及债务偿还规模，显然会对政府财政收支平衡以及财政支出结构优化带来明显压力，也会对政府执政施政的稳定性产生一定的不利影响（见图3-16）。

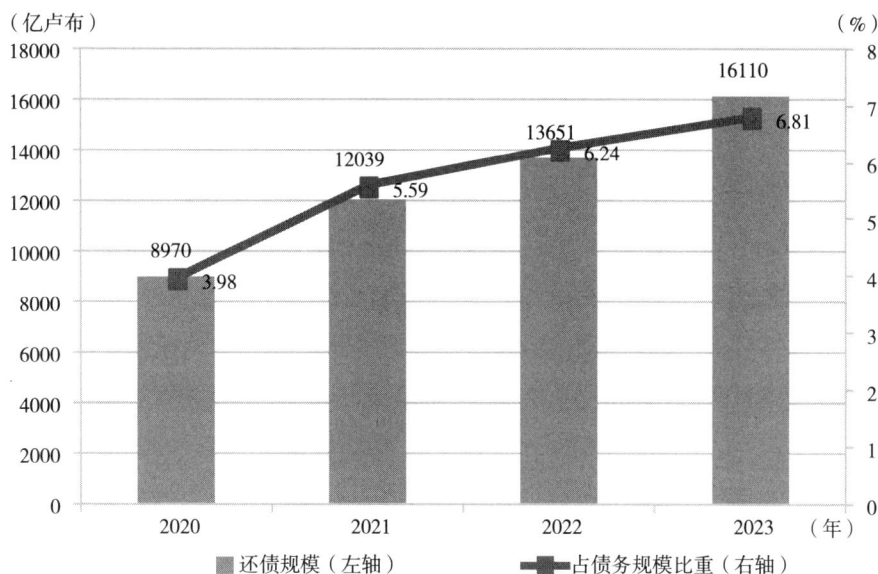

图 3-16　2020—2023 年俄罗斯政府债务偿还情况

资料来源：俄罗斯国家统计局，http://www.roskazna.ru/reports/cb.html。

总体来看，在普京第四任期后期，俄罗斯财政经济发展局势逐步趋稳，财政税收改革为收入结构优化奠定了良好基础，油气收入占比不断下降，财政稳定性不断增强；政府预算改革持续推进，国家规划、国家项目不断推出，公共财政对国家战略的支撑作用进一步提高；财政透明度的不断改进，公共财政资金使用效益不断提升，这些都为普京第四任期施政目标的顺利达成创造了良好条件。

　　与此同时，国防支出占比过高，挤压民生服务；养老支出缺口庞大，政府负担日渐沉重；储备基金被迫关闭，财政稳定功能受到抑制；债务规模快速增长，偿债压力日益增大等问题不断凸显，又对普京第四任期的执政提出了严峻挑战。

　　由此，能否更好地协调利用已有财政资源优势，充分化解存在的不足与问题，通过财政收支结构的进一步优化，促进经济快速复苏，公共服务水平显著提升，民众不满有效化解，平稳完成 2024 年权力过渡，就成为普京第四任期后期需要着重关注的政治与经济课题。

主要参考文献

一、中文文献

［1］［美］E. 威廉姆斯：《资本主义经济制度》，商务印书馆 2004 年版。

［2］［美］G. 格鲁伯等：《服务业的增长原因与影响》，三联书店 1993 年版。

［3］［美］丹尼尔·贝尔：《后工业社会的来临——对社会预测的一项探索》，新华出版社 1997 年版。

［4］安德烈·科列斯尼科夫、丹尼斯·沃尔科夫：《卡内基专家盘点 2020 年俄罗斯政治》，《欧亚新观察》2020 年 12 月 18 日。

［5］巴乌诺夫：《近期俄罗斯抗议活动的新特点》，《欧亚新观察》2021 年 1 月 28 日。

［6］程伟：《普京的选项：经济颓势下的外交强势》，《俄罗斯东欧中亚研究》2017 年第 1 期。

［7］程亦军：《普京新任期战略任务和国家目标述评》，《俄罗斯学刊》2018 年第 5 期。

［8］丁超：《俄罗斯公私合作及其在保障性住房领域的实践探索》，《俄罗斯东欧中亚研究》2016 年第 1 期。

［9］冯少雷、相蓝欣：《转型中的俄罗斯社会与文化》，上海人民出版社 2005 年版。

［10］傅志华：《俄罗斯个人所得税制改革考察》，《财政研究》2003 年第 4 期。

［11］郭连成、车丽娟：《俄罗斯预算联邦制的改革与发展》，《俄罗斯东欧中亚研究》2009 年第 3 期。

［12］郭连成：《俄罗斯新一轮税制改革进展与效应》，《世界经济》2008 年第 3 期。

［13］郭晓琼：《未来十年俄罗斯经济发展目标何在》，《世界知识》2020 年第

8 期。

［14］郝赫：《2019 年俄罗斯的抗议浪潮与政府管控》，载《俄罗斯发展报告（2020）》，社科文献出版社 2020 年版。

［15］郝赫：《普京推进俄罗斯未来政治布局》，《世界知识》2020 年第 23 期。

［16］李建民：《俄罗斯产业政策演化及新冠疫情下的选择》，《欧亚经济》2020 年第 10 期。

［17］李中海：《俄罗斯与西方的历史分流：经济思想视角的考察》，《俄罗斯学刊》2020 年第 6 期。

［18］李中海：《当代俄罗斯经济思想：知识重构及政策影响》，《俄罗斯研究》2019 年第 4 期。

［19］鲁坤、王占东：《俄罗斯资本弱化税制简析》，《国际石油经济》2016 年第 11 期。

［20］卢基扬诺夫：《2020 年缘何成为俄罗斯对外政策的转折点》，《欧亚新观察》2020 年第 12 期。

［21］马龙闪：《"普京主义"推出政治强国模式——解读俄罗斯总统助理苏尔科夫〈普京的长久国家〉一文》，《人民论坛》2019 年 4 月下。

［22］蓝景林：《新冠疫情下的地方选举，统俄党因何获胜》，《欧亚新观察》2020 年第 9 期。

［23］李永全：《俄罗斯修宪与普京长久国家》，《俄罗斯学刊》2020 年第 2 期。

［24］刘军明、赵雷：《国务委员会获得新的法律地位，对俄罗斯政治力量格局的影响几何》，《欧亚新观察》2020 年第 12 期。

［25］马强：《2019 年俄罗斯社会形势：期待改革》，载《俄罗斯发展报告（2020）》，社科文献出版社 2020 年版。

［26］庞大鹏：《俄罗斯的发展道路——国内政治与国际社会》，社会科学文献出版社 2020 年版。

［27］童伟、宁小花：《俄罗斯免费医疗：发展历程、效果分析、困境及未来发展方向》，《俄罗斯东欧中亚研究》2020 年第 2 期。

［28］童伟：《俄罗斯政府预算制度》，经济科学出版社 2013 年版。

［29］童伟：《俄罗斯税制改革》，经济科学出版社 2019 年版。

［30］童伟：《俄罗斯养老基金再现危机：原因、应对与启示》，《国外理论动态》2019 年第 11 期。

［31］特列宁：《俄罗斯近临外交的新思维》，《欧亚新观察》2020 年第 11 期。

［32］杨成：《普京的"2036 问题"》，《中国新闻周刊》2020 年第 7 期。

［33］殷红：《俄罗斯"国家福利基金"的建立及意义》,《俄罗斯中亚东欧研究》2008 年第 3 期。

［34］殷红、崔铮：《西方制裁下的俄罗斯经济形势与政策》,《国际经济评论》2017 年第 3 期。

［35］徐坡岭、贾春梅：《俄罗斯卢布贬值及货币政策调整的长期经济影响》,《国外理论动态》2016 年第 3 期。

［36］徐坡岭：《新冠疫情下俄罗斯经济重启的制约因素及前景分析》,《渤海大学学报（哲学社会科学版）》2020 年第 6 期。

二、外文文献

［1］Анастасия Кашеварова, Светлана Субботина, "Россия увеличивает расходы на нацоборону и безопасность", http：//newsland. com/news/detail/id/1401754/.

［2］Алексей Михайлов, "Пушки вместо масла, или Милитаризация России", http：//worldcrisis. ru/crisis/1674840.

［3］Агеева Е. В, "Об используемых пенсионных схемах в государственной пенсионной системе", *Baikal Research Journal*, No. 3, 2014.

［4］Аникеева Л. В. , "Корпоративное пенсионное страхование как элемент управления персоналом", *Управление*, No. 3 (17) 2017.

［5］Анатольевич С. А. , "Анализ современного состояния реформирования системы здравоохранения россии", *Экономика и социология здравоохранения*, No. 3, 2017.

［6］Авксентьев Н. А. ,et al. , "Частные расходы на здравоохранение в регионах России：факторы и последствия", *Финансовый журнал*, No. 6 (2) 2016.

［7］Аншукова Т. Б. , "Современные тенденции пенсионного обеспечения в России". *Вестник Бурятского государственного университета*, No. 6 (2) 2014.

［8］Буланов В. ,Катайцева Е. , "Человеческий капитал как форма проявления человеческого потенциала", *Общество и экономика*, No. 1, 2011.

［9］Барбашова С. А. , et al. , "Реформирование пенсионной системы РФ на современном этапе". *Вестник НГИЭИ*, 2016.

［10］Белобабченко М. К. , "Условия стимулирования развития в России корпоративной пенсионной системы", *Журнал российского права*, No. 3, 2015.

［11］Буянова А. В. Гольцов Дмитрий Владимирович, "Корпоративные пенсии：зарубежный опыт и перспективы в России ", *Бизнес в законе. Экономико-юридический журнал*, No. 5, 2014.

［12］Валиева Е. Н, "Эволюция пенсионной защиты населения в России", *Финансы и кредит*, No. 4, 2015.

［13］Волченкова Л. Ю. ,Плахов А. В, "Перспективы развития налогообложения доходов граждан Российской Федерации", *Молодой ученый*. No. 26, 2016.

［14］Воронин Ю. М. , "Государственный финансовый контроль: вопросы теории и практики", *Финансовый контроль*, No. 5, 2005.

［15］Владислав Сурков, "Одиночество смешанного", https://www. kp. ru/ daily/26817/ 3853772/.

［16］Владислав Сурков, "Долгое государство Путина", https://yandex. ru/ turbo/ng. ru/ s/ideas/2019-02-11/5_ 7503_ surkov. html.

［17］Воронов Ю. П, "Без расчета на пенсию". *ЭКО*, No. 11, 2019.

［18］Вебер М. , *Протестантская этика и дух капитализма*, М. : РОССПЭН, 2006.

［19］Власов Ф. ,Колотовкина Е. , "Понятие доверия в экономике и российские проблемы", *Общество и экономика*, No. 10, 2011.

［20］Гурвич Е. Т. , "Развилки пенсионной реформы: российский и международный опыт", *Вопросы экономики*, No. 9, 2019.

［21］Габелко Н. Е. , "Пенсионная реформа: задачи и проблемы", *Территория науки*, No. 4, 2013.

［22］Гурвич Е. Т. , "Реформа 2010 г. : решены ли долгосрочные проблемы российской пенсионной системы?", *Новой экономической ассоциации*, No. 6, 2010.

［23］Глинчикова А. Г. , "Частная собственность и общественный интерес-дилемма России", *Вопросы философии*, No. 3, 2011.

［24］Галимова И. В. , "Проблемы пенсионной реформы в России ", *Вестник Ленинградского государственного университета им. А. С. Пушкина*, No. 331（25）2016.

［25］Гасников В. К. , "О Результативности реформ в дравоохранении за двадцатилетний период после принятия конституции Российской Федерации", *Медицинский альманах*, No. 3, 2015.

［26］Гринкевич Л. С. , "Одноканальное финансирование: нз прошлого в будущее здравоохранения России", *Финансы и кредит*, No. 2, 2016.

［27］Давыдова Д. В, Федорова О. А. , Скорлупина Ю. О, "Об эффективности передачи налоговым органам полномочий по администрированию страховых взносов", *Finance and Credit*, No. 23, 2017.

［28］Давлетшин Т. ，"Нейтральность НДС и гармонизация налоговых режимов"，*Налоговый Вестник*，No. 10，2015.

［29］Ермасов Н. Б. ，*Бюджетная система РФ*，М. ：Высшее образование，2009.

［30］Заболотский Е. Д. ，"Опыт реформирования пенсионных систем стран Европейского союза и возможности его использования в России"，*Вестник Санкт-Петербургского университета*，Серия 5. Экономика，No. 3，2017.

［31］Зубец А. Н. Новиков. А. В. ，"Качество медицинских услуг，оказываемых российскому населению，в условиях социальных преобразований"，*Вестник Финансового университета*，2017. 2.

［32］Зобова Е. П. ，"Налоговая политика на ближайшие три года"，*Страховые организации*：*бухгалтерский учет и налогообложение*，2010，4.

［33］Иванов А. Г. ，"Пути совершенствования налогового администрирования"，*Налоговое администрирование*，No. 6，2008.

［34］Игнатьева. В. И. ，"Изменения в системе пенсионного обеспечения Российской Федерации"，*Наука. Мысль*：*электронный периодический журнал*，No. 2，2016.

［35］Крутикова В. В. ，"Пенсионные накопления в России：мифы，реальность и альтернативы"，*Социально-экономические явления и процессы*，No. 5，2016.

［36］Князев Ю. ，"О возвращении экономики к здравому смыслу"，*Общество и экономика*，No. 4，2012.

［37］Князев Ю. ，"Справедливость и экономика"，*Общество и экономика*，No. 1，2012.

［38］Козырева С. Н. ，"Налог на прибыль и НДС в 2010 году"，*Услуги связи*：*бухгалтерский учет и налогообложение*，No. 1，2010.

［39］Койчуев Т. ，"Экономическая наука：ответственность перед будущим"，*Общество и экономика*，No. 12，2012.

［40］Кохно П. ，"Современная цивилизация：возможные контуры будущего"，*Общество и экономика*，No. 8-9，2011.

［41］Иноземцева Л. П. ，"Оценка развития и анализ современного состояния пенсионной системы России"，*Вестник Кем ГУ*，No. 2（54）2013.

［42］Красильников Д. Г. ，Троицкая Е. А. ，"Практика использования основных инструментов NPM в Пермском крае"，*Вопросы государственного и муниципального управления*，No. 1，2011.

〔43〕Кобылинская С. В. , "Усенко Анатолий Сергеевич. Правовой анализ права социального обеспечения в Российской Федерации и Федеративной Республике Германия ", *Политематический сетевой электронный научный журнал Кубанского государственного аграрного университета*, No. 114（10）2015.

〔44〕Кудров В. К. , "оценке российской социально-экономической системы", *Общество и экономика*, No. 9, 2012.

〔45〕Куликов Н. И. , Вдовина Е. С. , "Пенсионная реформа в России： вчера, сегодня, завтра", *Финансовая аналитика： проблемы и решения*, No. 2, 2016.

〔46〕Курляндская Г. В. , "Основные позитивные достижения в сфере бюджетной политики и межбюджетных отношений в Российской Федерации в период 2000 – 2010 гг. ", http： //www. arett. ru/. fi les/2066/Kurlyandskaya_ GV%202010 – 10 – 01. pdf.

〔47〕Калмыков Н. Н. , " Общая оценка системы здравоохранения（по результатам экспертного опроса）", *СМАЛЬТА*, No. 5, 2017.

〔48〕Лайченкова Н. Н. , " Проблемы становления института государственно-частного партнерства в системе здравоохранения Российской Федерации ", *Ленинградский юридический журнал*, No. 1, 2017.

〔49〕Лаврентьева Е. А. , Плотникова А. И. , " Научные подходы к сущности управления налоговыми рисками в судоходной деятельности", *Вестник государственного университета морского и речного флота им. адмирала С. О. Макарова*, No. 9, 2015.

〔50〕Любинин А. , "Две политэкономии： социально-экономического развития и процессов хозяйствования", *Российский экономический журнал*, No. 1, 2012.

〔51〕Люминарская С. В. , " Вопросы реформирования досрочного пенсионного обеспечения. Вестник Удмуртского университета", *Экономика и право*, No. 2, 2014.

〔52〕Лазарева Д. , "Практика применения государственно-частного партнерства в сфере здравоохранения Российской Федерации ", *Тенденции и перспективы государственного управления социально-экономическим развитием регионов и территорий*, No. 9, 2018.

〔53〕Мальцев Д. Б. , "Эффективность администрирования страховых взносов и перспективы развития пенсионной системы", *Вестник Томского государственного университета*, No. 1, 2014.

〔54〕Масленникова Л. А. , "Поправки к главе 25 НК РФ, влияющие на учет при упрощенной системе", *Упрощенка*, No. 2, 2010.

〔55〕Мазаева М. В. , "Эволюционные изменения российского рынка личного страхования", *Вестник Тюменского государственного университета*, No. 11, 2012.

［56］Морозов О. В., Васильев М. А., "Количественный анализ федеративных государств по показателям структурной неоднородности", *Федерализм*, No. 3, 2018.

［57］Морозов О. В., А. Г. Бирюков., "Статистика межрегиональных различий и состояние бюджетной системы", *Статистика и экономика*, No. 4, 2019.

［58］Назаров В. С., "Российское здравоохранение: проблемы и перспективы", *Финансовый журнал*, No. 4, 2017.

［59］Озеров И. Х., *Основы финансовой науки: курс лекций*, М.: Типография т-ва И. Д. Светина, 1908.

［60］Орлова Е. В., Исмагилова Л. А., "Налоговая система и реальный сектор экономики: оптимизация интересов", *Journal of Economic Regulation（Вопросы регулирования экономики）*, No. 6, 2014.

［61］Орлова Е. В., Исмагилова Л. А., "Управление налогообложением региональной системы на основе интеллектуальных методов и моделей", *Нейрокомпьютеры: разработка и применение*, No. 3, 2013.

［62］Осипов Д. В., "Обложение организаций налогом на прибыль", *Налоги и налоговое планирование*, No. 8, 2010.

［63］Павлов П. В., "Оценка эффективности функционирования особых экономических зон: правовое регулирование и экономическое содержание", *Административное и муниципальное право*, No. 6, 2014.

［64］Павлова Л. П., "Отдельные аспекты совершенствования налоговой политики", *Финансы*, No. 4, 2010.

［65］Поляк Г. Б., *Бюджетная система России*, М.: ЮНИТИ, 2016.

［66］Преснякова В. В., "Дополнительное пенсионное обеспечение, реализуемое через корпоративные пенсионные программы как элемент эффективного функционирования пенсионной системы Российской Федерации", *Наука о человеке: гуманитарные исследования*, No. 11, 2015.

［67］Перхов В. И., "Макроэкономические расходы на здравоохранение в России и за рубежом", *Современные проблемы здравоохранения и медицинской статистики*, No. 2, 2019.

［68］Петровна О. О., Кожевников Е. Б., "Корпоративный налоговый менеджмент и корпоротивное налоговое управление: трансформация понятий", *Управление экономическими системами: электроннный научный журнал*, No. 8, 2013.

［69］ Роднянский Д. В., "Государственно-частное партнерство в сфере здравоохранения: региональный анализ", *Международный журнал прикладных наук и технологий《Integral》*, No. 1, 2019.

［70］ Романовский М. В., *Бюджетная система Российской Федерации*, 9-е изд. СПб. : Питер, 2014.

［71］ Романовский М. В., *Финансы*, 6-е изд, . М. : ЮРАЙТ, 2015.

［72］ Пудовкин А. В., "Мировой опыт использования добровольных и обязательных накопительных пенсионных систем: уроки для России", *Вестник МГИМО Университета*, No. 2, 2016.

［73］ Сабуров В. Д., "Совершенствование управления налоговым потенциалом как экономической системой региона", *Вестник Таджикского государственного университета права, бизнеса и политики*, No. 3, 2015.

［74］ Сафарова Е., "Налог на прибыль: I полугодие 2010 г", *Клуб главных бухгалтеров*, No. 6, 2010.

［75］ Савельева Ж. В., "Информационная доступность медицинских услуг в контексте справедливости здравоохранения", *Казанский медицинский журнал*, No. 4, 2017.

［76］ Сергей Караганов., "Свобода в выборе пути", https: //sensay. mirtesen. ru/blog/ 43505131827 /Svoboda-v-vyibore-puti—Sergey-Karaganov.

［77］ Становая Т., "Кризис-2020 и пять новых свойств российского режима", https: //carnegie. ru/commentary/81975.

［78］ Тагаева Т. О., "Направления современной политики в области здравоохранения с целью улучшения общественного здоровья в Российской Федерации", *Интерэкспо Гео-Сибирь*, No. 2, 2017.

［79］ Терехова Л. А., "Налоговое администрирование как вид исполнительно - распорядительной деятельности: понятие и содержание", *Вестник Омского университета. Серия (Право)*, No. 9, 2012.

［80］ Тишана Е., "Основные изменения в налоговом законодательстве с 1 января 2010 г", *Нова я бухгалтерия*, No. 1, 2010.

［81］ Трунин И., "Использование льгот по НДС должно быть правом, а не обязанностью компаний", http: //old. minfin. ru/ru/press/speech/index. php? id _ 4 = 20484.

［82］ Туфетулов А., et al., "Анализ влияния спецрежимов на финансовые результаты малого бизнеса", *Налоговый вестник*, No. 10, 2014.

［83］Туфетулов А. , et al. , "Проблемы и перспективы применения спецрежима для сельхозпроизводителей", *Налоговый вестник*, No. 3, 2013.

［84］Ходский Л. В. , *Основы государственного хозяйства*: *Курс финансовой науки*, СПб. : 2015.

［85］Шелкунов А. Д. , "Реализация принципа нейтральности НДС в России в свете новых разъяснений ОЭСР", *Закон*, No. 7, 2012.

［86］Шишкин С. В. , et al. , *Здравоохранение*: *современное состояние и возможные сценарии развития*, М. : Изд-во НИУ ВШЭ, 2017.

［87］Федорова В. А. , "Пути повышения эффективности нормативного регулирования особых экономических зон в Российской Федерации", *Вестник Финансового университета*, No. 4, 2014.

［88］Федорова Н. В. , "Одноканальная система финансирования здравоохранения в РФ: преимущества и недостатки", *Научное обозрение. Экономические науки*, No. 3, 2016.

［89］Чантладзе В. Г. , *Вопросы теории финансов*, М. : Тбилиси, 1979.

［90］Черник Д. Г. , "Нельзя снижать налог на прибыль для всех подряд. У него не фискальная, а регулирующая функция", *Российский налоговый курьер*, No. 13, 2010.

［91］Черхарова Н. И. , Ованесян С. С. , "Оптимизационная модель налоговой нагрузки с внешними переменными управления", *Вопросы современной науки и практики*, No. 1, 2016.

［92］Чечель А. , Шолохов Д. , "Дорога к пропасти", *Ведомости*, No. 230, 2010. http: //www. vedomosti. ru/newspaper/article/251170/doroga_ k_ propasti.

［93］Чубарова Т. В. , "Финансово-экономические аспекты доступности медицинских услуг в России", *Acta Biomedica Scientifica*, No. 5, 2016.

［94］Чиркунов О. А. , "Технология государственного управления: делегирование полномочий", *Государственная служба*, No. 2, 2011.

［95］Улумбекова Г. Э. , et al. , "Финансирование здравоохранения в России (2021–2024 гг.). Факты и предложения", *ОРГЗДРАВ: Новости. Мнения. Обучение. Вестник ВШОУЗ*, No. 4 (8) 2019.

［96］Улумбекова Г. Э. , "Предложения РАН и вшоуз по доработке федерального проекта", *Вестник ВШОУЗ*, No. 4 (14) 2018.

［97］Улюкаев А. ,Куликов М. ,"Глобальная нестабильность и реформа финансовой сферы России", *Вопросы экономики*, No. 9, 2010.

［98］Щебетун С. Ю. ,"Перспективы пенсионной реформы РФ в рамках нового этапа пенсионной реформы 2014 – 2015 гг. ", *Электронный вестник Ростовского социально-экономического института*, No. 2, 2014.

［99］Шмиголь Н. С. ,"Зарубежный опыт стимулирования участия населения в добровольных накопительных пенсионных системах и возможности его применения в России", *Экономика. Налоги. Право*, No. 6, 2016.

［100］Янжул И. И. ,*Основные начала финансовой науки: Учение о государственных расходах*, М. : СПб. ,1899 .

［101］Горегляд В. П, " Уроки бюджетного федерализма: 20 лет реформ ", *Федерализм*, No. 1 （81） 2016.

［102］Козыренко Е. И. ,"Современное состояние финансирования здравоохранения в России ", *Вестник Астраханского государственного технического университета*, No. 1, 2019.

［103］Bietlot. Luxembourg: Publications Office of the European Union, 2020. Sinik-bkka Fabian Burkhardt. The Institutionalization of Personalism? The Presidency and the President after Putin's Constitutional Overhaul., https: //www. academia. edu/ 42831584/The _ Institutionalization _ of _ Personalism _ The _ Presidency _ and _ the _ President_ after_ Putins_ Constitutional_ Overhaul.

［104］Maria Domanska. Putin's January Games: ' Succession of Power' on the Horizon. https: //css. ethz. ch/content/dam/ethz/special-interest/gess/cis/center-for-secur-ities-studies/pdfs/RAD246. pdf.

［105］Sarri, Stanislav Secrieru. Russian Futures 2030_ The shape of things to come. Published by the EU Institute for Security Studies and printed in Belgium. https: //www. academia. edu/44140362/RUSSIAN_ FUTURES_ 2030_ The_ shape_ of_ things_ to_ come。

［106］Vladimir Gelman. The New Russian Government and Old Russian Problems. https: //css. ethz. ch/content/dam/ethz/special － interest/gess/cis/center － for － securities－studies/pdfs/RAD246. pdf.

后　记

在本次推出的《2020—2021 年俄罗斯财经研究报告》中，俄罗斯东欧中亚研究中心在对俄罗斯财政经济发展状况进行详细梳理的基础上，对于俄罗斯财政发展与国家治理之间的关系进行了全面、深入的探讨与研究。

本书的写作得到教育部国别与区域研究中心、中央财经大学财经研究院、北京财经研究基地的大力支持与帮助，在此一并表示感谢。

尽管已竭尽努力，但书中不足之处仍有很多，诚挚欢迎各位方家先进批评指正（tongwei67@ sina. com）。

中央财经大学俄罗斯东欧中亚研究中心

2021 年 12 月 8 日

责任编辑:曹　春

封面设计:汪　莹

图书在版编目(CIP)数据

俄罗斯财经研究报告.2020—2021年:俄罗斯完善国家治理的财政经济支撑/
　中央财经大学俄罗斯东欧中亚研究中心 组织编写;童伟 著. —北京:
　人民出版社,2022.1

ISBN 978－7－01－023769－5

Ⅰ.①俄…　Ⅱ.①中…②童…　Ⅲ.①财政经济-研究报告-俄罗斯-
　2020-2021　Ⅳ.①F815.12

中国版本图书馆 CIP 数据核字(2021)第 190025 号

俄罗斯财经研究报告(2020—2021 年)

ELUOSI CAIJING YANJIU BAOGAO 2020-2021 NIAN

——俄罗斯完善国家治理的财政经济支撑

中央财经大学俄罗斯东欧中亚研究中心　组织编写　童伟　著

人民出版社 出版发行

(100706　北京市东城区隆福寺街 99 号)

北京汇林印务有限公司印刷　新华书店经销

2022 年 1 月第 1 版　2022 年 1 月北京第 1 次印刷
开本:710 毫米×1000 毫米 1/16　印张:19.75
字数:312 千字

ISBN 978－7－01－023769－5　定价:98.00 元

邮购地址 100706　北京市东城区隆福寺街 99 号
人民东方图书销售中心　电话 (010)65250042　65289539